W0396076

Mensch Märchen

Ethel Johnston Phelps/Gabriele Dietz
(Hrsg.)

Mensch Märchen

Die schönsten Märchen von schlauen Mädchen

*Zeichnungen
von Amelie Glienke*

ELEFANTEN PRESS

Inhalt

Kati Knack-die-Nuß

Schottland

Es war einmal im hohen Norden von Schottland, da lebten ein König und eine Königin. Der König hatte eine Tochter, und die hieß Anni. Die Edelfrau, mit der er vermählt war, hatte auch eine Tochter, und die wurde Kati genannt. Die beiden Mädchen hatten einander sehr gerne.

Aber nach einiger Zeit war die neue Königin auf Anni eifersüchtig geworden. Sie glaubte, Anni sei schöner als ihre eigene Tochter. Das war dumm, denn beide Mädchen waren gleich schön und gleich lebhaft. Die eine hatte dunkles Haar, die andere helles. Aber die Königin sagte sich: »Wenn ein Prinz vorbeigeritten kommt, dann wird er sich in Anni verlieben und sie heiraten, und der König wird das Reich dann dem Paar vermachen. Daran ist kein Zweifel.«

Immer tiefer fraßen sich diese Gedanken in ihr fest, und so ging sie schließlich zu einer Hühnerfrau, die für Wundertränke und Zaubersprüche bekannt war. Die Hühnerfrau nahm ein Goldstück von der Königin und sagte, sie wisse wohl einen Zauber für ihren Zweck. »Schicke das Mädchen am frühen Morgen zu mir«, sprach sie, »und achte darauf, daß sie nichts gegessen und nichts getrunken hat, wenn sie zu mir kommt.«

Am nächsten Morgen sagte die Königin zu Anni: »Mein Liebling, geh zu der Hühnerfrau in die Schlucht und hole uns frische Eier.« Anni machte sich auf den Weg. Als sie aber durch die Küche des Schlosses kam, sah sie eine Brotkruste liegen. Die nahm sie mit, weil sie schon recht hungrig war.

Bei der Hütte der Hühnerfrau angekommen, sagte Anni: »Die Königin hat mich nach frischen Eiern geschickt.«

»Komm herein, Kleines«, sagte die Hühnerfrau. »Heb doch einmal den Deckel von dem Topf und sieh, was du sehen sollst!«

Anni hob den Deckel von dem Topf hoch, aber es geschah nichts.

Ärgerlich sprach die Hühnerfrau: »Geh nach Hause zur Königin und sage ihr, sie soll die Speisekammertür besser verschließen!«

Anni nahm die Eier, ging nach Hause und tat, wie ihr geheißen war. Da wußte die Königin, daß Anni etwas gegessen hatte. Am nächsten Morgen achtete sie streng darauf, daß ihre Stieftochter nichts zu essen fand und schickte sie hungrig weg. Unterwegs aber traf die Prinzessin einige Bauern, die am Wegesrand Erbsen pflückten. Weil sie ein freundliches Mädchen war, blieb sie bei ihnen stehen und sprach mit ihnen. Da gaben sie ihr eine Handvoll frischer Erbsen mit. Diese aß sie auf ihrem Weg in die Schlucht.

Bei der Hühnerfrau angekommen, fragte sie nach den Eiern, und die Hühnerfrau sagte wieder: »Heb doch einmal den Deckel von dem Topf und sieh, was du sehen sollst!«

Anni hob den Deckel hoch, sah hinein, und es geschah wieder nichts. Da war die Hühnerfrau sehr ärgerlich und sprach: »Sag der Königin, daß der Topf nicht kochen wird, wenn das Feuer fehlt.« Anni ging nach Hause und sagte dies der Königin.

Am dritten Tag nun ging die Königin selbst mit Anni zu der Hühnerfrau, um sicher zu sein, daß Anni weder gegessen noch getrunken hätte. Als Anni diesmal den Deckel von dem Topf hob, um hineinzusehen, wurde ihr schöner Kopf in einen Schafskopf verwandelt. Die Königin war bestürzt, denn etwas so Schlimmes hatte sie Anni doch nicht gewünscht.

War das ein Kichern und Gaffen, als Anni zum Schloß zurückkehrte! Kati konnte es zu Hause nicht länger aushalten.

Sie wollte in die Welt hinaus gehen und ihr Glück versuchen, und ihre Schwester wollte sie mitnehmen. Sie legte Anni ein feines Leinentuch um den Kopf, und so gingen sie davon. Als Wegzehr nahmen sie ein großes Brot.

Sie gingen und gingen, auf der einen Seite den Berg herauf und auf der anderen Seite wieder hinunter. Schließlich kamen sie an ein Schloß. Kati klopfte an das Tor und bat für sich und ihre Schwester um eine Bleibe für die Nacht.

Sie bekamen ein Zimmer, und es wurde ihnen Essen gebracht. Aber sie waren noch nicht lange in dem Schloß, da merkte Kati, daß hier etwas nicht stimmte.

Unter den Bewohnern des Schlosses herrschte große Trauer. Kati erfuhr, daß den Prinzen eine seltsame Krankheit befallen hatte und daß niemand herausfinden konnte, was ihn quälte. Er lag nur im Bett, war blaß und schwach und schlief den ganzen Tag über so tief, daß ihn niemand wecken konnte. Der König selbst saß neben ihm und war vor Kummer ganz gram. Jedem hatte er einen Viertelscheffel Gold versprochen, der seinem Sohn die Gesundheit wiederbrächte. Seltsamerweise, so berichteten die Schloßbewohner, waren diejenigen, die eine Nacht bei dem Prinzen zugebracht hatten, nie mehr gesehen worden.

»Ein Viertelscheffel Gold ist eine gute Sache«, sagte Kati zu Anni. »Vielleicht hilft uns das, den Zauber zu brechen.« Kati ging zu dem König und sagte ihm, daß sie herausfinden wolle, was den Prinzen quäle.

Der König schüttelte zweifelnd den Kopf. »Das wird vergeblich sein. Alle Ärzte sind zu ihm gebracht worden, wir haben es mit guten Worten und allen Heilkräutern versucht, aber gegen diese Krankheit ist kein Kraut gewachsen.« Widerwillig nur gab er Anweisung, Kati in das Zimmer des Prinzen zu lassen.

Als Kati den blassen jungen Prinzen in schwerem Schlaf liegen sah, fühlte sie großes Mitleid mit ihm. Sie war ein mutiges Mädchen und entschlossen, die Nacht über bei ihm zu wachen, um zu sehen, was sie sehen sollte.

Es wurde Abend, und immer noch schlief der Prinz. Kati saß auf einem Stuhl beim Feuer. Überall war es ruhig im Schloß, bis Mitternacht. Da erhob sich plötzlich der kranke Prinz von seinem Bett, zog sich an und ging die Treppe hinunter. Es war, als schlief er offenen Auges. Kati folgte ihm leise.

Der Prinz ging zum Stall, wo er sein Pferd sattelte und aufsaß. Kati sprang leicht hinter ihm auf, und so ritten sie vom Schloßhof. Sie kamen durch einen Laubwald. Der Mond schien blaß durch die Bäume, und Kati sah, wie die Äste zu beiden Seiten schwer von Nüssen herabhingen Sie pflückte die Nüsse im Vorbeireiten und füllte ihre Taschen damit.

Sie ritten weiter, bis sie an einen grünen Berg kamen. Bei der hohen, mit Gras bewachsenen Kuppe zog der Prinz die Zügel an und rief: »Öffne! Öffne dich, grüner Berg, und laß den jungen Prinzen hinein.«

»Und auch die Dame hinter ihm«, fügte Kati hinzu.

Der grüne Berg öffnete sich, und der Prinz stieg ab. Auch Kati glitt schnell vom Pferd und versteckte sich im Schatten des Eingangs. Der Prinz betrat eine wunderschöne große Halle, die von Tausenden Kerzen erleuchtet schien. Es waren aber keine Kerzen, sondern es war das Licht der feenhaften Gestalten, die hier auf den Prinzen warteten. Hell schimmernde Feen umgaben ihn und führten ihn zum Tanze. Der Prinz tanzte und tanzte zu der klingenden Musik, bis er nicht länger konnte und auf einer Bank niederfiel. Die Feen fächelten ihm für wenige Minuten Luft zu und holten ihn zurück zum Tanz.

Dann krähte der Hahn, und Kati schlich sich aus dem Berg. Auch der Prinz eilte sich, die Feenhalle zu verlassen. Der Berg schloß sich hinter ihnen, und müde stieg der Prinz auf sein Pferd. Kati saß unbemerkt hinter ihm auf, und sie ritten nach Haus.

Als am Morgen die Schloßdiener in das Zimmer des Prinzen kamen, fanden sie ihn in seinem Bett, tief schlafend, und Kati saß neben dem Feuer und knackte die Nüsse, die sie in der Nacht gesammelt hatte. Kati erzählte ihrer Schwester Anni von dem Hügel der Feen. Zwar wußte sie nun, warum der Prinz des Tages erschöpft sein mußte, aber sie wußte nicht, wie der Zauber der Feen zu brechen wäre.

Anni sorgte sich und bat Kati, dem Prinzen nicht mehr durch den grünen Wald zu folgen. »Wenn die Feen dich entdecken, werden sie dich sieben Jahre lang unter ihrem Hügel gefangen halten!« Aber Kati sagte, sie müsse gehen, wenn der Prinz diese Nacht wegreiten würde.

Der zweite Abend verging wie der erste. Wieder erhob sich der Prinz um Mitternacht und ritt zu dem Feenhügel, und Kati folgte ihm. Wieder pflückte sie Nüsse von den Bäumen und füllte ihre Taschen. Als der Prinz nun in die Halle eintrat, blieb Kati dicht hinter ihm, um besser zu hören und zu sehen. So konnte sie verstehen, was die Feen miteinander sprachen. Sie sah ein kleines Feenkind nahebei spielen. Der Prinz wirbelte und sprang und tanzte nach der wundersamen Musik.

»Der schöne Prinz wird nicht mehr lange draußen in der Welt bleiben«, sagte eine der Feen, als sie vorbeitanzte. »Dann wird er für immer bei uns sein!« Als Kati dies hörte, war sie den Tränen nahe. Sie wandte sich von den fröhlichen Tänzen ab und sah das kleine Feenkind, kaum älter als ein Baby, das mit einem kleinen, polierten Stöckchen in der Form eines Hirtenstabes spielte.

Da sagte die eine Fee: »Das Kind sollte nicht mit dem Ebereschenzauberstab spielen.«

Eine andere zuckte nur mit den Schultern und antwortete: »Das macht nichts. Es ist nur der Zauberstab gegen den Schafskopffluch.« Und die Feen tanzten weiter.

Kati mußte diesen Zauberstab haben. Sie rollte so lange einige ihrer Nüsse zu dem Baby hin, bis es den Stab fallen ließ und hinter den Nüssen herkroch. Kati holte den Stab schnell zu sich heran und steckte ihn in ihre Tasche.

Beim Hahnenschrei verließen der Prinz und Kati den Feenberg und ritten nach Hause wie die Nacht zuvor. Kati eilte zu ihrer Schwester, berührte mit dem Ebereschenstab dreimal Annis Kopf. Da verschwand der schreckliche Schafskopf, und Anni war wieder ganz sie selbst.

Der Prinz aber lag noch immer im Bett und schlief und war blasser und dünner als je zuvor. Kati sagte, daß sie noch eine letzte Nacht bei ihm wachen wolle.

Um Mitternacht stieg der Prinz wieder auf sein Pferd, und Kati folgte ihm. Sie ritten durch den grünen Wald, und noch einmal pflückte Kati Nüsse von den Zweigen und füllte ihre Taschen.

Noch einmal tanzte und drehte sich der Prinz im Feenberg, während Kati in ihrem Versteck saß, alles beobachtete und hörte, was gesprochen wurde. Diese Nacht spielte nahe bei ihr ein Feenkind mit einem kleinen Weidenkörbchen, und Kati hörte eine Fee sagen: »Es ist nicht klug, das Kind gerade jetzt damit spielen zu lassen, während der Prinz hier ist.«

Aber die andere lachte nur und erwiderte: »Der Prinz weiß doch nicht, daß unser Zauber gebrochen sein wird, wenn er von dem Vogel ißt.«

Kati rollte ihre Nüsse aus, eine nach der anderen, so lange, bis das Kind das Körbchen fallengelassen hatte und den Nüssen nachlief. Kati streckte schnell die Hand nach dem Körbchen aus und verbarg es unter ihrem Mantel.

Beim Hahnenschrei kehrten sie zurück zum Schloß. Der Prinz zog sich aus und fiel ins Bett. Kati öffnete die Klappe des Körbchens. Sie nahm einen seltsamen Vogel heraus und rupfte ihn. Sie briet ihn über dem Feuer, und bald war das Zimmer von einem köstlichen Duft erfüllt.

Der Prinz erwachte und rief: »Oh! Wenn ich doch nur einen Bissen von diesem Vogel haben könnte!«

Da gab ihm Kati einen Bissen, und er richtete sich in seinem Bett auf seinen Ellenbogen auf.

Kati gab ihm einen zweiten Bissen, und er setzte sich auf. »Ach, könnte ich doch noch einen dritten Bissen bekommen...!« sagte er. Da gab ihm Kati auch den dritten Bissen, und er stand auf und war gesund und kräftig.

Als die Schloßdiener des Morgens die Tür öffneten, fanden sie Kati und den Prinzen, die zusammen Nüsse knackten und über dem Feuer rösteten.

Da war die Freude im Schloß groß. Es wurde ein riesiges Fest gefeiert. Und du kannst glauben, daß Kati und Anni sich als Ehrengäste an allen Spielen und Tänzen beteiligten. Man erzählt noch heute von diesem Fest, denn das Essen und Trinken und Spaßmachen währte sieben Wochen lang. Und man erzählt sich, daß alle, die dabei waren, fortan glücklich lebten und glücklich starben und mußten niemals darben.

Drei starke Frauen

Japan

Lange, lange ist es her, da lebte in Japan ein berühmter Ringer. Eines Tages war er auf dem Weg in die Hauptstadt, um vor dem Kaiser zu ringen.

Er schritt die Straße hinunter auf Beinen, dick wie Baumstämme. Sieben Stunden war er nun schon marschiert, und er hätte, ohne müde zu werden, auch noch weitere sieben Stunden marschieren können.

Es war Herbst, der Himmel war von einem wässrigen Blau, und die Luft war frostig. Unter der kleinen, hellen Sonne leuchteten die Bäume am Straßenrand in Rot und Orange.

»Sum-sum-sum«, summte der Ringer im Takt seiner weit ausschreitenden Beine. Der Wind blies durch seinen dünnen Mantel. Die eisige Luft an seinem Körper ließ ihn daran denken, wie wenige Schneider es gab, die es fertigbrachten, für einen so breiten und großen Mann, wie er es war, gute und warme Kleidung zu nähen. Er trug kein Schwert. Er war stolz darauf, daß er sogar an den dunkelsten und verlassensten Orten kein Schwert brauchte. Er fühlte sich, wie es sich für einen Ringer gehörte: stark, gesund und ziemlich erhaben.

Das sanfte Rauschen schnell fließenden Wassers hinter den Bäumen sagte ihm, daß er oberhalb eines Flußufers entlangging. Er sum-summte lauter. Er liebte seine Stimme und wollte, daß sie auch über dem rauschenden Wasser deutlich zu hören war.

Er dachte: »Sie nennen mich Ewiger Berg, weil ich so ein guter, starker Ringer bin – und groß dazu. Ich bin ein tapferer Kerl und viel zu bescheiden . . .«

Eben da sah er ein Mädchen, das vom Fluß gekommen sein mußte, denn es trug auf seinem Kopf einen Wassereimer.

Ihre Hände waren klein, und jeder Daumen trug über dem Gelenk ein Grübchen. Sie war ein rundes Mädchen mit roten Wangen und einer Nase, die einem freundlichen Knopf glich. Ihre Augen blitzten, als ob sie an zehntausend lustige Geschichten gleichzeitig dächte. Sie kletterte die Böschung zur Straße hinauf und lief fröhlich vor dem Ringer her.

»Wenn ich das dralle Mädchen jetzt nicht kitzele, so werd' ich es mein Lebtag bereuen«, sagte der Ringer leise zu sich selbst. »Sie wird bestimmt quieken, und ich werde lachen. Und wenn sie sogar ihren Eimer fallen läßt, wird es noch lustiger – ihn aufnehmen und frisches Wasser holen kann ich dann immer noch, und ich könnte auch den Eimer für sie nach Hause tragen.«

Er schlich auf Zehenspitzen an das Mädchen heran und piekste sie mit seinem langen Finger leicht zwischen die Rippen.

»Killekillekillekille«, sagte er dazu, aber auf japanisch und in einem feinen, kitzeligen Laut. Etwa so: »Kochokochokochokocho!«

Das Mädchen gab ein Quieken von sich und kicherte. Sie nahm die Hand vom Eimer und preßte die Hand des Ringers fest an den Körper.

»Ho-ho-ho!« lachte der Ringer, »du hast mich gefangen! Ich kann mich überhaupt nicht mehr bewegen!«

»Ich weiß«, sagte das lustige Mädchen.

Er merkte, daß sie gutgelaunt war und den Spaß gut aufgenommen hatte, und versuchte, seine Hand wieder frei zu bekommen.

Aber irgendwie ging das nicht.

Er versuchte es erneut und mit etwas mehr Kraft.

»Jetzt laß mich gehen«, sagte er. »Ich bin ein sehr starker Mann. Wenn ich jetzt fest ziehe, könnte ich dir weh tun.«

»Zieh«, sagte das Mädchen. »Ich bewundere starke Männer.«

Sprach's und setzte ihren Weg fort. Und obwohl der Ringer zerrte und zog, grub er doch nur mit seinen Füßen tiefe Furchen in den Boden. Er mußte dem Mädchen folgen.

Er zerrte und zog und zappelte hilflos hinter ihr her und war froh, daß die Straße einsam und niemand sonst zu sehen war.

»Bitte, laß mich gehen«, sagte er schließlich. »Ich bin der berühmte Ringer Ewiger Berg. Ich bin auf dem Weg zum Kaiser, um vor ihm meine Stärke zu zeigen, und du tust meiner Hand weh!« Aus Verwirrung und vor Scham brach er in Tränen aus.

Das Mädchen hielt mit seiner freien Hand den Eimer gerade auf dem Kopf und lächelte über die Schulter. »Du armer, süßer, kleiner Ewiger Berg«, sagte sie. »Bist du müde? Soll ich dich tragen? Ich kann das Wasser hier stehen lassen und später holen.«

»Ich will nicht, daß du mich trägst. Ich will, daß du mich gehen läßt, und dann will ich vergessen, daß ich dich jemals gesehen habe«, stöhnte der Ringer.

»Ich will dir nur helfen«, sagte das Mädchen, als sie ihn unentwegt den steilen Gebirgspfad höher und höher zog. »Oh, ich bin sicher, daß du kein schlechterer Ringer bist als die anderen, die vor dem Kaiser auftreten. Du wirst gewinnen oder verlieren, und du wirst auch nicht allzu schlimm verletzt werden. Aber hast du nicht doch Angst, daß du eines Tages einem wirklich starken Mann begegnen könntest?«

Ewiger Berg wurde weiß. Er stolperte. Er stellte sich vor, wie man ihn in ganz Japan als den »Weniger Berg« auslachte.

Sie blickte zurück.

»Verstehst du? Bist du schon müde?« fragte sie. »Ich werde etwas langsamer gehen. Warum willst du nicht mit zum Haus meiner Mutter kommen, damit wir einen wirklich starken Mann aus dir machen? Die Ringkämpfe in der Hauptstadt beginnen erst in drei Monaten. Ich weiß das, weil meine Großmutter überlegt hat, ob sie nicht hingehen sollte. Wärst du schon morgen dort, würdest du deine Zeit nur in schlechter

Gesellschaft verbringen und das bißchen Kraft, das du besitzt, unnütz verschwenden.«

»Schon gut. Was sind schon drei Monate... Ich komme mit dir«, sagte der Ringer, denn er fürchtete, das Mädchen könnte böse werden, wenn er sich weigerte. Sie hätte ihn auf die Spitze eines Baumes setzen können, bis er seine Meinung geändert hätte.

»Schön«, sagte sie glücklich, »wir sind fast da.«

Sie ließ seine Hand los. Die war rot geworden und auch ein bißchen angeschwollen. »Wenn du dein Versprechen brichst und wegläufst, muß ich dir nachjagen und dich zurückholen.«

Bald erreichten sie ein kleines Tal. In seiner Mitte stand ein einfaches Bauernhaus mit einem Strohdach.

»Großmutter ist zu Hause, aber sie ist eine alte Dame und wird wohl schlafen.« Das Mädchen schützte seine Augen mit der Hand vor dem Sonnenlicht. »Aber Mutter müßte eigentlich die Kuh vom Feld zurückbringen – oh, da ist sie schon!« Sie winkte. Die Frau, die um die Hausecke kam, setzte die Kuh, die sie trug, nieder und winkte zurück.

Sie lächelte und kam über das Gras zu ihnen herüber. Sie ging mit dem gleichen lebhaften Schwung wie ihre Tochter.

»Entschuldige mich«, sagte sie und wischte einige Kuhhaare von ihrem Kleid. Sie hatte auch dieselben Grübchen wie ihre Tochter. »Die Gebirgspfade sind voller Steine. Die verletzen die Füße der Kuh. Und wer ist der hübsche junge Mann, den du mitgebracht hast, Maru-me?« Das Mädchen erklärte.

»...und wir haben nur drei Monate Zeit«, schloß sie seufzend.

»Ja, das ist nicht viel Zeit, um viel zu schaffen, aber es ist auch nicht so wenig, daß man nichts schaffen könnte«, sagte die Mutter nachdenklich. »Aber er sieht furchtbar schwach aus. Er wird eine Menge gutes Essen brauchen. Vielleicht kann er, wenn er etwas kräftiger geworden ist, Großmutter bei der leichten Arbeit um das Haus herum helfen.«

»Das wäre schön!« sagte das Mädchen und rief laut nach ihrer Großmutter, denn die alte Dame war schon ein bißchen taub.

»Ich komme«, erwiderte eine knarrende Stimme, und eine kleine alte Frau, auf einen Stock gestützt, trat aus dem Haus. Verschlafen wackelte sie auf Maru-me zu und stolperte über die Wurzel einer großen Eiche.

»He! Meine Augen sind nicht mehr das, was sie einmal waren. Das ist nun das vierte Mal in diesem Monat, daß ich über diesen Baum stolpere«, klagte sie. Dann umschlang sie mit ihren dünnen Armen den Stamm und zog ihn aus der Erde.

»Aber Großmutter! Das hättest du mich aber machen lassen dürfen«, sagte Maru-me.

»Hm. Ich hoffe, daß ich meinem armen, alten Rücken nicht weh getan habe«, murmelte die alte Frau. Sie rief laut: »Tochter! Wirf diesen Baum wie ein gutes Mädchen weg, damit niemand mehr darüber fällt. Paß aber auf, daß du niemanden verletzt.«

»Du kannst Mutter helfen«, sagte Maru-me zu Ewiger Berg. »Aber vielleicht ist es besser, du guckst nur zu.«

Ihre Mutter ging zu dem Baum, nahm ihn hoch und warf. Der Baum segelte durch die Luft und schien immer kleiner zu werden. Er landete mit einem leisen Aufprall weit entfernt auf der anderen Seite des Tales.

»Ach, wie ungeschickt«, sagte sie. »Ich wollte ihn doch über den Berg werfen. Jetzt blockiert er vermutlich den Weg, und ich muß morgen früh aufstehen und ihn entfernen.«

Der Ringer hörte nicht mehr zu. Er war ohnmächtig geworden.

»Oh!« sagte Maru-me, »wir müssen ihn ins Bett legen.«

»Armer, kleiner junger Mann«, sagte ihre Mutter.

»Ich hoffe, wir können etwas für ihn tun. Laß mich ihn tragen, er ist leicht«, sagte die Großmutter. Sie warf ihn über die Schulter, stützte sich auf ihren Stock und trug ihn in das Haus.

Am nächsten Morgen begannen sie mit der Arbeit, aus Ewiger Berg das zu machen, was sie für einen starken Mann hielten. Sie gaben ihm das einfachste, aber auch das kräftigste

Essen. Tag um Tag bereiteten sie ihm den Reis mit weniger Wasser zu.

Jeden Tag hatte er die Arbeit von fünf Männern zu tun, und jeden Abend mußte er mit der Großmutter ringen. Maru-me und ihre Mutter waren sich darin einig, daß Großmutter ihn am wenigsten unabsichtlich verletzen könnte, weil sie alt und schwach war. Sie hofften auch, daß das Ringen mit Ewiger Berg gut gegen ihren Rheumatismus wäre.

Ewiger Berg wurde immer stärker, aber er selbst merkte das kaum. Die Großmutter konnte ihn immer noch leicht in die Luft werfen und wieder auffangen. Fast hatte er vergessen, daß er außerhalb dieses Tales einer der größten Ringer Japans war und Ewiger Berg genannt wurde. Seine Beine waren wie Baumstämme gewesen, aber jetzt waren sie zu Pfeilern geworden. Seine großen Hände waren so hart wie Steine. Und wenn er mit den Knöcheln knackte, so gab das einen Ton, wie wenn in einer kalten Winternacht ein Baum auseinanderbricht.

Manchmal machte er eine Übung, wie sie unter den Ringern in Japan üblich ist. Er hob seinen Fuß ganz hoch über den Fußboden und setzte ihn mit aller Kraft auf. Dann sahen in den nahegelegenen Dörfern die Leute zu dem winterlichen Himmel hoch und wunderten sich, wie spät in diesem Jahr der Donner kam.

Bald konnte Ewiger Berg so gut wie die Großmutter einen Baum aus der Erde ziehen. Er konnte ihn auch werfen, aber nur ein kleines Stück weit. Als der dritte Monat zu Ende ging, rang er eines Abends mit der Großmutter und hielt sie eine halbe Minute lang auf dem Boden.

»He-he!« lachte sie vergnügt und stand auf. Sie lächtelte mit jeder Falte ihres Gesichtes. »Das hätte ich nie geglaubt!«

Maru-me quiekte vor Freude und warf ihre Arme um Ewiger Berg – sanft, denn sie wollte ihm ja nicht die Rippen brechen.

»Sehr gut, sehr gut! Was für ein starker Mann«, sagte ihre Mutter, die gerade von den Feldern zurückgekommen war und wie üblich die Kuh trug. Sie setzte die Kuh nieder und tätschelte den Rücken des Ringers.

Sie waren sich einig, daß er jetzt fähig sei, vor dem Kaiser etwas von wahrer Stärke zu zeigen.

»Nimm die Kuh mit, wenn du morgen gehst«, sagte die Mutter. »Verkaufe sie und kaufe dir einen Gürtel – einen seidenen Gürtel. Kaufe die dickste und schwerste Seide, die du findest. Trage ihn als ein Andenken an uns, wenn du vor dem Kaiser erscheinst.«

»Ich würde euch nie eure einzige Kuh nehmen. Ihr habt schon so viel für mich getan. Und ihr braucht sie zum Pflügen der Felder, nicht wahr?«

Da brachen sie in schallendes Gelächter aus. Maru-me quiekte, und ihre Mutter brüllte vor Lachen. Die Großmutter kicherte so lange, bis sie hustete und ihr der Rücken geklopft werden mußte.

»Oh, Ewiger Berg«, lachte die Mutter, »kannst du dir nichts anderes vorstellen, als daß wir die Kuh einzig und allein zur Arbeit brauchen? Du weißt doch, Großmutter ist stärker als fünf Kühe zusammen!«

»Die Kuh ist unser Schoßtier«, kicherte Maru-me, »sie hat so schöne braune Augen.«

»Aber es ist wirklich mühsam, sie jeden Tag hin- und herzutragen, damit sie auch genug Gras zu fressen bekommt«, sagte die Mutter.

»Wenn ich sie nehme, so müßt ihr euch das Geld geben lassen, das ich beim Ringen gewinne«, sagte Ewiger Berg.

»Oh, nein! Daran denken wir nicht!« sagte Maru-me. »Wir haben dich viel zu gern, als daß wir irgend etwas an dich verkaufen würden. Und es ist auch nicht richtig, von Fremden Geldgeschenke anzunehmen.«

»Richtig«, sagte Ewiger Berg. »Und ich will deine Mutter und deine Großmutter um Erlaubnis bitten, dich zu heiraten. Ich möchte zu eurer Familie gehören.«

»Oh! Ich werde ein Hochzeitskleid tragen!« rief Maru-me. Mutter und Großmutter gaben vor, die Sache sehr ernsthaft überlegen zu müssen, stimmten aber schnell zu.

Am nächsten Morgen band Ewiger Berg sein Haar zu einem Knoten hoch, wie ihn die japanischen Ringer tragen, und machte sich reisefertig. Er dankte Maru-me und ihrer Mutter und machte vor der Großmutter eine sehr tiefe Verbeugung, da sie die Älteste und auch ein guter Partner beim Ringen war. Dann nahm er die Kuh auf seine Arme und stieg den Berg hoch. Als er den Gipfel erreicht hatte, warf er die Kuh über seine Schulter und winkte Maru-me zum Abschied zu.

In der ersten Stadt, in die er kam, verkaufte er die Kuh. Sie brachte einen guten Preis, denn sie war ungewöhnlich fett, weil sie noch nie in ihrem Leben gearbeitet hatte. Von diesem Geld kaufte er die schwerste Seide, die er finden konnte.

Als er nun beim Palast des Kaisers eintraf, waren bereits viele Ringer dort versammelt. Sie saßen herum, aßen riesige Schüsseln von Reis leer, verglichen ihr Gewicht und erzählten sich Geschichten. Ewiger Berg schenkten sie wenig Aufmerksamkeit, nur wunderten sie sich, daß er sehr ruhig geworden war. Er nahm keinen Anteil an ihren Prahlereien.

Alle Hofdamen und Höflinge warteten in einem Palasthof auf den Beginn der Ringkämpfe. Sie trugen viele Gewänder, eines über dem anderen, schwer von Stickereien und goldenem Tuch. Der Schweiß rann ihnen die Gesichter herunter und fror in dem kalten Winternachmittag. Die Edelleute trugen lange Schwerter, die von dem Gold und den Edelsteinen so schwer waren, daß sie von ihnen niemals hätten benutzt werden können, auch wenn sie gewußt hätten, wie ein Schwert zu führen war. Die Hofdamen, die ihr langes schwarzes Haar herunterhängen ließen, hatten ihre Gesichter weiß wie der Tod geschminkt. Das gab ihnen ein furchterregendes Aussehen. Ihre Augenbrauen hatten sie ausgezupft, und hoch über der Linie, wo sie natürlicherweise wachsen, hatten sie neue gemalt, das ließ sie sehr erstaunt ausschauen.

Hinter einer Leinwand saß der Kaiser – allein, denn niemand durfte ihn sehen. Er war zu vornehm für den Anblick gewöhnlicher Leute und ein einsamer, alter Mann mit einem freundlichen, müden Gesicht. Er hoffte auf eine schnelle Beendigung der Ringkämpfe, damit er sich in sein Gemach zurückziehen und Gedichte schreiben konnte.

Die ersten beiden Ringer, die kämpfen sollten, waren Ewiger Berg und ein Mann, von dem gesagt wurde, er habe im ganzen Land den dicksten Bauch. Er und Ewiger Berg warfen etwas Salz in den Ring. Man glaubte, das vertreibe die bösen Geister. Der dicke Ringer hob seinen Fuß und brachte ihn mit einem fürchterlichen Stampfen herunter. Er starrte glühend zu Ewiger Berg herüber, als wolle er sagen: »Jetzt stampfe du auf, du armer furchtsamer Mann!«

Ewiger Berg hob ebenfalls seinen Fuß und setzte ihn mit Wucht auf den Boden.

Das war wie ein Donnerschlag. Die Erde bebte, und der andere Ringer flog in die Luft und wie eine Seifenblase aus dem Ring hinaus.

Umständlich stand er wieder auf und verbeugte sich vor der Leinwand des Kaisers.

»Der Erdgott ist böse. Vielleicht war irgend etwas mit dem Salz nicht in Ordnung«, sagte er. »Ich glaube nicht, daß ich in dieser Saison ringen werde.« Dann verließ er den Palast und sah mißtrauisch über seine Schulter zu Ewiger Berg zurück.

Von da an setzte Ewiger Berg seinen Fuß nur noch sanft auf den Boden. Sobald ein Ringer den Ring betrat, nahm er ihn sehr sanft hoch, trug ihn herum und setzte ihn dann vor die Leinwand des Kaisers. Dabei verbeugte er sich jedes Mal sehr höflich.

Die hochgezogenen Augenbrauen der Hofdamen hoben sich noch höher. Die Höflinge sahen verstört und verschreckt aus. Sie liebten die feurigen, starken Männer, die aneinander zerrten und sich gegenseitig angrunzten. Doch mit Ewiger Berg war es anders. Allein der Kaiser hinter seiner Wand war glücklich, daß das Ringen diesmal so schnell vorbei war und er um so mehr Zeit für seine Gedichte haben würde. Er ließ das gesamte Preisgeld an Ewiger Berg übergeben.

»Aber«, sagte er, »du solltest besser nicht mehr ringen.« Er steckte seinen Finger durch ein dafür vorgesehenes Loch in der Leinwand, winkte mit diesem den anderen Ringern zu, die auf dem Boden saßen und vor Enttäuschung wie große, fette Babies weinten.

Ewiger Berg versprach, nie mehr zu ringen, und alle waren erleichtert.

»Ich glaube, ich will Bauer werden«, sagte Ewiger Berg, und auf der Stelle verließ er den Palast, um zu Maru-me zurückzukehren.

Maru-me wartete schon auf ihn. Als sie ihn kommen sah, rannte sie den Berg hinunter, nahm ihn hoch und trug ihn und die schweren Säcke mit dem Geld den halben Berg hoch. Dann kicherte sie und setzte ihn ab. Den Rest des Weges ließ sie sich von ihm tragen.

Ewiger Berg hielt sein Versprechen und rang nie mehr in der Öffentlichkeit. In der Hauptstadt wurde sein Name vergessen. Aber wenn in den Bergen manchmal die Erde bebt und rumpelt, dann sagen die Leute, daß Ewiger Berg und Maru-mes Großmutter wieder einen Ringkampf austragen.

Lumpenhut

Norwegen

Es waren einmal ein König und eine Königin, die hatten keine Kinder. Die Königin grämte sich darüber sehr. Sie jammerte, daß es so einsam im Schloß sei, weil keine Kinder um sie herum seien.

Den König dauerte seine Frau, und er schlug ihr vor, die Kinder ihrer Verwandten einzuladen. Der Königin gefiel das, und schon sprangen ihre zwei kleinen Nichten durch das Schloß und spielten im Schloßgarten.

Eines Tages, als die Königin den beiden Mädchen liebevoll vom Fenster aus zusah, bemerkte sie ein fremdes Mädchen in Lumpen, das mit ihren Nichten Ball spielte. Die Königin eilte die Treppe hinunter.

»Kleines Mädchen«, sagte sie streng, »dies hier ist der Schloßgarten. Hier kannst du nicht spielen!«

»Wir haben sie zum Spielen eingeladen«, riefen ihre Nichten, kamen herangelaufen und nahmen das fremde Kind an die Hand.

»Wenn du wüßtest, was für Kräfte meine Mutter besitzt, würdest du mich nicht wegschicken«, sagte das Lumpenmädchen.

»Wer ist deine Mutter«, fragte die Königin, »und was für Kräfte besitzt sie?«

Das Kind deutete hinaus auf den Markt, der vor den Toren des Schlosses gehalten wurde, und zeigte auf eine Frau, die dort Eier verkaufte. »Meine Mutter kann Frauen sagen, wie sie Kinder bekommen können, auch wenn alles andere bisher fehlgeschlagen ist.«

Das interessierte die Königin sofort. »Sage deiner Mutter, daß ich mit ihr hier im Schloß sprechen möchte«, befahl sie dem Mädchen.

Das rannte hinaus auf den Marktplatz, und es dauerte nicht lange, da betrat eine große, kräftige Frau die Gemächer der Königin.

»Deine Tochter sagt, daß du Kräfte besitzt, die mir helfen könnten, eigene Kinder zu bekommen«, sagte die Königin.

»Die Königin sollte nicht auf das Geschwätz eines Kindes hören«, gab die Frau zur Amtwort.

»Setz dich«, sagte die Königin und ließ ihr gutes Essen und erfrischende Getränke auftragen. Dann erzählte sie der Frau, daß sie nichts in der Welt lieber haben wollte als eigene Kinder. Die Frau trank ihr Bier aus. Sie überlegte und sagte, ja, vielleicht wisse sie einen Zauberspruch, der helfen könnte und keinen Schaden brächte.

»Bevor du ins Bett gehst, mußt du dir zwei Eimer Wasser bringen lassen«, sagte die Marktfrau. »In jedem der beiden mußt du dich waschen und hinterher das Wasser unter deinem Bett ausgießen. Wenn du am nächsten Morgen unter dein Bett siehst, werden dort zwei Blumen gewachsen sein: die eine ist schön, die andere seltsam. Die schöne mußt du essen, aber die seltsame mußt du stehen lassen. Merke dir das und vergiß es nicht.«

Die Königin folgte diesem Rat, und am nächsten Morgen standen unter ihrem Bett zwei Blumen. Die eine war grün und von seltsamem Aussehen. Die andere war rosarot und duftete. Die rosarote Blume aß sie sofort auf. Sie schmeckte so süß, daß sie gleich darauf auch die andere aß und zu sich selbst sagte: »Ich glaube weder, daß es helfen, noch daß es schaden wird!«

Es dauerte nicht lange, da merkte die Königin, daß sie schwanger war, und einige Zeit später sollte das Kind geboren werden. Es kam ein Mädchen zur Welt, das einen hölzernen

Löffel in der Hand hielt und auf einer Ziege ritt. Kaum war dieses merkwürdige Wesen geboren, schrie es auch schon: »Mama!«

»Wenn ich deine Mutter bin«, sagte die Königin, »dann gebe mir Gott die Kraft, meine Wege zu richten!«

»Oh, sei unbesorgt«, sagte das Mädchen, während es auf seiner Ziege herumritt, »das nächste, das geboren wird, sieht viel schöner aus.« Und sie gebar noch ein Mädchen, das war blond und schön. Da war's die Königin zufrieden.

Die beiden Zwillingsschwestern waren so unterschiedlich, wie Kinder nur sein können, aber sie wuchsen gemeinsam auf und waren unzertrennlich. Wo die eine war, da mußte auch die andere sein. Aber die Erstgeborene hatte sehr bald den Spitznamen »Lumpenhut«, denn sie war stark, rauflustig und verwegen und ritt stets auf ihrer Ziege herum. Ihre Kleider waren immer zerrissen und schmutzig, und ihre Mütze hing in Fetzen. Niemand vermochte es, sie in saubere und schöne Kleider zu stecken. Sie bestand darauf, Lumpen zu tragen. Schließlich gab es die Königin auf und ließ sie anziehen, wozu sie Lust hatte.

Eines Weihnachtsabends, als Lumpenhut und ihre Schwester schon fast erwachsen waren, erhob sich auf der Treppe vor den Gemächern der Königin ein gewaltiger Lärm und ein ungeheures Gerassel. Lumpenhut fragte, was denn da im Gange sei, und die Königin sagte, da müsse wohl eine Meute von Trollen in das Schloß eingedrungen sein.

Alle sieben Jahre könne das geschehen, und nichts ließe sich dagegen ausrichten. Man dürfe den Trollen keine Beachtung schenken und müsse ihren Unfug ertragen.

Lumpenhut erwiderte: »Unsinn! Ich werde hinausgehen und sie vertreiben.«

Alle wollten sie zurückhalten und warnten sie vor den gefährlichen Trollen. Lumpenhut wollte nichts davon wissen und behauptete, sie fürchte sich nicht. Sie ermahnte die Königin, alle Türen fest verschlossen zu halten, und dann trat sie hinaus auf die Treppe, schlug mit ihrem hölzernen Löffel den Trollen auf Kopf und Schultern und trieb sie so zusammen.

Das ganze Schloß bebte unter dem Krachen und Geschrei, als wolle es auseinanderbrechen.

Gerade in diesem Augenblick aber öffnete ihre Zwillingsschwester, die Angst um Lumpenhut hatte, die Tür, steckte den Kopf heraus, um zu sehen, wie es um ihre Schwester stand. Hopp! Da sprang ein Troll an ihr hoch und nahm ihr den Kopf ab und tauschte ihn gegen einen Kalbskopf aus. Auf allen vieren rannte die arme Prinzessin in das Zimmer zurück und fing an zu muhen wie ein Kalb.

Als Lumpenhut die Trolle vertrieben hatte und in das Schloß zurückkam und ihre Schwester sah, war sie sehr zornig. Sie schalt auf alle, die da wie die Tröpfe herumstanden und nicht auf ihre Schwester acht gegeben hatten.

»Ich werde versuche, sie von dem Trollzauber zu erlösen«, sagte Lumpenhut. »Ich will in das Land der Trolle fahren. Aber ich brauche ein gutes und gerüstetes Schiff mit ordentlich Vorräten an Bord.«

Nun sah der König, daß seine Tochter nicht nur wild, sondern auch ungewöhnlich war. Er willigte ein und wollte, daß sie einen Kapitän und eine Mannschaft an Bord nähme. Lumpenhut aber war entschlossen, weder einen Kapitän noch eine Mannschaft zu dulden. Sie wollte das Schiff selbst segeln. Schließlich ließ man sie gewähren, und Lumpenhut segelte mit ihrer verzauberten Schwester davon.

Mit gutem Wind im Rücken segelten sie direkt zum Land der Trolle und warfen vor der Küste den Anker aus. Ihre Schwester ließ Lumpenhut auf dem Schiff, sie selbst aber ritt auf ihrer Ziege direkt zu dem Trollhaus hin. Durch ein offenes Fenster konnte sie den Kopf ihrer Schwester sehen. Im Nu war die Ziege durchs Fenster ins Haus gesprungen. Lumpenhut ergriff den Kopf, und schon waren sie wieder draußen. Aber die Trolle waren ihr auf den Fersen. Sie schrien und schwärmten um sie herum wie gereizte Bienen. Die Ziege schnaubte und stieß mit ihren Hörner, und Lumpenhut schlug mit ihrem verzauberten Löffel so lange um sich, bis die Trolle aufgaben und sie entkommen ließen.

Als Lumpenhut bei ihrem Schiff angekommen war, nahm sie der Schwester den Kalbskopf herunter und setzte ihr wieder ihren eigenen schönen Kopf auf. Da war ihre Schwester ein menschliches Wesen wie zuvor.

»Laß uns weitersegeln«, sagte Lumpenhut, »damit wir etwas von der Welt sehen.« Die Schwester war einverstanden, und so segelten sie an der Küste entlang, legten einmal hier und einmal dort an, bis sie zuletzt zu einem entfernten Königreich gelangten.

Lumpenhut machte das Schiff am Ufer fest. Als die Schloßbewohner das fremde Segel sahen, schickten sie Kundschafter hinunter zum Wasser, um herauszufinden, wer das Schiff segelte und woher es kam. Die Kundschafter waren erstaunt, als sie außer Lumpenhut, die mit ihrer Ziege auf dem Deck herumritt, niemanden sonst an Bord finden konnten.

Als sie fragten, ob außer ihr noch jemand auf dem Schiff sei, antwortete Lumpenhut, ja, sie habe noch ihre Schwester dabei. Die Kundschafter verlangten sie zu sehen, aber Lumpenhut ließ es nicht zu. Da fragten sie an, ob die Schwestern nicht zu dem König und seinen zwei Söhnen auf das Schloß kommen wollten.

»Nein«, sagte Lumpenhut wieder. »Nein, sie mögen zum Schiff herunterkommen, wenn sie uns sehen wollen.«

Der ältere Prinz war neugierig, die fremden Mädchen zu sehen, und schon am nächsten Tag eilte er hinunter an die Küste. Als er die schöne, jüngere Zwillingsschwester sah, verliebte er sich sofort in sie und wollte sie heiraten.

»Nein, kommt nicht in Frage«, erklärte diese. »Ich verlasse meine Schwester nicht. Ich heirate nicht, bevor sie nicht auch geheiratet hat.«

Niedergeschlagen kehrte der Prinz ins Schloß zurück. Wer würde dieses häßliche Mädchen, das auf einer Ziege ritt und zerlumpt wie ein Bettler aussah, jemals heiraten? Aus Gastfreundschaft aber wurden beide Schwestern zu einem Festessen auf das Schloß eingeladen, und der Prinz bat seinen jüngeren Bruder, Lumpenhut das Geleit zu geben.

Die jüngere Schwester wusch ihr Haar und zog ihr schönstes Kleid an. Aber Lumpenhut weigerte sich, andere Kleidung anzulegen. »Anstelle dieses zerlumpten Mantels und der alten Stiefel könntest du eines meiner Kleider tragen«, sagte ihre Schwester. Aber Lumpenhut lachte nur.

»Du könntest diesen zerfetzten Hut abnehmen und dir die rußigen Streifen aus dem Gesicht wischen«, sagte ihre Schwester ärgerlich, denn sie wollte, daß ihre geliebte Schwester am schönsten aussähe.

»Nein«, sagte Lumpenhut, »ich will gehen, wie ich bin.«

Alle Leute aus der Stadt kamen herbeigelaufen, um die Fremden zum Schloß reiten zu sehen. Und was das für ein Aufmarsch war! An der Spitze des Zuges ritten der Prinz und die Schwester von Lumpenhut auf schönen, weißen Pferden, die mit goldenen Tüchern geschmückt waren. Ihnen folgte der Bruder des Prinzen auf einem herrlichen Roß im Silberschmuck. Neben ihm ritt Lumpenhut auf ihrer Ziege.

»Von einem Gespräch hältst du wohl nicht viel«, fragte Lumpenhut. »Hast du nicht irgend etwas zu sagen?«

»Was soll es zu sagen geben?« gab er zurück. Sie ritten schweigend weiter, bis er schließlich herausplatzte: »Warum reitest du diese Ziege anstelle eines Pferdes?«

»Da dir eingefallen ist zu fragen«, sagte Lumpenhut, »kann ich auch auf einem Pferd reiten, wenn ich es will.« Sofort verwandelte sich die Ziege in eine feine Stute.

Da staunte der junge Mann mit weit aufgerissenen Augen.

»Warum versteckst du deinen Kopf unter diesem lumpigen Hut?« fragte er weiter.

»Ist das ein lumpiger Hut? Das kann ich ändern, wenn ich es nur will«, sagte sie. Und da saß auf ihrem langen, schwarzen Haar ein goldener Reif, der mit winzigen Perlen besetzt war.

»Was bist du doch für ein ungewöhnliches Mädchen!« rief der Prinz. »Aber diesen Holzlöffel – warum trägst du den?«

»Ist das ein Löffel?« Und der Löffel verwandelte sich in ihrer Hand in einen Zauberstab aus Ebereschenholz mit einer goldenen Spitze.

»Ich verstehe!« rief der Prinz. Er lächelte und summte eine kleine Melodie vor sich hin, während sie weiterritten.

Schließlich sagte Lumpenhut: »Willst du mich nicht fragen, warum ich diese zerlumpten Kleider trage?«

»Nein«, sagte der Prinz. »Du trägst sie, weil du es so haben willst, und willst du es anders haben, dann sorgst du dafür.«

Da verschwanden auch die zerlumpten Kleider, und Lumpenhut war in einen grünen Samtmantel gekleidet. Der Prinz lächelte und sprach: »Die Farbe steht dir sehr gut.«

Als sie an das Schloß herankamen, sagte Lumpenhut: »Und möchtest du mich nicht darum bitten, mein Gesicht unter den Rußstreifen sehen zu dürfen?«

»Nur, wenn du es möchtest.«

Als sie durch die Tore des Schlosses ritten, berührte Lumpenhut ihr Gesicht mit dem Ebereschenstab, und die Rußstreifen verschwanden. Ob ihr Gesicht nun schön oder einfach war, das werden wir niemals erfahren, denn für den Prinzen und Lumpenhut war das ganz gleichgültig.

Aber von einem weiß ich zu berichten: Auf dem Schloß wurde ein Fest gefeiert mit Singen, Spielen und Tanzen, und das dauerte etliche Tage lang.

Die Suche nach dem Zaubersee

Ecuador

Lange ist es her, da lebte in dem großen Inka-Reich ein Kaiser, der hatte nur einen einzigen Sohn. Dieser Junge bereitete dem Vaterherz große Freude, aber auch Kummer, denn er war von Geburt an krank.

Auch als der Prinz älter wurde, ging es ihm nicht besser, und keiner der Ärzte am Hof war fähig, ein Heilmittel gegen seine Krankheit zu finden.

Eines Nachts fiel der Kaiser auf die Knie nieder und betete vor dem Altar.

»Oh, Ihr Großen«, sagte er. »Ich werde älter, und ich werde bald mein Volk verlassen und bei Euch in den Himmeln sein. Da ist niemand, der sich um mein Volk kümmern wird, nur mein Sohn, der Prinz. Ich bete zu Euch, daß Ihr ihn gesund und stark macht, auf daß er ein würdiger Regent des Landes werden möge. Sagt mir, wie seine Krankheit geheilt werden kann.«

Der Kaiser legte seinen Kopf in die Hände und wartete auf eine Antwort. Bald darauf hörte er eine Stimme, die aus der Flamme vor dem Altar kam.

»Laß den Prinzen von dem Wasser des Zaubersees am Ende der Welt trinken«, sagte die Stimme, »und er wird gesund werden.«

In diesem Augenblick flackerte das Feuer auf und erstarb. Unter der kalten Asche lag ein goldenes Fläschchen.

Der Kaiser war viel zu alt, um eine Reise bis ans Ende der Welt anzutreten. Und der junge Prinz war viel zu krank, um zu reisen. Da ließ der Kaiser verkünden, wer immer die goldene Flasche mit dem Zauberwasser fülle, dem werde großer Dank sicher sein.

Viele tapfere Männer machten sich auf die Suche nach dem Zaubersee. Niemand konnte ihn finden. Tage und Wochen vergingen, und das Fläschchen blieb leer.

In einem Tal, weit entfernt von dem Palast der Kaisers, lebte ein armer Bauer. Er hatte eine Frau, zwei erwachsene Söhne und eine junge Tochter.

Eines Tages sagte der ältere Sohn zu seinem Vater: »Erlaube es mir und meinem Bruder, uns an der Suche nach dem Zaubersee zu beteiligen. Vor dem neuen Mond noch werden wir wieder zurück sein und dir bei der Ernte des Mais und der Kartoffeln helfen.«

Der Vater schwieg. Er dachte nicht an die Ernte, er bangte um seine Söhne.

Als der Vater nicht antwortete, fügte der zweite Sohn hinzu: »Denke an die reiche Belohnung, Vater!«

»Es ist ihre Pflicht zu gehen«, sagte die Bäuerin, »wir müssen versuchen, unserem Kaiser und dem jungen Prinzen zu helfen.«

Nachdem seine Frau gesprochen hatte, gab der Vater nach.

»Geht, wenn ihr müßt, aber hütet euch vor den wilden Tieren und den bösen Geistern«, sagte er.

Mit dem Segen ihrer Eltern machten sich die Söhne auf die Reise.

Sie fanden viele Seen, aber keinen, an dem der Himmel das Wasser berührte.

Schließlich sagte der jüngere Bruder: »Bevor noch ein Tag vergeht, müssen wir umkehren und unserem Vater bei der Ernte helfen.«

»Ja«, stimmte der andere zu, »aber ich habe mir etwas ausgedacht. Laß uns von jedem See, an dem wir vorbeikommen, einen Topf voll Wasser mitnehmen und uns sagen, das Wasser könne den Prinzen heilen. Auch wenn es das nicht tut, so werden wir sicher für unsere Mühe vom Kaiser eine kleine Entschädigung erhalten.«

»Einverstanden«, sagte der jüngere Bruder.

Als sie bei dem Palast ankamen, berichteten die Brüder dem Kaiser, sie hätten Wasser vom Zaubersee mitgebracht. Sofort wurde dem Prinzen aus jedem ihrer Töpfe ein Schluck gereicht. Und wie zu erwarten, blieb der Prinz so krank wie zuvor.

»Vielleicht muß das Wasser aus dem goldenen Fläschchen getrunken werden«, sagte einer der hohen Priester.

Das goldene Fläschchen aber wollte das Wasser nicht halten. Es verschwand, sobald es in das Fläschchen gefüllt worden war.

In seiner Verzweiflung rief der Kaiser nach seinem Zauberer und sprach zu ihm: »Kannst du den Zauber der Flasche brechen, damit das Wasser darin bleibt und mein Sohn daraus trinken kann?«

»Eure Majestät«, antwortete der Zauberer, »das kann ich nicht. Aber ich glaube«, fügte er weise hinzu, »daß uns die Flasche sagt, daß wir von den beiden Brüdern betrogen worden sind. Die Flasche kann nur mit Wasser aus dem Zaubersee gefüllt werden.«

Als die zwei Brüder dies hörten, zitterten sie vor Furcht, denn sie wußten, daß ihre Lüge aufgedeckt worden war.

Der Kaiser war so erbost, daß er befahl, sie in Ketten zu legen. Jeden Tag wurden sie gezwungen, von dem Wasser aus ihren Töpfen zu trinken, um an ihren Betrug erinnert zu werden. Die Nachricht von ihrer Strafe wurde schnell überall bekannt.

Wieder sandte der Kaiser Botschafter durch das ganze Land, um Mutige zu finden, die sich auf die Suche nach dem Zauberwasser begeben würden, ehe der Prinz gestorben war.

Súmac, die Schwester der zwei Brüder, hütete ihre Lamas, als sie den Klang der königlichen Trompeten hörte. Dann vernahm sie die Stimme des kaiserlichen Boten, der die dringende Botschaft des Hofes verlas.

Schnell führte Súmac ihre Lamas nach Hause und bat ihre Eltern, sie auf die Suche nach dem Zaubersee gehen zu lassen.

»Du bist zu jung«, sagte der Vater. »Und denke daran, wie es deinen Brüdern ergangen ist. Ein böser Geist muß von ihnen Besitz ergriffen und ihnen eine Lüge eingeflüstert haben.«

Und ihre Mutter sagte: »Wir könnten es nicht ertragen, ohne dich zu sein, Súmac.«

»Aber denkt doch auch daran, wie traurig unser Kaiser sein wird, wenn der junge Prinz stirbt«, antwortete Súmac. »Und wenn ich den Zaubersee finde, dann wird der Kaiser vielleicht meinen Brüdern vergeben und sie nach Hause schicken.«

»Vielleicht ist es Gottes Wille, daß wir sie gehen lassen«, sagte Súmacs Mutter.

Und wieder gab der Vater seine Einwilligung.

Súmac war überglücklich. Sie sprang hinaus, um ihr Lieblingslama anzuschirren. Es sollte ihre Vorräte tragen und ihr Gesellschaft leisten.

Ihre Mutter füllte einen gewebten Beutel mit Essen und Getränken – geröstete goldene Maiskörner und einen kleinen irdenen Topf mit Chicha, einem Getränk aus gestoßenem Mais.

Die drei umarmten sich. Die Tränen standen ihnen in den Augen. Súmac führte das Lama neben sich den Pfad entlang.

Die erste Nacht schlief sie im Schutz hoher Felsen, behaglich und warm, dicht bei ihrem Lama. Als sie aber den hungrigen Schrei des Pumas hörte, fürchtete sie um ihr Lieblingstier und bat es, allein nach Hause zurückzukehren.

Die nächste Nacht verbrachte sie in den oberen Ästen eines hohen Baumes, weit außerhalb der Reichweite des furchtbaren Pumas. Ihre Vorräte versteckte sie in dem Loch eines Baumstammes.

Bei Sonnenaufgang wurde sie von den Stimmen freundlicher Sperlinge geweckt, die sich auf einem Ast nahebei ausruhten.

»Armes Kind«, sagte der älteste Spatz, »sie kann ihren Weg zu dem Zaubersee niemals finden.«

»Laßt uns ihr helfen«, sagten die anderen.

»Oh, bitte, helft mir!« flehte das Kind, »und vergebt mir, daß ich in euren Baum eingedrungen bin.«

»Wir heißen dich willkommen«, tschilpte ein anderer Spatz, »denn du bist dasselbe Mädchen, das gestern seinen goldenen Mais mit uns geteilt hat.«

»Wir werden dir helfen«, fuhr der andere Spatz fort, der der Wortführer zu sein schien, »denn du bist ein gutes Mädchen. Jeder von uns wird dir eine Feder geben, und die mußt du wie einen Fächer in der Hand halten. Die Federn haben magische Kräfte und werden dich tragen, wohin immer du willst. Sie werden dich auch vor Unheil schützen.«

Jeder Sperling hob den Flügel und suchte nach einer bestimmten Feder, die darunter versteckt war. Diese gaben sie Súmac. Sie fügte sie so zusammen, daß sie die Form eines Fächers bildeten, dann nahm sie ein Band aus ihrem Haar und knotete die Federn so fest zusammen, daß keine verloren gehen konnte.

»Ich muß dich warnen«, sagte der älteste Spatz, »denn der See wird von drei Ungeheuern bewacht. Hab aber keine Angst. Halte den Fächer vor dein Gesicht, und es wird dir nichts Böses geschehen.«

Súmac bedankte sich bei den Vögeln. Dann hob sie den Fächer und sprach: »Bitte, Zauberfächer, trage mich zu dem See am Ende der Welt.«

Eine sanfte Brise wehte sie aus der Spitze des Baumes und durch das Tal. Dann wurde sie hochgehoben, höher und höher, bis in den Himmel hinein, so daß sie hinuntersehen konnte auf die höchsten Bergspitzen, die mit ewigem Schnee bedeckt waren.

Schließlich setzte sie der Wind am Strand eines wunderschönen Sees nieder. Es war tatsächlich der See am Ende der Welt, denn am Horizont berührte der Himmel das Wasser.

Súmac steckte den Fächer in ihren Gürtel und lief an das Ufer. Da erschrak sie. Alles hatte sie im Wald bei den Vögeln zurückgelassen. Worin aber sollte sie nun das kostbare Wasser für den Prinzen tragen?

»Ach, hätte ich doch nur an den Topf gedacht!« sagte sie.

Plötzlich hörte sie ein dumpfes Geräusch direkt vor ihren Füßen, und vor ihr lag ein wunderschönes goldenes Fläschchen – genau so eines, wie es der Kaiser in der Asche seines Feuers gefunden hatte.

Súmac nahm das Fläschchen und kniete am Wasser nieder. In diesem Augenblick sagte eine fauchende Stimme hinter ihr: »Verlasse meinen See, oder ich werde meine langen, haarigen Beine um deinen Hals wickeln.«

Súmac drehte sich um. Da stand hinter ihr eine riesige Krabbe, die war so groß wie ein Schwein und so schwarz wie die Nacht.

Mit zitternden Händen nahm das Kind den Fächer aus seinem Gürtel und öffnete ihn vor seinem Gesicht. Sobald die Krabbe den Fächer gesehen hatte, fiel sie nieder in den Sand, schloß ihre Augen und schlief ein.

Súmac versuchte wieder, das Fläschchen zu füllen. Diesmal wurde sie von einer fürchterlichen Stimme und von Blasen, die aus dem Wasser stiegen, erschreckt.

»Verlasse meinen See, oder ich werde dich fressen«, gluckste ein riesiger grüner Alligator. Mit seinem Schwanz schlug er ärgerlich das Wasser.

Súmac wartete, bis das Ungetüm nähergeschwommen kam. Dann hielt sie den Fächer hoch. Der Alligator blinzelte. Er zog sich zurück. Langsam und leise sank er auf den Grund des Sees und schlief dort ein.

Bevor sich Súmac von ihrem Schrecken erholen konnte, hörte sie in der Luft ein schrilles Pfeifen. Sie blickte auf und sah über sich eine fliegende Schlange. Ihre Haut war so rot wie Blut, und aus ihren Augen sprühten Funken.

»Verlasse meinen See, oder ich werde dich beißen«, zischte die Schlange und schlug schon mit ihren Flügeln um Súmacs Kopf.

Wieder hob Súmac den Fächer, und die Schlange schloß die Augen und glitt abseits zu Boden. Sie faltete ihre Flügel zusammen, rollte sich in den Sand ein und fing an zu schnarchen.

Súmac zitterte und mußte sich setzen. Sie kauerte sich an das Ufer. Die Gefahr war vorüber.

»Jetzt kann ich die goldene Flasche füllen und mich auf den Weg machen«, sagte sie zu sich selbst.

Sie schöpfte das klare Wasser in das Fläschchen und hielt in der einen Hand die Flasche fest, und mit der anderen umklammerte sie den Fächer.

»Bitte,« sprach sie wieder höflich zu ihm, »bring mich jetzt zum Palast.«

Kaum hatte sie die Worte gesprochen, da war sie auch schon vor den Toren des Palastes angekommen. Sie sah zu einem großen Wachtposten auf.

»Ich möchte den Kaiser sehen«, sagte Súmac mit bebender Stimme.

»Warum, kleines Mädchen«, fragte der Wachtposten freundlich.

»Ich bringe das Wasser vom Zaubersee, um den Prinzen zu heilen.«

Der Wachtposten sah sie verwundert an.

»Komm!« befahl er mit einer Stimme, die so laut und tief wie der Donner war. Súmac wurde in das Gemach des Prinzen geführt. Der Kaiser schritt verzweifelt darin auf und ab. Der Prinz lag bewegungslos in einem hohen Bett. Seine Augen waren geschlossen, und das Gesicht war ohne Farbe. Neben ihm kniete seine Mutter und weinte.

Ohne ein Wort ging Súmac zu dem Prinzen und gab ihm einige Tropfen von dem Wasser aus ihrem Fläschchen. Bald öffnete er seine Augen. Seine Wangen röteten sich. Es dauerte nicht lange, und der Prinz saß aufrecht im Bett.

»Wie stark ich mich fühle!« rief er.

Der Kaiser umarmte Súmac, und sie erzählte von ihrer abenteuerlichen Reise zu dem See am Ende der Welt. Alle lobten ihren Mut und wunderten sich darüber, wie das goldene Fläschchen zu ihr gelangt war, und staunten über die magische Kraft der Federn.

»Liebes Kind«, sagte der Kaiser, »alle Reichtümer meines Kaiserreiches reichen nicht aus, dich zu belohnen. Bitte, um was du willst, und es soll geschehen.«

»Oh, großzügiger Kaiser«, sagte Súmac scheu, »ich habe aber drei Wünsche.«

»Nenne sie, und ich werde sie erfüllen«, verlangte der Kaiser.

»Zuerst möchte ich, daß meine Brüder freigelassen werden und zu meinen Eltern zurückkehren können. Sie haben ihre Strafe gehabt und werden nie mehr lügen. Ich weiß, daß sie bei dem, was sie getan haben, nur an meine Eltern gedacht haben. Bitte, vergib ihnen.«

»Wache, laßt die zwei sofort frei!« befahl der Kaiser.

»Zweitens möchte ich, daß der Zauberfächer in den Wald zurückgebracht wird, damit die Sperlinge ihre Federn wiederbekommen.«

Der Kaiser hatte keine Gelegenheit zu sprechen, denn bevor irgend jemand auch nur einen Ton hätte hervorbringen können, erhob sich der Fächer, spannte sich weit auf und flog aus dem Fenster hinaus zu den Wäldern. Alle beobachteten das mit Erstaunen, bis der Fächer nicht mehr zu sehen war.

»Was ist dein letzter Wunsch, liebe Súmac?« fragte der Kaiser.

»Ich möchte, daß meine Eltern einen großen Bauernhof bekommen und große Herden von Lamas, Vikunas und Alpacas, damit sie nicht länger arm sind.«

»So soll es geschehen«, sprach der Kaiser, »aber ich bin sicher, daß deine Eltern sich niemals für arm hielten, denn sie haben eine wunderbare Tochter.«

»Willst du nicht bei uns im Palast bleiben«, wagte sich der Prinz nun vor.

»Ja, bleibe doch bei uns!« verlangten auch sein Vater und seine Mutter. »Wir werden alles tun, um dich glücklich zu machen.«

»Ich danke euch«, sagte Súmac, »aber ich muß zurück zu meinen Eltern und zu meinen Brüdern. Ich vermisse sie, und ich weiß, daß sie mich vermissen. Sie haben nichts von mir gehört, seit ich zum Zaubersee aufgebrochen bin, denn ich bin direkt zu eurem Palast gekommen.«

Der Kaiser und sein Sohn versuchten nicht, Súmac länger aufzuhalten.

»Meine persönliche Wache wird dich nach Hause bringen«, sagte der Kaiser.

Und Súmac kehrte heim zu ihrer glücklichen Familie.

Kapti und Imani

Pandschab

Es war einmal ein König, der hatte zwei Töchter, und ihre Namen waren Kapti und Imani. Er liebte sie sehr und verbrachte viele Stunden damit, sich mit ihnen zu unterhalten.

Eines Tages fragte er Kapti, die Ältere: »Bist du damit zufrieden, daß du dein Leben und dein Glück in meinen Händen läßt?«

»Wahrlich, ja«, antwortete die Prinzessin überrascht. »In wessen Hände sollte ich es sonst legen, wenn nicht in Eure?«

Als er aber seiner Tochter Imani die gleiche Frage stellte, antwortete diese: »Nein, keineswegs! Wenn ich die Möglichkeit dazu hätte, würde ich mein Glück selbst versuchen.«

Diese Antwort machte den König sehr unzufrieden, und er sagte: »Du bist zu jung, um die Bedeutung deiner Worte zu erkennen. Aber, meine Tochter, es sei, wie du es wünschst.«

Dann schickte er nach einem alten, lahmen Fakir, der in einer verfallenen Hütte am Stadtrand lebte. Als dieser sich vorgestellt hatte, sagte der König zu ihm: »Zweifellos wirst du, da du sehr alt und fast verkrüppelt bist, froh sein, eine junge Person bei dir zu haben, die dir dient; deshalb gebe ich dir meine Tochter. Sie will sich ihren Lebensunterhalt selbst verdienen, und das kann sie mit dir gemeinsam versuchen.«

Der alte Fakir schwieg, er war zu erstaunt und zu bekümmert, um irgend etwas zu sagen. Die junge Prinzessin aber ging lächelnd mit ihm.

Geraden Wegs erreichten sie die Hütte, und der alte Mann begann darüber nachzudenken, wie er der Prinzessin auch nur etwas Bequemlichkeit verschaffen könnte. Wie er es auch bedachte, er war nur ein Bettler, und sein Haus war leer bis auf eine Bettstelle, zwei alte Kochtöpfe und einen irdenen Krug für Wasser.

Die Prinzessin jedoch fragte nur: »Hast du irgend etwas Geld?«

»Ich habe irgendwo einen Pfennig«, antwortete der Fakir.

»Sehr gut«, antwortete die Prinzessin. »Gib mir den Pfennig und gehe, mir ein Spinnrad und einen Webstuhl zu borgen.«

Nach langem Suchen fand der Fakir den Pfennig. Dann ging er, das Spinnrad und den Webstuhl zu holen, und die Prinzessin ging einkaufen. Zuerst kaufte sie für einen Viertelpfennig Öl, dann kaufte sie für einen Dreiviertelpfennig Flachs. Als sie vom Einkaufen zurückkam, setzte sie den alten Mann auf die Bettstelle und rieb ihm das verkrüppelte Bein gut eine Stunde lang mit dem Öl ein.

Danach setzte sie sich an das Spinnrad. Sie spann und spann die ganze Nacht hindurch, während der alte Mann schlief. Am anderen Morgen hatte sie das feinste Garn gesponnen, das man sich nur vorstellen kann. Dann ging sie zum Webstuhl und webte. Sie webte und webte bis in den Abend, und schließlich hatte sie ein wunderschönes, silbernes Tuch gewebt.

»Gehe auf den Marktplatz«, sagte sie zu dem Fakir, »und verkaufe das Tuch, während ich ausruhe.«

»Und was soll ich dafür verlangen?« fragte der alte Mann.

»Zwei Goldstücke«, antwortete die Prinzessin.

So humpelte nun der Fakir weg und stellte sich auf den Marktplatz, um das Tuch zu verkaufen. Bald schon fuhr die ältere Prinzessin vorbei. Als sie den Stoff sah, hielt sie an und fragte nach seinem Preis, denn er war schöner, als sie und ihre Weberinnen es je hätten weben können.

»Zwei Goldstücke«, sagte der Fakir, und die Prinzessin zahlte sie ihm gerne. Danach humpelte der alte Mann mit dem Geld nach Hause.

Tag für Tag ging es nun so. Imani verbrauchte immer einen Pfennig für Öl und Flachs. Sie pflegte stets das lahme Bein des alten Mannes, spann und webte die schönsten Stoffe und verkaufte sie zu hohen Preisen. Nach und nach wurde die Stadt wegen ihrer schönen gewebten Stoffe berühmt. Das lahme Bein des alten Fakirs wurde gerader und kräftiger, und das Loch im Boden der Hütte, in dem sie ihr Geld aufbewahrten, wurde immer voller von den Goldstücken, die sie verdient hatten.

Eines Tages sagte die Prinzessin: »Ich glaube, wir haben jetzt wirklich genug, um etwas bequemer zu leben.« Sie sandte nach Maurern aus, und die bauten ihr und dem alten Fakir ein wunderschönes Haus. In der ganzen Stadt war keines feiner, ausgenommen der Palast des Königs. Diese Neuigkeit erreichte bald die Ohren des Königs, und als er nachfragte, wer es gebaut habe, da sagte man ihm, daß es seiner Tochter gehöre.

»Gut«, rief der König, »sie hat gesagt, daß sie ihr eigenes Glück machen wolle, und wie es scheint, hat sie es gemacht« Einige Zeit später führten wichtige Angelegenheiten den König in ein anderes Land. Vor seiner Abreise fragte er seine ältere Tochter Kapti, was er ihr als Geschenk von der Reise mitbringen sollte.

»Eine Halskette aus Rubinen«, antwortete sie. Und der König dachte, daß er gern auch Imani nach ihrem Wunsch gefragt hätte. Deshalb schickte er einen Boten zu ihr, der herausfinden sollte, was für ein Geschenk sich Imani wünschte. Durch Zufall kam der Mann gerade in dem Augenblick, als sie damit beschäftigt war, einen Knäuel in ihrem Webstuhl zu entwirren. Er verbeugte sich tief vor ihr und sagte: »Der König schickt mich, damit ich dich frage, was du dir von ihm als Geschenk aus dem Lande Dâr wünschst.«

Imani aber, die damit beschäftigt war, den Knäuel zu entwirren, ohne den Faden zu brechen, antwortete nur: »Geduld«. Sie meinte, daß der Bote warten solle, bis sie antworten könne. Der Bote aber ging mir dieser Antwort weg und sagte dem König, das einzige, was sich die Prinzessin wünsche, sei Geduld.

»Oh!« sagte der König. »Ich weiß nicht, ob das etwas ist, was es in Dâr zu kaufen gibt. Ich selbst habe sie nie gehabt, wenn sie aber gefunden wird, dann will ich sie ihr kaufen.«

Am nächsten Tag reiste der König ab. Als er seine Angelegenheiten zu seiner Zufriedenheit erledigt hatte, kaufte er Kapti eine schöne Rubinenhalskette.

Dann sagte er zu einem Diener: »Die Prinzessin Imani möchte etwas Geduld haben. Ich wußte nicht, daß es so etwas gibt, du mußt aber auf den Markt gehen und fragen, und wenn es irgend eine zu kaufen gibt, dann kaufe sie und bringe sie zu mir.«

Der Diener verbeugte sich und verließ den König. Er ging einige Male über den Markt und rief: »Wer hat Geduld zu verkaufen? Wer hat Geduld zu verkaufen?« Einige Leute machten sich über ihn lustig, andere, die keine Geduld hatten, sagten, er solle sich wegscheren, wieder andere meinten: »Der Kerl ist verrückt! Als ob man Geduld kaufen oder verkaufen könne!«

Schließlich kam es dem König von Dâr zu Ohren, daß ein Verrückter auf dem Markt Geduld kaufen wolle. Der König lachte und sagte: »Ich habe Lust, den Burschen zu sehen. Bringt ihn her!«

Und sofort liefen seine Diener, den Mann zu suchen. Sie brachten ihn vor den König, und der fragte ihn: »Was ist dein Wunsch?«

Und der Mann antwortete: »Herr, man hat mir befohlen, nach Geduld zu fragen.«

»Oh«, sagte der König, »du mußt aber einen seltsamen Herrn haben! Was will er denn damit machen?«

»Mein Herr sucht sie als Geschenk für seine Tochter Imani«, antwortete der Diener.

»Gut«, sagte der König. »Ich kenne eine Geduld, die die junge Dame haben könnte, wenn es ihr am Herzen liegt. Aber gekauft werden kann sie nicht.«

Nun war der Name des Königs Sabr Khan, und Sabr bedeutet Geduld. Der Kundschafter wußte das aber nicht, oder er dachte, der König mache einen Scherz. Wie auch immer, er erklärte, daß die Prinzessin nicht nur sehr schön und jung sei, sondern auch die klügste, die fleißigste und auch die freundlichste aller Prinzessinnen.

Und er wäre noch fortgefahren, die Prinzessin zu preisen, hätte der König nicht lachend die Hände erhoben und seiner Rede Einhalt geboten. »Schön, schön, warte eine Minute, und ich werde sehen, was sich machen läßt«

Damit stand er auf und ging in seine Gemächer, von wo er ein kleines Kästchen holte. In dieses Kästchen legte er einen Fächer und verschloß es sorgfältig, Er brachte es dem Kundschafter und sagte: »Hier ist ein Kästchen. Es hat weder ein Schloß noch einen Schlüssel, dennoch wird es sich allein durch Berührung der Person öffnen, die seinen Inhalt braucht – und wer immer es öffnet, wird Geduld erhalten; ich kann aber nicht sagen, ob es auch die gewünschte Geduld ist.«

Der Diener verbeugte sich tief und nahm das Kästchen. Als er aber nach dem Preis fragte, sagte der König, daß er nichts dafür wolle. Da ging er weg, gab seinem Herrn das Kästchen und berichtete ihm, was ihm widerfahren war.

Sobald der König in sein Land zurückgekommen war, erhielten Kapti und Imani die Geschenke, die er für sie mitgebracht hatte. Imani war sehr überrascht, als ihr der Kundschafter das Kästchen übergab.

»Was ist das?« fragte sie. »Ich habe niemals um irgend etwas gebeten! Ich hatte keine Zeit, und der Bote lief weg, bevor ich meinen Knäuel entwirrt hatte.«

Der Diener jedoch blieb dabei, daß das Kästchen für sie bestimmt wäre. Da betrachtete sie es mit Neugierde und übergab es schließlich dem alten Fakir. Der versuchte es zu öffnen, aber vergeblich – der Deckel schloß so dicht, daß er unbeweglich schien, obwohl weder ein Schloß noch ein Riegel oder eine Feder oder sonst irgend etwas da war und nichts erkennen ließ, wie das Kästchen verschlossen war. Er gab es der Prinzessin zurück, und die hatte es kaum berührt, da öffnete es sich schon wie von selbst. Ein wunderschöner Fächer lag darin. Imani nahm ihn heraus und begann, sich Luft zuzufächeln.

Sie hatte gerade dreimal gefächelt, da erschien auch schon vor ihr der König Sabr Khan von Dâr. Die Prinzessin schnappte nach Luft, rieb sich die Augen, und der alte Fakir saß starr und konnte vor Erstaunen nicht sprechen.

Schließlich brachte er heraus: »Wer mögt Ihr sein, schöner Herr, so Ihr erlaubt?«

»Mein Name«, sagte der König, »ist Sabr Khan von Dâr. Diese Dame«, und er verbeugte sich vor der Prinzessin, »hat mich herbeigerufen, und nun bin ich hier!«

»Ich?« stammelte die Prinzessin. »Ich habe dich herbeigerufen? Ich habe dich weder je gesehen, noch habe ich jemals von dir gehört – wie soll das zugegangen sein?«

Darauf erzählte der König, wie er dem Mann, der in seiner Stadt hatte Geduld kaufen wollen, den Fächer in dem Kästchen gegeben hatte.

»Beide sind verzaubert«, fügte er hinzu. Wenn irgend jemand den Fächer benutzt, so bin ich in drei Schlägen bei ihm. Wenn du ihn zusammenfaltest und dreimal damit leicht auf den Tisch klopfst, bin ich wieder zu Hause. Das Kästchen öffnet sich nicht jedem. Weil aber diese schöne Dame hier nach Geduld verlangt hat und dies mein Name ist, bin ich hier und zu ihren Diensten.«

Da war die Prinzessin froh und fürchtete nur, sie könne versehentlich den Fächer zusammenfalten und mit einem leichten dreimaligen Klopfen den Tisch berühren und so den König nach Hause schicken. Der Fakir aber war es zufrieden, einen Gast zu haben, und so verbrachten sie einen vergnüglichen Abend miteinander, bevor Sabr Khan sich verabschiedete.

Danach wurde er oft herbeigerufen, und da sie beide, der Fakir und er, sehr gerne Schach spielten und auch gute Spieler waren, pflegten sie die halbe Nacht zusammenzusitzen und zu spielen. Schließlich wurde ein Zimmer im Haus das Königszimmer genannt, und wann immer Sabr Khan bis spät blieb, schlief er dort und begab sich erst am nächsten Morgen zurück nach Dâr.

Nach und nach kam es der Prinzessin Kapti zu Ohren, daß ein reicher und schöner junger Mann das Haus ihrer Schwester besuchte, und sie wurde eifersüchtig. Eines Tages machte sie sich auf den Weg, Imani zu besuchen. Sie gab sich liebenswürdig und sehr interessiert an dem Haus und daran, wie Imani und der alte Mann lebten, und auch an dem geheimnisvollen, königlichen Besucher. Als die Schwestern von Zimmer zu Zimmer gingen, wurde Kapti auch das Gemach des Königs gezeigt. Sie schlüpfte heimlich in das Zimmer und streute schnell fein gemahlenes und vergiftetes Glas, das sie in ihren Kleidern versteckt trug, unter die bunte, gewebte Decke des Bettes. Kurz darauf verabschiedete sie sich von ihrer Schwester, erklärte noch, wie leid es ihr täte, nicht eher einmal zu Besuch gekommen zu sein, und daß sich dies ändern werde.

An eben diesem Abend kam Sabr Khan und spielte mit dem Fakir wie gewöhnlich bis tief in die Nacht hinein Schach. Es war schon sehr spät, als er ihm und der Prinzessin eine gute Nacht wünschte, und sobald er sich niedergelegt hatte, drangen tausend winzige, vergiftete Glasplitter durch sein Gewand in seine Haut ein. Er spürte den Schmerz und wälzte sich auf die eine Seite und dann auf die andere Seite, bis es ihn rundum und überall schmerzte und er das Gefühl hatte, er brenne von Kopf bis Fuß. Er sagte aber kein einziges Wort, er saß nur die ganze Nacht schmerzgebeugt und lauschte dem noch schlimmeren Schmerz seiner Seele – er war vergiftet worden, und das in Imanis Haus.

Am Morgen war er einer Ohnmacht nahe, doch er sagte immer noch nichts und ließ sich von der Kraft des Fächers nach Hause bringen. Alle Ärzte und Mediziner des Reiches von Dâr versuchten, ihm zu helfen, aber niemand konnte herausfinden, was das für eine Krankheit war. Und so lag der

König Woche und Woche auf dem Krankenlager, versuchte jedes Heilmittel, das ihm nur irgend jemand verschrieb, er verlebte schlaflose Nächte und Tage der Pein, des Fiebers und des Elends, bis er am Rand des Todes war.

Inzwischen waren die Prinzessin Imani und der Fakir sehr bekümmert, denn so oft sie auch mit dem Zauberfächer winkten, Sabr Khan erschien nicht mehr. Sie fürchteten, daß er ihrer müde geworden oder daß ihm irgendein Unheil geschehen war. Schließlich war die Prinzessin in solch elendem Zustand und unruhig von Zweifeln und Ungewißheit, daß sie sich entschloß, selbst in das Königreich von Dâr zu gehen und herauszufinden, was mit Sabr Khan geschehen war. Sie verkleidete sich als junger Fakir, machte sich allein und zu Fuß auf den Weg, so wie es sich für einen Fakir ziemte.

Eines Abend befand sie sich in einem Wald und richtete sich unter einem großen Baum ihr Nachtlager. Sie konnte aber nicht schlafen, weil sie immerfort an Sabr Khan dachte und rätselte, was ihm wohl geschehen sein mochte. Da hörte sie zwei große Affen in dem Baum oben miteinander sprechen.

»Guten Abend, Bruder«, sagte der eine, »woher kommst du und was gibt es Neues?«

»Ich komme von Dâr«, sagte der andere, »und die Neuigkeit ist, daß der König stirbt.«

»Ach«, sagte der erste, »das tut mir aber leid, denn er jagte den Leoparden meisterhaft, diese Kreatur, der man nicht erlauben sollte zu leben. Was ist mit ihm?«

»Das weiß kein Mensch«, antwortete der zweite Affe, »aber die Vögel, die alles sehen und alle Botschaften weitertragen, sagen, daß er durch das vergiftete Glas stirbt, das Kapti, die Tochter des Königs, in sein Bett gestreut hat.«

»Oh«, sagte der erste Affe, »das ist eine traurige Nachricht. Wenn sie nur wüßten, daß die Beeren von eben diesem Baum, auf dem wir sitzen, in heißem Wasser gebrüht, eine solche Krankheit heilen.«

»Sicher!« sagte der andere. »Es ist ein Jammer, daß wir niemandem von einer solch einfachen Medizin erzählen können, um das Leben dieses Mannes zu retten. Aber die Leute sind dumm; da schließen sie sich in ihren stickigen Häusern in ihren stickigen Städten ein, anstatt daß sie in den schönen, luftigen Bäumen leben. So bringen sie sich um das Wissen der einfachsten Dinge.«

Als nun Imani gehört hatte, daß Sabr Khan im Sterben lag, weinte sie still vor sich hin. Während sie aber weiter zuhörte, trocknete sie ihre Tränen und setzte sich auf. Sobald das Tageslicht über dem Wald anbrach, sammelte sie so viele Beeren von dem Baum, wie sie in ihren Kleidern tragen konnte. Dann ging sie so schnell sie konnte und erreichte die Stadt Dâr in zwei Tagen. Sofort eilte sie auf den Markt und rief: »Medizin zu verkaufen! Wer ist krank und braucht Medizin?«

»Ach«, antworteten die Menschen von Dâr, »wo so viele Graubärte versagt haben, wie soll da ein junger Mann wie dieser von irgendeinem Nutzen sein?«

»Still«, sagte einer, »er mag es versuchen.« Und er ging hin und sprach zu Imani. Zusammen gingen sie zu dem Palast und verkündeten, daß ein junger Arzt gekommen sei, um den König zu heilen.

Nach einigem Zögern wurde Imani erlaubt, das Krankenzimmer zu betreten. Sie war so gut verkleidet, daß der König sie nicht erkennen konnte, und er war von der Krankheit schon so zerstört, daß auch sie ihn kaum erkannte. Sie bat sofort um ein Zimmer für sich allein und um einen Topf zum Wasserkochen.

Sobald das Wasser erhitzt war, ließ sie einige Beeren darin kochen und übergab die Tinktur den Dienern des Königs, die damit seinen Körper waschen sollten. Schon nach der ersten Waschung konnte der König die ganze Nacht ruhig schlafen. Am zweiten Tag gab Imani ihnen wieder von dem Beerensud, und wenig später erklärte der König, daß er hungrig sei, und er verlangte zu essen. Am dritten Tag wurde er schon ganz gesund und war nur noch ein wenig geschwächt von der langen Krankheit. Am vierten Tag stand er auf und befahl seinen Kundschaftern, den Mediziner zu holen, der ihn geheilt hatte.

Als Imani erschien, wunderte sich jeder, daß ein so junger Mann ein so kluger Arzt war, und der König wollte ihm seine Dankbarkeit in Geld und kostbaren Geschenken erweisen. Zunächst mochte Imani überhaupt nichts annehmen. Schließlich sagte sie, wenn sie denn belohnt werden müsse, so bäte sie um den Siegelring des Königs und das Taschentuch, und sie nahm Abschied von ihm. Imani ging zurück in ihr Land.

Nach ihrer Rückkehr und nachdem sie dem Fakir von all ihren Erlebnissen berichtet hatte, nahm sie den Zauberfächer und fächelte sich Luft zu. Wie in früheren Tagen stand sofort Sabr Khan vor ihnen. Er erzählte ihnen von seiner Krankheit und wie er geheilt worden war. Als er geendet hatte, stand die Prinzessin auf, öffnete ein kleines Schränkchen, brachte einen Ring und ein Taschentuch und sagte lachend: »Sind dies die Geschenke, die du dem jungen Arzt gegeben hast?«

Da erkannte sie der König wieder und begriff, was geschehen war. Er sprang auf, steckte den Zauberfächer in die Tasche und erklärte, daß niemand mehr ihn in sein Land schicken werde, es sei denn, Imani ginge mit ihm und werde seine Frau. Und so geschah es. Der alte Fakir und Imani gingen in die Stadt Dâr, wo Imani mit dem König verheiratet wurde und wo sie glücklich weiterlebten.

Die Riesin treibt Schabernack

Irland

In Irland lebte einst – das ist schon sehr lange her – ein Riese mit Namen Cucullin. Kein anderer Riese war ihm gleich an Größe oder an Kraft, nicht einmal der berühmte Fin M'Coul. Und kein Riese weit und breit, so erzählte man sich, hatte eine Chance, Cucullin im Kampf zu besiegen. So unermeßlich stark war Cucullin, daß, wenn er wütend war, er das ganze Land zum Beben bringen konnte, wenn er nur mit dem Fuß aufstampfte. Einmal hatte er gar mit einem einzigen Faustschlag einen Blitz so plattgedrückt, daß er aussah wie ein Pfannkuchen, und ihn sich anschließend in die Tasche gesteckt, um mit ihm seine Feinde zu erschrecken. Ja, Cucullin genoß es, der gefürchtetste Riese ganz Irlands zu sein. Und er hatte auch schon jeden anderen Riesen im Lande verdroschen, wirklich jeden – außer eben Fin M'Coul. Und was das betraf: Cucullin schwor, er würde nicht eher Ruhe geben, als bis er Fin zu fassen bekommen und bewußtlos geschlagen hätte.

Nun war Fin zwar nicht annähernd so groß und so stark wie Cucullin, aber er war ein gewaltiger Angeber und hatte überall verkündet, er, Fin M'Coul, werde – sollte er je in den Genuß kommen, sich mit ihm zu schlagen – mit Cucullin den Fußboden wischen. Doch vermied er es sorgsam, sich auf einen Streit mit Cucullin einzulassen oder ihm nur zu begegnen.

So standen die Dinge, als Fin eines schönen Frühlingsmorgens – er und seine Männer waren gerade auf dem Weg gen Norden und arbeiteten an der Straße der Riesen, die nach Schottland führte – die Nachricht erhielt, Cucullin sei auf dem Wege zu ihm, um seine Kraft mit ihm zu messen. Da überfiel Fin plötzlich das unstillbare Verlangen, seine Frau Oonagh zu besuchen. Er riß eine Tanne aus der Erde, schlug ihr alle Äste ab, und mit diesem Spazierstock machte er sich unverzüglich auf den Weg zu seinem Haus auf dem Berg der Tosenden Winde.

Wahrhaftig, jedermann wunderte sich, warum Fin sein Haus ausgerechnet auf dem Gipfel dieses Berges erbaut hatte, wo der Wind heftig aus allen Richtungen blies und es nicht einmal Wasser gab. Das mußte Oonagh aus einer Quelle am Fuße des Berges schöpfen und in Eimern den ganzen steilen Abhang hinaufschleppen.

»Von hier oben hat man eine hervorragende Aussicht in alle Himmelsrichtungen«, pflegte Fin zu betonen, »und was das Wasser betrifft, so werde ich demnächst einen Brunnen bohren – falls ich dazu komme.«

Das sagte er nun schon seit vielen Jahren. Doch der eigentliche Grund dafür, daß er ausgerechnet auf dem Gipfel des Berges der Tosenden Winde hauste, war der, daß er von hier einen genauen Überblick darüber hatte, ob etwa Cucullin oder ein anderer Feind auf dem Wege zu ihm war.

»Grüß Gott, alle miteinander!« rief Fin, als er den Kopf durch die Tür steckte.

»Willkommen daheim, mein Liebster!« schrie Oonagh. Dann gab Fin seiner Frau einen so stürmischen Kuß, daß der See auf der anderen Seite des Tales schäumend über die Ufer trat.

Fin verbrachte zwei oder drei glückliche Tage mit Oonagh, wenn man die Sorgen nicht mitrechnet, die er sich wegen Cucullin machte. Doch Oonagh spürte sehr bald, daß ihren Mann etwas quälte.

»Was ist nur mit dir los?« fragte sie ihn.

»Es ist wegen diesem Rindvieh Cucullin«, brummte Fin düster und steckte den Daumen in den Mund.

Nun hatte es mit Fins Daumen seine besondere Bewandtnis: Wenn er ihn nämlich in den Mund steckte und einen bestimmten Zahn mit ihm berührte, dann konnte der Daumen ihm eingeben, was gerade so in der Welt geschah.

»Er kommt hier vorbei«, sagte Fin und blickte so zerknautscht drein wie eine nasse Socke, »und ich weiß nicht, was ich tun soll. Laufe ich fort, bringe ich Schande über mich und mache mich zum Gespött aller Riesen. Früher oder später muß ich ihn treffen, das sagt mir mein Daumen. Doch wie kämpft man gegen einen Riesen, der aus Blitzen Pfannkuchen macht und das ganze Land erbeben läßt, wenn er nur mit dem Fuß aufstampft? Er wird Hackfleisch aus mir machen, wahrhaftig, das wird er!«

»Wann kommt er denn, dieser Cucullin?« fragte Oonagh.

»Morgen, so gegen Zwei«, grummelte Fin.

»Mach dich doch nicht verrückt«, beruhigte ihn seine Frau. »Verlaß dich nur ganz auf mich, ich helfe dir schon aus der Klemme. Bei deinem Daumen – besser, als du selbst es könntest!«

Fin wurde trübsinnig. Gewiß, er war stark und unerschrokken, aber was würde er gegen diesen häßlichen Cucullin ausrichten können? »Was kannst du schon für mich tun, Oonagh? All dein Einfallsreichtum wird mir nicht helfen. Wie ein gehäutetes Kaninchen werde ich vor dir dastehen, meine Sippe wird mich mit Schimpf und Schande davonjagen, mich, den besten Mann von allen!«

»Mach dir keine Sorgen, Fin«, entgegnete Oonagh. »Cucullin mag doch so gern Blitz-Pfannkuchen, nicht wahr? Überlaß ihn nur mir und tue alles, was ich dir sage.«

Ihre Worte beruhigten Fin, denn er hatte großes Vertrauen zu seiner Frau, die ihm schon so manches Mal geholfen hatte.

Oonagh ging vor das Haus zu ihren Wollsträngen, die sie dort zum Trocknen aufgehängt hatte, und zog neun lange Fäden in verschiedenen Farben heraus. Die flocht sie zu drei

Zöpfen, von denen jeder aus drei verschiedenen Farben bestand. Einen Zopf band sie sich um den rechten Arm, einen um den rechten Fußknöchel und den dritten um ihre Brust, direkt übers Herz. Nun würde nichts mehr schiefgehen, was auch immer sie unternahm.

Als nächstes besuchte sie ihre Nachbarn, um sich einundzwanzig flache, runde, dünnwandige Bratpfannen zu borgen. Sie knetete einen Brotteig, formte zweiundzwanzig Brotlaibe und versteckte in jedem jeweils eine Bratpfanne, nur in einem Brot nicht. Nachdem sie alles in den Ofen geschoben hatte, bereitete sie noch einen großen Topf Quark. Dann entfachte sie auf dem Gipfel des Berges ein großes rauchendes Feuer, steckte schließlich ihre Finger in den Mund und pfiff dreimal. Auf diese Weise gaben früher die Iren allen vorüberziehenden Fremden zu verstehen, daß sie willkommen seien.

Am Abend, als alle Arbeit verrichtet war, setzte sich die Riesin ganz abgekämpft nieder und bat Fin, ihr mehr von Cucullin zu erzählen. Er berichtete ihr, daß der mittlere Finger von Cucullins rechter Hand die magische Quelle seiner gewaltigen Stärke war. Sollte er diesen Finger verlieren, dann hätte er nicht mehr Kraft als ein gewöhnlicher Mann, trotz seiner enormen Größe.

Am nächsten Tag sah man Cucullin durch das Tal stapfen, höher als ein Turm. Oonagh holte die alte Wiege hervor und überredete Fin, sich hineinzulegen. Dann gab sie ihm eine weiße Baumwollmütze, die sollte er sich über den Kopf ziehen.

»Roll dich zusammen und tu so, als seist du dein eigenes Kind«, sagte sie und deckte ihn zu. »Sag jetzt nichts, verlaß dich nur ganz auf mich.«

Ein Klopfen an der Tür wie Donnerhall erschütterte das Haus. Fin wurde kreidebleich und kauerte sich in die Wiege.

»Tritt ein und sei mir willkommen«, rief Oonagh. Cucullin mußte den Kopf einziehen, um durch die Tür zu kommen, denn er war ein noch größerer Riese als der gute Fin.

»Wohnt hier der berühmte Fin M'Coul?«

»So ist es«, sagte Oonagh. »Möchtest du dich nicht setzen?«
»Danke, sehr freundlich«, erwiderte Cucullin. »Ist er gerade zu Hause?«
»Leider nicht«, sagte Oonagh, »heute morgen verließ er wutentbrannt das Haus. Jemand hat ihm erzählt, ein dickes geschwätziges Großmaul von einem Riesen mit Namen Cucullin suche gerade nach ihm oben auf der Landstraße, und da ist er los, um ihn sich zu schnappen. Ich hoffe nur für den Armen, daß Fin ihn nicht zu fassen kriegt, denn er wird ihn zu Brei schlagen, wenn er ihn findet!«
»Tja«, sagte da der gewaltige Riese, »ich selbst bin Cucullin, und seit zwölf Monaten schon suche ich nach Fin, und ich werde nicht eher ruhen, als bis ich ihn in die Finger bekommen habe!«
Oonagh lachte geringschätzig. »Armer Mann! Ich glaube, du hast den großen Fin M'Coul noch nie gesehen!«
»Wie könnte ich«, erwiderte Cucullin, »wo er mir doch dauernd ausweicht und alles tut, um mir nur nicht zu begegnen?«
»Es wird ein schlimmer Tag für dich werden, wenn du auf Fin triffst«, entgegnete Oonagh. »Am besten ist, du bleibst noch ein wenig hier und ruhst dich aus; vielleicht legt sich ja seine schlechte Laune. Außerdem könntest du mir inzwischen einen Gefallen tun. Der Wind bläst nämlich so schrecklich von Osten her genau in die Tür hinein. Würdest du so nett sein und mal eben das Haus umdrehen? Das macht Fin nämlich sonst, wenn er hier ist.«
Cucullin starrte die Riesin verblüfft an. Aber schließlich erhob er sich und ging mit Oonagh nach draußen. Er zog dreimal am Mittelfinger seiner rechten Hand, hob das Haus in die Höhe und drehte es so, wie Oonagh es haben wollte. Fin in der Wiege brach der Schweiß aus, denn natürlich hatte er noch nie in seinem Leben das Haus umgedreht!
Oonagh nickte zufrieden. »So herum gefiel mir das Haus schon immer am besten. Und wo du nun schon mal hier draußen bist, könntest du mir vielleicht noch einen Gefallen tun?«

»Und welchen?» fragte Cucullin, denn er fühlte sich langsam unbehaglich.

»Nach dieser langen Trockenheit ist das Wasser furchtbar knapp«, beklagte sich Oonagh. »Fin sagt, daß unter diesem Felsen eine Quelle liegt. Eigentlich wollte er heute den Berg auseinanderreißen, doch dann ist er so wutentbrannt davongerannt, um dich zu suchen, daß er dazu keine Zeit mehr fand.«

Mit diesen Worten führte sie ihren Gast zu einer Felsspalte hinter dem Haus.

Finster starrte Cucullin zu Boden. Es war offensichtlich, daß er an der Sache keinerlei Gefallen fand. Doch er zerrte neunmal an seinem Mittelfinger, bückte sich und hieb eine vierzig Fuß tiefe Kluft in den Berg.

Die Quelle, auf die Oonagh nun schon so viele Jahre gewartet hatte, sprudelte auf.

»Allerherzlichsten Dank«, sagte sie. »Nun mußt du aber unbedingt mit hinein kommen und ein wenig von dem Essen zu dir nehmen, das ich für Fin vorbereitet habe. Denn obwohl ihr Feinde seid, würde Fin sicher von mir erwarten, daß ich dich willkommen heiße und unser bescheidenes Mahl mit dir teile.«

Mit diesen Worten führte sie Cucullin ins Haus und setzte ihm eine Schüssel Butter und Quark und ein halbes Dutzend von den runden Broten mit der besonderen Füllung vor.

Cucullin steckte sich eines der Brote in den Mund – und stieß einen gewaltigen Schrei aus.

»Was ist los?« fragte Oonagh vorwurfsvoll.

»Was los ist?« schrie Cucullin. »Zwei Zähne habe ich mir ausgebissen! Was ist das für ein Brot, das du mir da gegeben hast?«

»Wieso«, sagte sie verwundert, »das ist Fins Brot – das ißt er immer, wenn er zu Hause ist. Niemand außer ihm und seinem kleinen Sohn in der Wiege dort kann es beißen. Doch wenn du meinst, du seist Fin ebenbürtig, dann versuch einen anderen Laib. Vielleicht ist der weniger hart.«

Nun war Cucullin sehr hungrig, und so machte er einen neuen Versuch. Diesmal schrie er noch lauter als beim ersten Mal, denn schließlich hatte er nicht als Schwächling dastehen wollen und noch kräftiger zugebissen.

»Donnerschlag und Galgenstrick!« tobte er. »Nimm dein Brot fort, sonst habe ich bald gar keine Zähne mehr im Mund. Mir sind noch zwei herausgebrochen!«

»Wenn du schon das Brot nicht essen kannst, dann sei doch bitte etwas leiser, sonst weckst du mir noch das Kind in der Wiege auf. Siehst du, nun hast du es wach gemacht!«

Fin gab ein pfeifendes Geräusch von sich, das dem Riesen durch Mark und Bein ging. So hatte er noch nie ein Baby schreien hören!

»Mutter!« schrie Fin. »Ich habe Hunger!«

Oonagh brachte ihm ein Brot, und zwar dasjenige, in das keine Pfanne eingebacken war, und gab es ihm in die Hand.

Fin steckte es sich in den Mund, kaute genüßlich und schluckte es herunter. Wie vom Donner gerührt, saß Cucullin da. Er dankte allen guten Geistern für das Glück, Fin nicht zu Hause angetroffen zu haben.

»Gegen ihn habe ich einfach keine Chance«, dachte er, »wenn schon sein kleiner Sohn so einfach ein Brot kaut, das mir die Zähne ausbricht.«

»Habt ihr besondere Zähne in eurer Familie?« fragte er und stand vom Tisch auf, denn er hatte beschlossen, daß es wohl besser sei, Fin M'Coul aus dem Wege zu gehen.

»Warum fühlst du nicht selbst?« antwortete Oonagh. »Ich werde das Baby dazu bringen, den Mund zu öffnen. Seine Zähne sitzen allerdings recht weit hinten, nimm am besten deinen längsten Finger zum Fühlen.«

Cucullin war sehr überrascht, im Mund eines Kindes derart kräftige Zähne zu finden. Doch wie fassungslos war er, als ihm Fin mit einem kräftigen Biß ausgerechnet den Finger abtrennte, auf dem seine Stärke beruhte! Nun hatte Fin den magischen Finger seines Feindes im Mund – und Cucullin war wehrlos.

Fin sprang aus seiner Wiege, und Cucullin ergriff, laut schreiend vor Entsetzen, die Flucht. Er rannte den Berg hinunter und Fin immer hinterdrein. Doch Fin bekam ihn nicht zu fassen, denn Cucullin konnte immer noch sehr schnell laufen, auch wenn es mit seiner magischen Kraft nun vorbei war.

Schließlich kehrte Fin um, stieg den Berg hinauf und traf Oonagh, die gerade die Bratpfannen aus den Broten schnitt. Er nahm seine Frau in die Arme, gab ihr einen Kuß, und dann setzten sich die beiden, um in Frieden zu Abend zu essen.

Janet und Tamlin

Schottland

Einst lebten in Schottland ein Graf und seine schöne Tochter. Auf ihrem Land, an einem Ort mit Namen Carterhaugh, befand sich seit uralter Zeit ein Brunnen, der zum Reich der Elfen gehörte. Nun war es Janet, der schönen Tochter, erlaubt zu gehen, wohin immer sie wollte – doch auf keinen Fall nach Carterhaugh.

Auch die Mädchen des Dorfes wurden immer wieder vor dem Brunnen gewarnt, denn die Ritter der Elfen, so hieß es, würden jedes junge Mädchen rauben, das sich in die Nähe des Brunnens wagte. Von Zeit zu Zeit legten die Dorfbewohner, deren Weg an Carterhaugh vorbeiführte, am Brunnen Geschenke nieder; diese sollten die Elfen besänftigen und ihnen selbst Glück bringen.

Janet aber brannte darauf, Carterhaugh zu besuchen, um zu sehen, was es dort Geheimnisvolles gab. »Ich könnte doch«, so dachte sie bei sich, »ein Geschenk am Brunnen niederlegen und die Überirdischen um ein glückliches Leben bitten.« Und so flocht sie eines schönen sonnigen Morgens ihr Haar, schürzte ihr Kleid bis hoch übers Knie und eilte heimlich nach Carterhaugh.

Der Duft von wilden Blumen, von Heidekraut, Rosen und goldenem Ginster erfüllte die Luft. Neben dem Brunnen stand ein alter Weißdorn, und in seine Zweige band Janet eine silberne Brosche als Geschenk. Sie pflückte eine Rose für ihr Haar, beugte sich über den Brunnenrand und sah auf das dunkle, eiskalte Wasser hinab.

Als sie wieder aufschaute, graste neben dem Brunnen ein prächtiger Schimmel mit goldenem Zaumzeug. Zögernd entfernte sich Janet. Sie pflückte noch zwei Rosen, die steckte sie in ihren Gürtel. Da stand mit einem Male ein junger Mann in einem grün schimmernden Gewand vor ihr.

»Warum pflückst du meine Rosen, Mädchen?« fragte er. »Warum kommst du nach Carterhaugh ohne meine Erlaubnis?«

»Ohne deine Erlaubnis?« rief Janet. »Carterhaugh gehört zum Besitz meines Vaters, und ich komme hierher, wann ich will!«

»Die Blumen gehören mir, Mädchen. Du pflücktest die Rosen und befahlst mich so zu dir.«

»Ich pflücke Rosen, wann und wo immer ich es möchte«, antwortete Janet heftig. »Wer bist du, daß du es wagst, die Blumen von Carterhaugh dein eigen zu nennen?«

»Ich bin Tamlin, Ritter am Hofe der Königin des Elfenreiches.«

»Und ich – bin – Janet«, stammelte Janet erschrocken. All die Warnungen vor den Elfen und die furchtbaren Geschichten, die man von diesem Ort erzählte, kamen ihr in den Sinn.

Doch Tamlin lächelte: »Ich werde dir kein Leid tun, Janet.«

»Wie froh ich bin, das zu hören«, sprach sie, »denn man hat mir verboten, den Brunnen der Elfen aufzusuchen. Und«, fuhr sie reumütig fort, »es wäre doch schade, wenn all jene recht behielten, die so schreckliche Dinge über diesen schönen Ort erzählen.«

»Bleib ein wenig, Janet«, bat Tamlin, und so saßen sie zusammen im duftenden Gras und sprachen miteinander den ganzen Sommertag lang. Am Abend sprang Janet leichtfüßig durch das Heidekraut nach Haus zurück. »Nichts Böses ist geschehen«, dachte sie bei sich.

Janet konnte Tamlin nicht vergessen, und einige Tage später lief sie wieder nach Carterhaugh und pflückte wilde Rosen. Sofort erschien ihr Ritter. Von da an ging Janet oft zum Elfenbrunnen. Tamlin gestand ihr, daß er sich oft in der Nähe des Brunnens aufhielte, in der Hoffnung, sie würde ihn rufen. Und Janet konnte sich keinen Ort der Welt vorstellen, an dem sie lieber wäre als in Carterhaugh.

Der Sommer ging zu Ende, und der Herbst begann. Janet wurde still und traurig. Sie spürte, daß sie Tamlin liebte, doch die Liebe zu einem Ritter des Elfenreiches, das wußte sie, war eine hoffnungslose Liebe.

»Janet hat einen Liebsten«, tuschelten die anderen Mädchen; und auch der alte Graf hatte bemerkt, daß diese Janet nicht mehr das fröhliche junge Mädchen war, das er kannte.

»Was fehlt dir«, fragte er freundlich. »Ist es dir langweilig hier im Schloß?«

Janet antwortete nicht.

»Vielleicht«, fuhr der Graf fort, »ist die Zeit gekommen, da du heiraten solltest. Wenn sich hier in der Gegend kein junger Edelmann findet, der dir gefällt, dann gehen wir eben nach Edinburgh und schauen, ob wir dort einen Ehemann für dich finden.«

Doch das Mädchen schüttelte den Kopf.

Gleich am nächsten Morgen lief Janet hinaus zu Tamlin nach Carterhaugh.

»Sag mir die Wahrheit, Tamlin«, bat sie, »bist du ein gewöhnlicher Sterblicher oder ein überirdisches Wesen?«

»Einst war ich ein gewöhnlicher Sterblicher«, seufzte Tamlin. »Ich war der Enkel des Grafen von Roxbury. Doch eines Tages, ich war auf der Jagd, strauchelte mein Pferd und warf mich zu Boden. Der Hügel jedoch, auf dem ich besinnungslos liegenblieb, gehört zum Reich der Elfen. Die Elfenkönigin raubte mich und machte mich zu ihrem Ritter. Das Leben an ihrem Königshof gefiel mir. Doch seit ich dich kenne, Janet, wünsche ich nichts sehnlicher, als in die Menschenwelt zurückzukehren. Wäre ich frei, dann würde ich dich bitten, meine Frau zu werden.«

»Und ich würde Ja sagen«, erwiderte Janet. »Gibt es denn keine Möglichkeit, dem Elfenreich zu entkommen?«

Traurig schüttelte Tamlin den Kopf. »Es ist unmöglich, den Zauber der Königin zu brechen, und freiwillig will sie mich nicht gehen lassen.«

»Ich werde nur dich heiraten, Tamlin«, sagte Janet entschlossen. »Und ich werde nicht aufgeben. Gibt es denn wirklich keinen Weg, dich zu befreien?«

»Es gibt einen. Doch ist er grausam, und ich bezweifle, daß ein Sterblicher ihn gehen kann.«

»Sag mir, Tamlin, was soll ich tun!«

»Nächste Woche ist Halloween*. In dieser Nacht reitet die Königin mit ihrem Gefolge in die Welt der Menschen hinauf. Warte auf uns am Brunnen von Miles Cross, doch halte dich verborgen; niemand darf dich sehen. Um Mitternacht werden wir dort vorbeireiten. Genau dann, nicht früher und nicht später, spring hervor aus deinem Versteck und zieh mich vom Pferd herunter.«

»Wie soll ich dich unter all den anderen erkennen, Tamlin?«

»Wir werden in Gruppen von jeweils drei Reitern kommen«, erwiderte Tamlin. »Die erste laß vorbeiziehen, die zweite ebenfalls, in der dritten werde ich sein. Einer dieser drei Reiter wird ein schwarzes Roß reiten, ein anderer ein braunes. Mein Pferd aber wird hellgrau sein und ganz außen reiten. An meiner rechten Hand werde ich einen Handschuh tragen, nicht aber an der linken. An diesem Zeichen wirst du mich erkennen.«

»Ich werde dort sein«, versprach Janet.

»Sobald wir dein Versteck erreicht haben«, fuhr Tamlin fort, »dann lauf, so schnell du nur kannst, auf das graue Pferd zu und reiße mich zu Boden. Aus dem Heer der Elfen wird ein Schrei ertönen. ›Tamlin ist fort!‹ werden sie rufen. Dann halt mich fest, Janet, laß mich nicht los! Sie werden mich in ein wildes Tier verwandeln oder in eine Schlange. Doch du mußt mich fest in deinen Armen halten, welch schreckliche Gestalt auch immer ich annehme. Fürchte dich nicht, ich

* *Halloween = Jahresfest in der letzten Oktobernacht*

werde dir nichts tun. Sie werden mich in rotglühendes Eisen verwandeln und schließlich in ein glimmendes Stück Kohle. Das wirf sofort ins Wasser des Brunnens, dann erhalte ich meine menschliche Gestalt zurück. Ich werde nackt sein. Hülle mich in deinen Umhang, so daß mich niemand sieht, bis das Heer der Elfen fort ist.«

»Dies alles werde ich tun«, versprach Janet. »Ich werde dich befreien, Tamlin.«

An Halloween verließ Janet zwei Stunden vor Mitternacht unbemerkt das Schloß. Finster war es und bedrückend still. Nur die uralten Eichen ächzten und knarrten im Wind.

Janet zog ihren Umhang fest um sich und machte sich auf den Weg nach Miles Cross. Unter ihren Füßen raschelte und knisterte das trockene Laub, als sei es lebendig, und schwarze Schatten schienen sie zu begleiten, während sie dahineilte. Am Brunnen angekommen, versteckte sie sich hinter Buschwerk und Farnkraut. Kein Laut war zu hören, nur das Seufzen des Windes in den Bäumen.

Janet wartete lange.

Schon glaubte sie, das Heer der Elfen würde nie mehr kommen, als kurz vor Mitternacht Schellengeläut in der Ferne erklang, ganz leise zunächst, dann immer deutlicher.

Da ritt, getaucht in ein unwirkliches, feenhaftes Leuchten, die Königin an der Spitze ihres Hofstaates heran. Sie trug einen grün schimmernden Mantel, und langes, goldglänzendes Haar fiel über ihre Schultern.

Ihr folgte eine Gruppe von drei Reitern und danach eine zweite. Janet wagte kaum zu atmen. Schon näherte sich die dritte Gruppe ihrem Versteck; einer der Reiter saß auf einem schwarzen Pferd, ein anderer auf einem braunen. Der dritte jedoch ritt etwas abseits auf einem fahlgrauen Roß; an der rechten Hand trug er einen Handschuh, nicht aber an der linken.

Janet eilte auf das graue Pferd zu und griff ihm in die Zügel. Sie klammerte sich an den Reiter und zog ihn zu Boden.

Ein entsetzlicher Schrei ertönte aus dem Elfenheer: »Tamlin ist fort!«

Janet fühlte, wie Tamlin in ihren Armen kleiner wurde und sich in eine schlüpfrige, zappelnde Natter verwandelte. Doch sie ließ sie nicht los. Die Natter wurde zu einer schuppigen Schlange, die sich in ihren Armen drehte und wand, doch Janet hielt sie fest. Die Schlange verwandelte sich in einen mageren, hungrigen Wolf, der schnappte mit riesigen Lefzen nach ihr, doch sie umschlang ihn fest mit beiden Armen und ließ ihn nicht los. Der Wolf wurde ein zottiger Bär mit mächtigen Tatzen. Janet krallte ihre Finger in sein Fell und klammerte sich an ihn mit all ihrer Kraft. Der Bär wurde zu einem wilden Löwen, der warf sie mit seinen riesigen Pranken zu Boden, aber Janet hielt ihn fest umschlungen.

Doch dann hielt sie statt des Löwen mit einem Mal glühendes Eisen in ihren Händen. Ein schrecklicher Schmerz durchfuhr sie; Janet biß die Zähne zusammen, sie wankte, doch sie ließ das Eisen nicht fallen. Schließlich verwandelte sich das rotglühende Eisen in ein glimmendes Stück Kohle, und das warf sie schnell in den Brunnen.

Ein Wutschrei erhob sich aus dem Elfenheer. Und in hellem Licht sah Janet Tamlin. Splitternackt sprang er vom Rand des Brunnens, und schnell warf sie ihren Umhang über ihn, um ihn vor den Blicken der Elfen zu schützen.

Zornig schrie die Elfenkönigin Janet zu: »Du hast mir meinen besten Ritter genommen! Oh, hätte ich es geahnt, ich hätte ihm Augen aus Holz gegeben und ein Herz aus Stein!«

Mit diesen Worten verschwand sie in der Nacht, und mit ihr das Elfenvolk. Das überirdische, fahlblaue Licht erlosch, und der Glockenklang des Zaumzeugs verlor sich in der Ferne.

Finster war es und totenstill, und Janet kauerte sich an die Mauer des Brunnens, Tamlin fest in ihren Armen. Der Geliebte war frei, und das erfüllte ihr Herz mit Freude.

Kamala und die sieben Räuber

Pakistan

Vor langer, langer Zeit lebte in einem kleinen Dorf in Pakistan eine Frau mit Namen Kamala. Ihr Ehemann war ein Barbier; er war ein heiterer Zeitgenosse, doch anstatt zu arbeiten, saß er lieber auf dem Marktplatz und schwatzte mit den Nachbarn. So blieb es nicht aus, daß Kamala und ihr Mann ärmer und ärmer wurden, bis eines Tages nicht einmal mehr Geld im Hause war, um Brot zu kaufen.

»Das Geschäft läuft nicht so recht zur Zeit«, rechtfertigte sich der Barbier, »den Händlern auf dem Markt geht es nicht anders.«

»Das mag ja so sein«, entgegnete Kamala, »doch ich habe nicht die Absicht, vor Hunger zu sterben. Weißt du, daß der Rajah in diesen Tagen heiratet? Gerade heute wird im Palast sein großes Hochzeitsfest gehalten. Gehe hin und bitte den Rajah um ein Geschenk. Er wird dich nicht zurückweisen, denn das brächte ihm Unglück.«

Der Barbier stöhnte, doch schließlich machte er sich auf den Weg. Und tatsächlich: Der Rajah ließ ihn zu sich bringen, damit er sein Anliegen vortrage; doch der Barbier blieb stumm. Was gab es nicht alles in dem Palast zu sehen: feinste Stoffe aus schimmernder Seide, glitzernde Edelsteine und Fächer aus riesengroßen, wunderschön gefärbten Federn, die sanft hin und her schwangen! Überwältigt von der Pracht ringsum, hatte der arme Mann ganz vergessen, worum er den Rajah hatte bitten wollen.

»Nun sprich endlich!« zischte ihm der Großwesir zu.

»Bitte, Rajah«, stammelte der Barbier schüchtern, »bitte, gib mir etwas!«

»Etwas?« fragte der Rajah ungeduldig, »was meinst du damit?«

»Gib mir etwas, irgend etwas, das du nicht mehr brauchst!« platzte der Barbier schließlich heraus.

»Er soll das Stück Brachland bekommen, das vor seinem Dorf liegt«, befahl der Rajah und entließ den armen Mann, der noch immer wie geblendet war von all der Pracht des Palastes. Das wäre geschafft, dachte der Barbier und machte sich erleichtert auf den Heimweg.

Kamala erwartete ihn schon.

»Brachland! Er hat Brachland bekommen!« rief sie entsetzt. »Soll es heute Brachland zum Abendessen geben? Vielleicht sagst du mir auch, wie ich das zubereiten soll!«

»Land ist Land«, entgegnete der Barbier schläfrig.

»Du Narr«, rief Kamala zornig, »was nützt uns das? Es wächst ja nicht einmal etwas dort – nur Unkraut! Und überhaupt: Wir sind arme Leute! Woher sollen wir einen Ochsen bekommen, woher einen Pflug oder gar Saatgut?«

Darauf wußte ihr Mann natürlich keine Antwort.

Doch Kamala war nicht dumm. Sie hatte noch immer einen Ausweg gefunden, und das, so schwor sie sich, würde ihr auch diesmal gelingen.

Am folgenden Morgen weckte sie ihren Ehemann und forderte ihn auf, mit ihr zu dem Stück Land zu gehen, das der Rajah ihnen geschenkt hatte.

»Was hast du vor?« fragte der Barbier unwillig, denn er hätte lieber ein Schwätzchen mit seinem Nachbarn gehalten.

»Das wirst du gleich sehen«, entgegnete sie. »Tue nur immer genau das, was ich auch tue.«

Auf dem Feld angekommen, begann Kamala, langsam hin und her zu gehen; dabei starrte sie angestrengt zu Boden. Ab und zu stocherte sie mit einem spitzen Stock in der Erde herum, und ihr Ehemann tat es ihr gleich. Doch sobald irgend jemand vorbeikam, setzten sich die beiden rasch hin und gaben vor, es sei nichts gewesen.

Dieses sonderbare Verhalten erregte die Aufmerksamkeit zweier Räuber, die gerade des Weges kamen. Sofort riefen sie den Rest ihrer Bande herbei, und zusammen versteckten sie sich in einem Gebüsch am Feldrand. Den ganzen Tag lang beobachteten die sieben Räuber Kamala und ihren Ehemann. Schließlich kamen sie zu dem Schluß, daß auf diesem unbebauten Stück Acker etwas ganz Geheimnisvolles im Gange sein müsse. Aber was?

Sie berieten sich lange und kamen doch nicht dahinter. Schließlich schickten sie einen der ihren los, die Sache auszukundschaften.

Zuerst tat Kamala so, als verstünde sie nicht, was der Räuber von ihr wolle. Doch nach einigem Zögern sagte sie: »Es ist ein Familiengeheimnis. Versprich mir, daß du es niemandem erzählst! Niemandem, hörst du?«

Das versprach der Räuber natürlich sofort.

»Die Sache ist die«, flüsterte Kamala, »wir haben gehört, daß auf unserem Feld fünf Töpfe voller Goldstücke vergraben sind. Jetzt sind wir gerade dabei, die Stelle zu suchen, an der der Schatz liegt, und morgen wollen wir dann mit dem Graben beginnen.«

Mit der eindringlichen Ermahnung, ja keiner Menschenseele etwas zu verraten, drehte sich Kamala um und machte sich mit ihrem Mann, der von all dem nichts begriff, auf den Heimweg.

Der Räuber aber rannte zu seinen Kumpanen und erzählte ihnen von dem vergrabenen Schatz. Sofort machten sich die Sieben an die Arbeit. Die ganze Nacht lang durchwühlten sie mit bloßen Händen die Erde. Sie durchsuchten jeden Fußbreit Boden, rissen jeden Busch heraus. Bald sah das Feld aus, als sei es sieben Mal gepflügt worden. Doch so sehr sie auch suchten, sie fanden kein Gold, nicht einmal eine einzige Rupie.

Im Morgengrauen endlich gaben sie auf. Müde und enttäuscht verließen sie den Acker und jammerten über ihre zerschundenen Hände.

Am nächsten Morgen lief Kamala schon in der Frühe hinaus aufs Feld. Und als sie sah, wie gründlich die Räuber den Boden gepflügt hatten, freute sie sich sehr. Sofort eilte sie zum Händler und lieh sich Reis für die Aussaat. Nach der Ernte, so versprach sie ihm, würde sie alles bezahlen, mit Zins und Zinseszins obendrein.

Und so geschah es. Der Reis gedieh vortrefflich in dem lockeren Boden, und niemand weit und breit hatte eine so gute und überreiche Ernte wie Kamala. Sie zahlte ihre Schulden, behielt einen Teil der Ernte für sich als Vorrat und verkaufte den Rest für so viel Gold, daß sie einen großen irdenen Krug bis zum Rand damit füllen konnte.

Davon erfuhren natürlich auch die Räuber, und sie ärgerten sich nicht schlecht. Alle sieben zogen vor das Haus des Barbiers und stellten Kamala zur Rede.

»Gib uns einen Teil deines Goldes«, forderten sie dreist. »Schließlich waren wir es, die den Boden gepflügt haben. Das wirst du doch wohl nicht abstreiten!«

Doch Kamala lachte sie aus. »Ich habe euch nur erzählt, in der Erde sei Gold versteckt. Ihr aber, ihr habt das ganze Feld durchsucht, weil ihr mich bestehlen wolltet. Stimmt das etwa nicht? Ich aber weiß, wie die Erde dem Menschen Reichtum bringt, und von meinem Gold bekommt ihr Taugenichtse kein einziges Stück!«

»Wenn du nicht mit uns teilst, dann werden wir uns holen, was uns zusteht!« drohten die Räuber.

»Dazu müßt ihr es erst finden«, entgegnete Kamala und schlug ihnen die Tür vor der Nase zu.

Kamala blieb wachsam. Und so bemerkte sie am Abend, daß einer der Räuber um das Haus herumschlich und sich unter dem offenen Fenster versteckte.

»Sag mir, meine Liebe, was hast du mit dem Gold gemacht?« fragte der Barbier seine Frau. »Du wirst es doch nicht etwa unter dem Kopfkissen verborgen haben?«

»Ach, darüber mach dir keine Sorgen«, antwortete Kamala laut, »das Gold ist nicht im Haus. Ich habe es draußen in den Zweigen des Nim-Baumes versteckt. Dort wird bestimmt niemand danach suchen.«

Das hörte der Dieb, der unter dem Fenster lauschte, und eilte zu seinen Kameraden, um ihnen die Neuigkeit mitzuteilen. Die Räuber lachten schadenfroh. Als ringsum alles schlief, versammelte sich die ganze Bande unter dem Baum vor Kamalas Haus.

»Dort ist der Goldkrug«, rief der Anführer und zeigte hinauf. »Einer klettere hoch und hole ihn herunter! Na, wird's bald!«

Doch was der Räuber im Wipfel des Baumes gesehen hatte, war kein Gold. Es war ein Hornissennest. Und was da im schwachen Mondlicht so golden schimmerte, das waren lauter gelbbraune Hornissen!

Einer der Räuber erklomm also den Baum. Und wie er den Schatz packen wollte, da stach ihn eine Hornisse in den Oberschenkel. Der Räuber schlug nach ihr, doch seine Kumpanen, die gespannt zu ihm heraufstarrten, glaubten, er stecke etwas in seine Hosentasche.

»Er stiehlt unser Gold«, krakeelten sie, »er hat sich etwas in die Tasche gesteckt!«

»Das ist nicht wahr«, rief der von oben, »irgend etwas hat mich gebissen!«

Doch just in diesem Augenblick stach ihn eine andere Hornisse in die Brust, und wieder schlug er nach ihr.

»Wir haben dich ertappt«, schrien die Räuber unter dem Baum und schickten einen anderen Mann hinauf, das Gold zu holen. Dem zweiten Räuber erging es nicht anders als dem ersten. Die wütenden Hornissen umschwirrten ihn, und er schlug sich an Brust, Bauch und Beine. Den anderen Räubern aber schien es, als fülle auch er sich heimlich die Taschen. Sie kochten vor Wut.

»Sie stehlen das Gold«, riefen sie und kletterten allesamt den Baum hinauf, einer habgieriger als der andere. Und sobald sie sich dem Nest näherten, klopften auch sie sich auf die Kleider, als füllten sie sich unentwegt die Taschen. Als letzter kletterte der Anführer hinauf. Wild entschlossen, die Beute für sich zu behalten, griff er in das Hornissennest. In diesem Moment brach der Ast, auf dem die ganze Räuberbande hockte, und alle stürzten zu Boden. Da lagen sie nun ineinander verknäult – und obenauf das Hornissennest. Schreiend strampelten sie sich frei und rannten in alle Richtungen davon. Nach dieser Nacht ließen sich die Räuber lange nicht blicken. Sie hatten genug damit zu tun, ihre Wunden zu versorgen, und Kamala und der Barbier waren froh, sie los zu sein.

»Sie werden es nicht wagen, zurückzukommen«, sagte Kamala zu ihrem Ehemann. Doch sie irrte sich; die Räuberbande sann bereits auf Rache.

Zu dieser Zeit war es sehr heiß, selbst in der Nacht wurde es kaum kühler. Deshalb trugen der Barbier und seine Frau ihre Betten vor das Haus und schliefen im Freien. Die Räuber sahen ihre Stunde gekommen. Eines Abends schlichen sie herbei, hoben Kamalas Bett auf ihre Schultern und schleppten es fort mitsamt der schlafenden Frau. Als Kamala erwachte, erblickte sie im Mondschein rechts neben ihrer Bettkante zwei Räuberköpfe. Sie blickte nach links und sah – ebenfalls zwei Räuberköpfe. Die drei anderen Räuber liefen hinter dem Bett her. Da wußte sie: Hier gab es kein Entkommen, sie war verloren!

Nach einem guten Weilchen Marsch beschlossen die Räuber zu rasten. Sie trugen das schwere Bett unter einen großen Baum. Da hatte Kamala eine Idee. Blitzschnell ergriff sie einen Ast, schwang sich hinauf und kletterte geschmeidig und lautlos wie eine Katze auf den Baum.

»Laßt uns ein Weilchen ruhen«, baten die Männer, die das Bett trugen. »Wir sind erschöpft, denn diese Frau ist entsetzlich schwer.« Und mit diesen Worten stellten sie das Bett zu Boden.

Kamala gab keinen Laut von sich. Der Mond schien hell. Unter dem Baum stritten die Räuber darüber, wer Kamala als erster bewachen sollte. Die Wahl fiel auf den Anführer, der sich alsbald erhob und begann, auf und ab zu gehen.

Kamala hockte indessen reglos auf ihrem Ast wie ein großer Vogel und dachte nach. Sie legte sich den dünnen weißen Stoff ihres Kleides über Gesicht und Haar und begann leise zu singen.

Der Wächter schaute auf und wunderte sich über die verschleierte Gestalt hoch oben im Baum. Doch da er noch ein junger Mann und außerdem stolz auf sein gutes Aussehen war, entschied er, es könne sich nur um eine schöne Fee handeln, die sich unsterblich in sein ebenmäßiges Antlitz verliebt hätte.

Kamala sang weiter, ohne ihn zu beachten. Das kränkte den Räuber, und er blieb stehen und rief: »Komm herunter, meine Schöne! Ich werde dir nichts tun!«

Kamala aber sang und antwortete nicht. Da strich er sich das Haar glatt, zwirbelte den Schnurrbart und kletterte in den Baum hinauf. Als er nahe bei ihr war, wandte Kamala das Gesicht ab und stieß einen langen, kummervollen Seufzer aus.

»Was bekümmert dich, mein Kleines?« fragte der Räuber zärtlich. »Du bist eine Fee, und du liebst mich, doch warum deshalb gleich so traurig seufzen?«

»Ach«, klagte Kamala, »ach, ich glaube, daß du flatterhaft bist. Du wirst mich bald vergessen.«

»Niemals!« rief der Räuber.

»Dann beweise es! Iß von dieser Frucht der Elfen hier, dann weiß ich, ob du es ehrlich meinst.«

Mit diesen Worten pflückte Kamala einen der Granatäpfel, die in dem Baum wuchsen, und stieß ihn dem Räuber in den aufgesperrten Mund. Überrascht purzelte der von seinem Ast herunter und stürzte zu Boden. Dort saß er nun mit weit gespreizten Beinen und sah aus, als sei er geradewegs vom Himmel gefallen.

Der Lärm hatte die anderen Räuber geweckt. »Was ist los?« riefen sie und rieben sich den Schlaf aus den Augen.

»Oh, ooh, oooooooh!« war alles, was der Unglückliche hervorbrachte. Er zeigte auf den Baum; sprechen jedoch konnte er nicht, denn die Frucht verschloß ihm den Mund, und ohnehin war er zu benommen, als daß er wußte, wie ihm geschehen war.

»Der Mann ist verhext«, schrie einer, »im Baum muß ein Geist sitzen!«

Im selben Augenblick begann Kamala mit ihrem Schleier zu wedeln und geisterhaft zu heulen. Hu! Huhuu! Huhuuuuu! Blankes Entsetzen packte die Räuber, und sie rannten, so schnell sie konnten, davon; ihren Anführer zogen sie hinter sich her. Sobald sie hinter dem Hügel verschwunden waren, kletterte Kamala vom Baum herunter, nahm ihr Bett und ging nach Hause.

Die Räuber aber rannten ohne anzuhalten bis ins nächste Dorf und wurden nicht mehr gesehen. Und nie wieder machte irgend jemand den Versuch, Kamalas Gold zu stehlen.

Der weiße Hase

England

Einst lebte am Rande eines großen, wilden Moores eine alte Frau ganz für sich allein. Die Leute rundum erzählten sich viele Geschichten von bösen Geistern, Gespenstern und manch anderen entsetzlichen Wesen, die sich des Nachts im Moor herumtrieben. Und darum wagte es niemand, sich nach Einbruch der Dunkelheit in dieser gottverlassenen Gegend aufzuhalten.

Nun mußte aber die alte Frau einmal in der Woche das Moor überqueren, um im nächsten Dorf auf den Markt zu gehen, wo sie Butter und Eier verkaufte. An diesen Tagen stand sie gewöhnlich schon vor Morgengrauen auf, um ihre Vorbereitungen zu treffen. Eines Abends nun legte sie sich sehr früh schlafen, denn am nächsten Tag war Markttag.

Als sie wieder erwachte, erhob sie sich und bereitete alles Nötige für die Reise vor. Draußen war es noch dunkel; doch die alte Frau besaß keine Uhr, und so bemerkte sie nicht, daß es noch gar nicht Morgen, sondern erst kurz vor Mitternacht war. Also kleidete sie sich an, aß, sattelte ihr Pferd und befestigte am Sattel große Körbe aus Weidenruten, in die sie Butter und Eier legte. Schließlich hüllte sie sich in einen abgetragenen Umhang und setzte sich auf ihr Pferd. Müde und verschlafen machten sich die beiden auf den Weg ins Moor.

Sie waren noch nicht weit gekommen, da hörte die alte Frau in der Ferne das Kläffen einer Meute von Jagdhunden, und im bleichen Licht der Sterne sah sie einen weißen Hasen auf sich zurennen. Kaum hatte das Tier sie erreicht, sprang es auf einen Findling, der am Wege lag, als wolle es sagen: Komm, nun fang mich!

Die alte Frau lachte in sich hinein; der Gedanke, die Jagdhunde zu überlisten, gefiel ihr, und so beugte sie sich herab, nahm den kauernden Hasen auf und setzte ihn in einen der Weidenkörbe. Sie schloß den Deckel und ritt weiter.

Das Hundegebell kam näher, und plötzlich ritt ein Pferd auf sie zu, das hatte keinen Kopf und war umringt von einer Meute abscheulicher Hunde. Auf dem Rücken dieses Pferdes saß eine dunkle Gestalt, aus deren Kopf zwei Hörner wuchsen. Die Augen der Hunde glühten feuerrot, und an ihren Schwanzspitzen leuchteten fahlblaue Flammen. Es war ein entsetzlicher Anblick! Das Pferd der alten Frau zitterte und bebte, doch sie richtete sich hoch auf, um dem gehörnten Ungeheuer entgegenzutreten. Der Hase saß in ihrem Korb, und sie dachte gar nicht daran, ihn wieder herzugeben. Das grauenhafte Wesen war offenbar nicht besonders klug und schon gar nicht allwissend, denn der gehörnte Reiter fragte die alte Frau sehr höflich, ob sie nicht vielleicht einen weißen Hasen an sich habe vorbeihüpfen sehen, und ob sie sagen könne, in welche Richtung er verschwunden sei?

»Nein, wirklich nicht«, antwortete die Frau fest. »Ich habe keinen Hasen an mir vorbeirennen sehen.« Und das war die Wahrheit.

Der Reiter rief seine Hunde zu sich, gab dem kopflosen Pferd die Sporen und galoppierte über das Moor davon. Als sie verschwunden waren, tätschelte die alte Frau ihr bebendes Pferd, bis es sich beruhigt hatte. Da plötzlich hob sich der Deckel des Weidenkorbes. Doch kein verängstigter Hase kam hervor, sondern eine weiß gekleidete Dame.

»Frau«, sprach sie mit klarer Stimme, »ich bewundere deinen Mut. Du hast mich von einem schrecklichen Zauber befreit, und nun bin ich erlöst. Ich bin keine sterbliche Frau. Ich war dazu verdammt, für Hunderte von Jahren in der

Gestalt eines Hasen zu leben, des Nachts durch das Moor gehetzt von bösen Geistern, bis es mir gelänge, sie an mir vorbeizulocken. Dank deines Mutes ist nun der Zauber gebrochen, und ich kann zurückkehren zu meinesgleichen. Wir werden dich niemals vergessen. Und von nun an werden deine Hennen zwei Eier legen anstatt einem, deine Kühe werden reichlich Milch geben das ganze Jahr hindurch, die Früchte deines Gartens sollen wachsen und gedeihen, und du wirst eine reiche Ernte haben, das verspreche ich dir. Doch hüte dich vor dem Teufel und den bösen Geistern. Denn sollte er erfahren, daß du klug genug warst, ihn zu überlisten, wird er versuchen, dir Leid anzutun. Möge das Glück dich begleiten.«

Die geheimnisvolle Dame ward nie mehr gesehen; doch alles, was sie versprochen hatte, traf ein. Schon am selben Morgen verdiente die alte Frau viel Geld bei ihren Geschäften auf dem Markt, und all ihr Vieh und ihre Pflanzen gediehen prächtig. Niemals aber gelang es dem Teufel, sich zu rächen – obwohl er es oftmals versuchte –, und der Schutz der gütigen Fee begleitete die alte Frau bis ans Ende ihrer Tage.

Die schlaue Schwiegertochter

China

In China lebte einst ein Bauer, der hatte drei Söhne. Zwei von ihnen hatten geheiratet und ihre Ehefrauen mit sich nach Hause gebracht, und so lebten sie alle zusammen als eine große Familie. Doch weil es keine Mutter mehr in diesem Haushalt gab, mußten die beiden jungen Frauen, wann immer sie ihre Eltern oder Verwandten im Nachbardorf besuchen wollten, den Vater ihrer Ehemänner um Erlaubnis bitten. Das war zu jener Zeit so Brauch. Die beiden baten so oft um die Erlaubnis zu diesen Besuchen, daß der alte Bauer schließlich ärgerlich wurde.

»Immerzu bittet ihr mich darum, eure Familien besuchen zu dürfen«, grollte er. »Doch wenn ich euch zurückweise, dann glaubt ihr, ich sei hartherzig. Nun gut, ihr dürft gehen – doch unter einer Bedingung: Jede von euch muß mir etwas mitbringen.«

»Oh ja, das wollen wir gern tun«, erwiderten die beiden schnell.

»Eine von euch muß mir Feuer bringen, eingeschlagen in Papier; die andere Wind in Papier. Wenn ihr das aber nicht könnt, dann kommt nie wieder hierher zurück!«

Die jungen Frauen versprachen das, ohne nachzudenken, und machten sich fröhlich auf den Weg in ihr Heimatdorf.

Unterwegs riß der einen ein Riemen ihrer Sandale, und beide ließen sich am Wegrand nieder, um ihn zu befestigen. Da erst wurde ihnen klar, daß es unmöglich sein würde, Wind in Papier oder Feuer in Papier nach Haus zu tragen. Verzweifelt saßen sie da, denn sie liebten ihre Ehemänner und wollten nicht ohne sie sein.

Da kam ein Mädchen auf einem Wasserbüffel des Weges. Und wie es die traurigen Mienen der beiden Frauen sah, fragte es, ob es ihnen behilflich sein könne.

»Niemand kann uns helfen«, klagten die zwei. »Denn das, was unser Schwiegervater von uns verlangt, ist unmöglich.«

Aber das Mädchen ließ nicht nach, ihnen zu versichern, daß es vielleicht doch helfen könne, und schließlich erzählten die beiden, was geschehen war.

»Kommt mit mir nach Haus, und ich werde euch zeigen, wie ihr dem Schwiegervater bringen könnt, was er verlangt«, sagte das Mädchen. Gemeinsam gingen sie zum Haus des Mädchens, und dort zeigte es ihnen eine Laterne aus Papier mit einer Kerze darin. »Seht, hier ist Feuer in Papier. Und hier«, sagte sie und nahm einen papiernen Fächer, »ist Wind in Papier.«

Die jungen Frauen dankten dem Mädchen und setzten überglücklich ihren Weg fort. Nach dem Besuch bei den Verwandten und Freunden kauften sie sich eine Laterne aus Papier und einen Fächer und kehrten heim zu ihren Ehemännern.

»Ich habe euch gesagt, daß ihr nicht zurückkehren dürftet ohne die beiden Dinge, um die ich euch gebeten habe«, sagte der alte Bauer streng.

»Aber wir haben sie doch«, antworteten die Frauen und gaben dem Bauern die Laterne und den Fächer.

Der alte Mann war verblüfft. »Sagt mir«, begehrte er zu wissen, »wie habt ihr das Rätsel gelöst?«

Da erzählten sie ihm von dem Mädchen auf dem Wasserbüffel und davon, wie es ihnen geholfen hatte.

»Welch ein gescheites Mädchen«, dachte der alte Mann, »sie wäre gerade die richtige Ehefrau für meinen jüngsten Sohn.«

Sofort machte er sich auf den Weg herauszufinden, ob das junge Mädchen bereits verheiratet war. Sie war es nicht, und er sandte einen Brautwerber zu ihrer Familie, um die Hochzeit zu vereinbaren.

Alles verlief so, wie es der alte Bauer geplant hatte, und als die Hochzeit vorüber war, sprach er zu seiner Familie: »Weil die Frau meines jüngsten Sohnes so klug ist, wird sie in Zukunft das Oberhaupt der Familie sein. Ihr habt in allen Dingen ihrem Rat und ihren Anweisungen zu folgen.«

Das frischgebackene Familienoberhaupt wies die Männer an, niemals mit leeren Händen auf das Feld oder zurück nach Hause zu gehen. Von nun an mußten die vier jeden Tag etwas Dünger vom Hof auf die Felder tragen und auf dem Heimweg Feuerholz sammeln. Auf diese Weise gediehen ihre Feldfrüchte prächtig, und sie hatten immer genug Holz zum Feuermachen im Hause.

Gab es aber einmal nur wenig Feuerholz, dann mußten die Männer Steine mitbringen, und so lagen bald hinter dem Haus genug Steine, um daraus ein Haus zu bauen.

Eines Tages kam ein Mann des Weges, der handelte mit Edelsteinen. Er blieb stehen, und wie er so den Steinhaufen betrachtete, sah er darunter einen Stein, der umschloß einen Brocken kostbarer Jade.

Sofort wandte er sich um und bat, mit dem Oberhaupt der Familie sprechen zu dürfen. Der Händler war sehr überrascht, als man ihn zu einer jungen Frau brachte, doch sie führte die Verhandlungen so geschickt, daß er schließlich bereit war, einen hohen Preis für den Haufen Steine zu bezahlen. Von dem Brocken Jade erzählte er nichts und versprach, er werde nach drei Tagen mit dem Geld zurückkehren.

Die junge Frau dachte lange über den Handel nach und kam zu dem Schluß, in dem Steinhaufen müßten wertvolle Edelsteine verborgen sein.

Sie ging zu ihrem Schwiegervater und hieß ihn, den Händler zum Essen zu bitten, und empfahl den Männern, bei Tisch ein Gespräch mit ihm über kostbare Steine anzuknüpfen und darüber, woran man sie von anderem Gestein unterscheiden könne, sollte man sie auf der Erde finden.

So geschah es; und während die Männer schmausten und miteinander sprachen, versteckte sich die junge Frau hinter einem Vorhang und lauschte. Als sie genug erfahren hatte, ging sie hinaus zu dem Steinhaufen und fand tatsächlich den kostbaren Stein unter den vielen gewöhnlichen heraus, nahm ihn mit ins Haus und versteckte ihn dort.

Als nach zwei Tagen der Händler zurückkehrte und entdeckte, daß der wertvolle Brocken Jade nicht mehr an seinem Platz lag, da verstand er, daß sein Schwindel bemerkt worden war.

Sofort suchte er nach der jungen Frau, und erneut verhandelten sie miteinander. Die Verhandlung war hart und zäh. Keinesfalls, so betonte sie, sei sie damit einverstanden, die Jade zu verkaufen, es sei denn, der Händler kaufe auch den Haufen Steine dazu. Nach langem Hin und Her erzielte sie einen angemessenen Preis für beides.

Der alte Bauer und seine Familie waren sehr stolz auf ihr geschäftstüchtiges Familienoberhaupt. Nun, da sie wohlhabend geworden waren, beschlossen sie, ein neues Haus zu bauen, größer und schöner als das alte. Und über die Tür setzten sie die Inschrift »Ohne Sorge«.

Wenig später kam ein Mandarin des Weges und sah die Inschrift über dem Eingang. Sogleich befahl er seinen Dienern, stehen zu bleiben und die Sänfte zu Boden zu setzen. »Das ist ein sehr überheblicher Wahlspruch«, grollte er verstimmt. »Eine Familie ohne Sorgen gibt es nicht. Ihr lästert die Götter, und für diese Unverschämtheit werde ich euch bestrafen.«

»Dieser Familie war Glück und Erfolg beschieden«, entgegnete die junge Frau höflich. »›Ohne Sorge‹ meint, daß jeder, der über diese Schwelle tritt, seinen Kummer vor der Tür lassen möge.«

Doch der Mandarin war nicht zu besänftigen. »Ich befehle dir, zur Strafe ein Tuch zu weben, das so lang ist wie diese Straße hier!«

»Sehr wohl«, antwortete sie. »Sobald Eure Exzellenz Anfang und Ende dieser Straße sowie ihre genaue Länge festgestellt und sie mir mitgeteilt haben, werde ich sofort mit der Arbeit beginnen.«

Der Mandarin bemerkte, daß es ein Fehler gewesen war, derart überstürzt eine solche Strafe auszusprechen, doch die kluge Antwort der jungen Frau erregte seinen Zorn. So fügte er verärgert hinzu: »Und darüber hinaus sollst du mir zur Strafe so viel Öl geben, wie Wasser in dem See dort ist.«

»Sicher«, antwortete sie. »Sobald Ihr den Inhalt des Sees vermessen und mir die genaue Anzahl der Gallonen habt mitteilen lassen, werde ich damit beginnen, das Öl aus meinen Bohnen zu pressen.«

»So schlau und gerissen, wie du bist, kannst du wohl auch Gedanken lesen«, stieß der Mandarin hervor. »Und wenn du das kannst, dann will ich dir die Strafe erlassen. Sieh her, diesen zahmen Vogel halte ich in meiner Hand. Was meinst du: Werde ich ihn jetzt zu Tode quälen, oder will ich ihn fliegen lassen?«

»Herr«, sagte darauf die junge Frau, »ich bin eine einfache Frau, und Ihr seid ein hoher Beamter. Wenn Ihr nicht klüger seid als ich, dann habt Ihr auch wahrlich nicht das Recht, mir Strafen aufzuerlegen. Seht her! Ich stehe mit einem Fuß auf der einen Seite meiner Türschwelle, mit dem anderen Fuß auf der anderen. Sagt mir, will ich jetzt hineingehen oder hinaus? Wenn Ihr aber meine Gedanken nicht lesen könnt, dann solltet ihr auch nicht verlangen, daß ich Eure lese!«

Natürlich war der Mandarin nicht in der Lage, die Absicht der jungen Frau zu erraten, und mußte sich eingestehen, daß sie weise gesprochen habe. Gekränkt zog er von dannen.

Die Familie aber lebte glücklich und zufrieden mit ihrem klugen Oberhaupt, das sie sich selbst gewählt hatte.

Der schwarze Stier

England

Einst lebte in Norroway eine Frau, die hatte drei Töchter. Eines Tages machten sie sich auf den Weg in den Wald, um sich von einer alten Frau, die dort lebte, die Zukunft weissagen zu lassen. Die Älteste, so erfuhren sie, würde einen Grafen heiraten, die Mittlere einen Edelmann, die Jüngste aber einen schwarzen Stier.

Die beiden älteren Schwestern waren mit ihrem Geschick sehr zufrieden. Die Jüngste lachte nur und sagte: »Nun gut. So begnüge ich mich eben mit dem Schwarzen Stier von Norroway!«

Die Schwestern ermahnten sie, nicht über ein solches Schicksal zu spotten, sonst würde sich die Prophezeiung erfüllen.

»Ich bin gar nicht erpicht aufs Heiraten«, verkündete die Jüngste, »ich werde daheim bleiben, bis der Schwarze Stier kommt und um meine Hand anhält.«

Die beiden älteren Schwestern gingen hinaus in die Welt, und es geschah, wie die alte Frau gesagt hatte: Die eine heiratete einen Grafen, die andere einen Edelmann. Und doch war die jüngste Schwester sehr verwundert, als eines Tages ein großer schwarzer Stier vor ihrer Tür stand. Zunächst erschrak sie, doch das Tier schien ihr zahm und friedfertig. Es blickte sie aus ernsten Augen an und sagte, es käme, sie zu holen. »Ich habe versprochen, dem Schwarzen Stier von Norroway zu folgen, und ich halte mein Wort«, sagte das Mädchen zu seiner Mutter, schwang sich auf den Rücken des Tieres und ritt mit ihm davon.

Der Stier wählte die ebensten Wege, die schönsten Straßen und gab acht, daß kein Zweig, kein Dornenstrauch sie streifte. Sie ritten lange, bis das Mädchen ganz schwach war vor Hunger. Mit sanfter, freundlicher Stimme sprach der Stier: »Greife in mein rechtes Ohr, dort wirst du zu essen finden; greife in mein linkes Ohr, dort wirst du zu trinken finden.«

Das Mädchen tat, wie ihm geheißen, und nachdem es genug gegessen und getrunken hatte, band es, was übrig war, in sein Tuch, um es für später aufzuheben.

Gegen Abend kamen sie an ein stattliches Schloß. »Dort lebt mein ältester Bruder«, sagte der Schwarze Stier, »dort werden wir die Nacht verbringen.«

Die Bewohner des Schlosses hießen das Mädchen willkommen. Den Schwarzen Stier schickten sie zu den anderen Rindern auf die Weide.

Am nächsten Morgen schenkten sie dem Mädchen zum Abschied eine goldene Walnuß. Diese Nuß, so ermahnten sie es, dürfe es nur in höchster Not aufbrechen, auf keinen Fall früher; dann aber würde sie ihm helfen.

Wieder schwang sich das Mädchen auf den Rücken des Stieres, und weiter ging die Reise, über hohe Berge und durch tiefe Wälder. Das rechte Ohr des Stieres gab dem Mädchen zu essen, das linke gab ihm zu trinken. Sie sprachen viel miteinander, und das Mädchen dachte bei sich, daß der Stier doch ein angenehmer Weggefährte sei.

Als der Abend nahte, kamen die beiden wieder an ein Schloß, das war größer und schöner als das erste. »Dort lebt mein zweiter Bruder«, sagte der Schwarze Stier, »dort werden wir die Nacht verbringen.«

Die Bewohner des Schlosses hießen das Mädchen willkommen, und diesmal bat es, man möge den Stier gut füttern und ihn in einen Stall führen, denn es hatte das Tier sehr lieb gewonnen.

Bevor sie am nächsten Morgen aufbrachen, überreichten die Bewohner des Schlosses dem Mädchen eine goldene Hikkory-Nuß. Es dürfe aber, so sagten sie, diese Nuß erst dann aufbrechen, wenn es in Nöten sei, die es größer auf der Welt nicht gäbe, auf keinen Fall früher; doch dann würde sie ihm helfen.

Wieder versorgte der Schwarze Stier das Mädchen mit Speis und Trank, und wieder unterhielten sich die beiden, während sie weiterzogen.

An diesem Abend kamen sie an ein drittes Schloß, und dieses war noch größer und schöner als das zweite. »Dort lebt mein jüngster Bruder«, sagte der Schwarze Stier, »dort werden wir die Nacht verbringen.«

Die Bewohner hießen das Mädchen willkommen. Doch es wollte den Schwarzen Stier nicht allein lassen, bevor er nicht gestriegelt und gefüttert und in einen geräumigen Stall geführt war. Am nächsten Morgen bekam das Mädchen eine goldene Haselnuß. Wieder ermahnte man es, sie erst in äußerster Not zu öffnen, auf keinen Fall früher. Dann aber würde sie ihm helfen.

So ritten sie immer weiter, bis sie an eine finstere und unheimliche Schlucht kamen. Der Schwarze Stier sagte seiner Gefährtin, nun sei die Zeit gekommen, den Zauber, der auf ihm läge, zu brechen.

Das Mädchen glitt von seinem Rücken.

»Warte hier auf mich«, bat der Stier. »Ich werde weitergehen und mit dem Ungeheuer kämpfen. Das Ungeheuer ist sehr mächtig, und ich weiß nicht, in welch abscheulicher Gestalt es mir gegenübertreten wird. Doch wenn ich es vernichte, dann ist der Zauber der Trolle gebrochen, und ich erhalte meine menschliche Gestalt zurück.« Der Schwarze Stier führte das Mädchen an einen großen Felsen. »Es gibt etwas, das du tun mußt«, fuhr er fort. »Laß dich auf diesem Felsen nieder, doch beweg weder Hand noch Fuß, während ich fort bin. Wenn alles ringsum sich blau färbt, dann bedeutet dies, daß ich das Ungeheuer bezwungen habe. Färbt sich jedoch alles rot, dann hat das Ungeheuer mich überwältigt.« Und mit einem lauten Brüllen stürmte der Stier davon.

Stunde um Stunde saß das Mädchen reglos auf dem Felsen und bewegte weder Hand noch Fuß. Dann färbte sich alles ringsum fahlblau. Nur weit in der Ferne erschien für einen winzigen Augenblick die hohe Gestalt eines Ritters, befleckt mit rotem Blut. Das Mädchen war überwältigt von der Freude über den Sieg des Freundes. Einen Augenblick lang vergaß es alle Vorsicht und bewegte seinen Fuß.

Das Mädchen wartete lange, doch sein Gefährte kam nicht zurück. Der Stier suchte nach ihm in der Schlucht und konnte es nicht finden. Da brach das Mädchen in Tränen aus; es wußte, daß der Zauber nicht gebrochen war, weil es den Fuß bewegt hatte. Der Gefährte war immer noch in der Gewalt der Trolle.

Müde erhob es sich schließlich und wanderte viele Tage lang, bis es zu einem gläsernen Berg kam. Rund um den Fuß des Berges lief es, doch es gab keinen Weg hinauf. Schließlich traf es einen Schmied, der versprach ihm Schuhe aus Eisen, mit denen es den Hügel erklettern könnte, wenn es sieben Monate und sieben Tage für ihn arbeite.

So arbeitete das Mädchen sieben Monate und sieben Tage in der Schmiede, dann bekam es die eisernen Schuhe. Der Schmied warnte das Mädchen vor dem gläsernen Berg, denn er gehörte zum Reich der Trolle. Doch es achtete nicht auf seine Worte, zog die eisernen Schuhe an und stieg hinauf.

Als es ins Land der Trolle kam, hörte es die Bewohner von einem tapferen Ritter sprechen, der gezwungen sei, bei den Trollen zu leben. Sie waren entschlossen, ihn mit einer Troll-Frau zu verheiraten, doch der Ritter hatte sogar ihre Prinzessin zurückgewiesen. Er könne erst dann heiraten, so hieß es, wenn das Blut aus seinen Kleidern gewaschen sei. So war verkündet worden, daß diejenige, die in der Lage wäre, das Blut aus den Kleidern des Ritters zu waschen, seine Braut werden solle. Eine Troll-Frau nach der anderen versuchte, die blutbefleckten, zerrissenen Gewänder zu säubern. Ihre haarigen Körper glänzten vor Nässe und ihre roten Augen funkelten, als sie die Wäsche schlugen und wrangen, doch keine bekam die blutigen Flecken heraus.

Bald entdeckten die Trolle das fremde Mädchen, das in ihr Land eingedrungen war. Die Prinzessin ließ es zu sich führen und befahl ihm, die blutigen Gewänder des Ritters zu waschen. Das Mädchen tat, wie ihm geheißen, und sie wurden unter seinen Händen so rein, als wären sie neu. Die Prinzessin nahm die Kleider, gab sie dem gefangenen Ritter und machte ihn glauben, sie allein habe sie gereinigt und nun müsse er sie zur Frau nehmen.

Das Mädchen war verzweifelt. Schon am nächsten Tag sollte die Hochzeit sein! Wie konnte es den Freund retten? Da kam ihm die goldene Walnuß in den Sinn; sicher war jetzt die Zeit gekommen, da es sie öffnen durfte! Es brach die Nuß auf und fand darin kostbare Edelsteine.

Das Mädchen wußte um die Habgier der Trolle, und so suchte es die Prinzessin auf und zeigte ihr die Edelsteine. »Diese kostbaren Steine will ich dir geben, wenn du die Hochzeit um einen Tag aufschiebst und mir erlaubst, eine Nacht allein in der Kammer des Bräutigams zu verbringen.«

Die Prinzessin war einverstanden, doch am Abend gab sie dem jungen Ritter einen Trunk mit einem Schlafmittel darin. Als das Mädchen nun das Zimmer seines Liebsten betrat, da schlief er tief und fest. Es rief ihn an und sang:

»Am Feuer der Schmiede stand ich für dich,
den gläsernen Berg erklomm ich für dich,
die blutigen Kleider wusch ich für dich,
nun bitte erwach' und erhöre mich!«

Doch es war vergebens. Im Morgengrauen verließ das Mädchen den Ritter, ohne daß er es bemerkt hätte. Das Herz des Mädchens war voll Kummer. Es öffnete die goldene Hickory-Nuß, und die Edelsteine darin waren noch kostbarer als die ersten. Wieder bot es seinen Schatz der Troll-Prinzessin an, unter der Bedingung, die Hochzeit müsse um einen weiteren Tag verschoben und ihm erlaubt werden, noch eine Nacht in der Kammer des jungen Mannes zu wachen. Doch wieder gab die Prinzessin dem Ritter unbemerkt den vergifteten Trank. Wie schon in der Nacht zuvor versuchte das Mädchen, den Gefährten zu wecken. Es rief ihn an und sang:

»Am Feuer der Schmiede stand ich für dich,
den gläsernen Berg erklomm ich für dich,
die blutigen Kleider wusch ich für dich,
nun bitte erwach' und erhöre mich!«

Doch der junge Mann schlief tief und fest bis zum Morgen und bemerkte es nicht. Dem Mädchen war, als solle sein Herz brechen. Nun war ihm nur noch die goldene Haselnuß geblieben; es öffnete sie und fand darin die kostbarsten Edelsteine von allen. Und als es sie der Troll-Prinzessin zeigte, da konnte die nicht widerstehen und erlaubte dem Mädchen, eine allerletzte Nacht in der Kammer des Ritters zu verbringen.

Nun geschah es aber am selben Tag, daß der junge Mann zwei Trolle aus der Dienerschaft der Prinzessin belauschte, als sie von einem seltsamen Gesang und sonderbaren Seufzern sprachen, die des Nachts aus der Kammer des Gefangenen drangen. Der junge Mann beschloß, in der folgenden Nacht wach zu bleiben. Und weil er ahnte, daß die heiße Milch, mit Bier vermischt, die man ihm abends zu trinken gab, ein Schlafmittel enthielt, schüttete er sie heimlich fort. Diesmal war er hellwach, als das Mädchen eintrat. Sogleich erkannte er es, und als sie sich in die Arme sanken, da brach der Zauber der Trolle endgültig. Und während alle in tiefem Schlaf lagen, verließen die beiden leise das Schloß und flohen aus dem Land. Sie glitten den gläsernen Berg hinab und kehrten zurück in ihre Heimat. Dort lebten sie in einem schönen Schloß, das ihnen ganz allein gehörte, glücklich und zufrieden bis an ihr Lebensende.

Die Hexe weiß das Zauberwort

England

Es lebten einst in England ein alter Mann und seine Frau. Er war gutmütig und ein wenig bequem, sie oft außer Haus und hatte auch sonst manch sonderbare Angewohnheit. Die Nachbarn sahen sie schief an und flüsterten, sie sei eine Hexe.

Ihr Mann gab nichts auf das Gerede der Leute, aber es fiel ihm doch mehr und mehr auf, daß die Frau mitunter in der Dämmerung verschwand und die ganze Nacht fortblieb. Kehrte sie am frühen Morgen zurück, sah sie blaß und erschöpft aus, als hätte sie eine weite Reise hinter sich oder schwere Arbeit verrichtet. Der Mann begann, sie sorgsamer zu beobachten, um herauszubekommen, wohin sie ging. Aber das gelang ihm nie; die Frau schlüpfte zur Tür hinaus, wenn er seinen Wein trank, und bevor er ihr noch folgen konnte, war sie verschwunden.

Das Getuschel der Leute ließ dem Mann keine Ruhe mehr, und eines Tages fragte er geradeheraus: »Frau, sage mir, bist du eine Hexe?«

Ihm war, als wollte ihm das Blut in den Adern stocken, als sie ihm ohne Zögern antwortete: »Ja! Das bin ich! Und wenn du mir versprichst, mit niemandem darüber zu reden, so will ich dir von meinen Ausflügen berichten.«

Der Mann schwor es ihr, denn es war ihm angst und bange geworden, und er wollte soviel wie nur möglich über die Zauberkünste seiner Frau erfahren.

Seine Geduld wurde nicht lange auf die Probe gestellt. Bald schon war Neumond, und Neumond ist die beste Zeit für Hexen. Schon in der ersten Neumondnacht verschwand die Frau und kehrte erst bei Tagesanbruch bleich und übernächtigt zurück.

Sie streckte sich auf ihrem Lager aus, rauchte ein Pfeifchen und begann zu erzählen:

»Meine Freundinnen und ich trafen uns hinter der alten Kirche im Dorf. Wir setzten uns auf unsere Besen, und im Fluge ritten wir quer über den Himmel dahin. Wir erreichten bald einen hohen Gipfel im Gebirge von Bell-Lomont. Dort sprangen wir von den Besen und tranken und aßen die köstlichsten Speisen, die dort für uns bereitstanden. Ein winzig kleines Männlein kroch unter einem Stein hervor. Es hatte einen Dudelsack dabei und spielte so schön zum Tanze auf, daß selbst die schwarzen Raben von Bell-Lomont herbeigeflogen kamen und sich auf den Bäumen niederließen, um der wunderbaren Musik zu lauschen. Wir tanzten, bis keine von uns auch nur den Fuß noch heben konnte. Wir vermochten kaum mehr auf unsere Besen zu steigen, so müde waren wir, aber der Morgen nahte, und wir mußten zurück.«

Der Mann hatte die Worte seiner Frau schweigend angehört. Nun schüttelte er ungläubig den Kopf. »Frau«, sprach er, »warum zieht es dich von zu Hause fort? Was hast du nur von all dem Getanze?«

Doch die Frau antwortete nicht, sie war schon eingeschlafen. Beim nächsten Neumond verschwand sie abermals, und erst als der Morgen dämmerte, kam sie bleich und müde zurück.

Sie streckte sich wieder auf ihrem Lager aus und begann zu erzählen:

»Wir flogen über das stürmische Meer bis Norwegen. Die See war wild und aufgewühlt. Wir mußten aber hinüber, weil es zum Fest der Feen und Meerfrauen ging, die einmal im Jahr mit den Zauberern und Kobolden feiern. Wir kamen gerade recht, das Gelage war in vollem Gange, und wir tanzten und sangen mit allen bis zum Morgengrauen. Wir lernten auch neue Zauberworte, Worte, die uns Tür und Tor öffnen und alle Riegel und Schranken weichen lassen.«

»Ach!« sprach der Mann ungläubig. »Aber warum willst du nur immer fort?«

Doch sie war schon eingeschlafen.

Als die Frau zum drittenmal von einem nächtlichen Ausflug zurückkehrte und ihrem Mann berichtete, was sich zugetragen hatte, wurde er hellhörig. Bleich und müde lag sie auf ihrem Lager, aber ihre Augen blitzten zufrieden, während sie erzählte:

»Meine Freundinnen und ich trafen uns in der alten verfallenen Bauernkate unten am Fluß, und einer war zu Ohren gekommen, daß es drüben in der Stadt, beim Bischof im Keller, einen besonderen Wein geben sollte, besser als alle Weine, die wir bislang gekostet hatten. Das schien uns die Gelegenheit, die Zauberworte auszuprobieren, die uns die Elfen und Meerfrauen gelehrt hatten. Wir stellten unsere Füße auf den großen Schürhaken, der im Kamin lag, sprachen die Formel, und schon flogen wir durch den Kamin davon, geradewegs zum Sitz des Bischofs. Dort konnten wir mit unseren Zauberworten mühelos Riegel und Schlösser zum Keller öffnen, und wir kosteten einen Wein, der so wunderbar schmeckte, daß wir fast ein ganzes Faß davon leertranken. Pünktlich mit dem ersten Hahnenschrei waren wir zurück, doch wir werden sicher noch einmal hinfliegen.«

»Oh! Laß mich die Zauberworte wissen! Ich will auch dorthin und den bischöflichen Wein versuchen«, rief da der Mann, denn er liebte guten Wein über alles.

»Nein, das kann ich nicht«, entgegnete sie, »denn wenn du die Worte weitersagtest, würde bald die ganze Welt kopfstehen. Niemand würde mehr seinem Tagwerk nachgehen, jedermann flöge durch die Luft, um es sich anderswo gutzutun. Nein, Alter, das kann ich nicht riskieren.«

Und sie schlief ein.

Der Mann mochte bitten und betteln, seine Frau blieb bei

ihrem Wort und verriet ihm nichts. Da verfiel er auf eine List, und als der nächste Neumond kam, schlich er sich vor seiner Frau aus dem Haus und ging zu der Bauernkate. Dort versteckte er sich, und er hatte noch nicht lange gewartet, da kamen schon, eine nach der anderen, seine Frau und ihre Gefährtinnen. Als alle fünfe beisammen waren, setzten sie wieder die Füße auf den Schürhaken, sagten die Zauberformel und schwebten den Rauchfang hinauf und waren verschwunden.

Der Mann tat es ihnen auf der Stelle nach, und kaum waren die Worte über seine Lippen, da stieg er durch den Kamin in die Höhe und flog seiner Frau hinterher zum bischöflichen Palast. Da Hexen nie über die Schulter sehen, bemerkten sie ihn erst, als sie ans Ziel gelangt waren. Sie waren nicht sonderlich erfreut über seinen Besuch, aber was sollten sie tun; sie nahmen ihn mit hinab in den Keller, wo er sogleich den Wein kostete. Doch trank er nicht vernünftig und in Maßen wie die Frauen, und als in der Frühe der Hahn seinen ersten Schrei tat, lag er betrunken auf dem Boden und war durch nichts zu wecken. Die Frauen mußten sich eilen, um nicht entdeckt zu werden, und so ließen sie ihn zurück und seinen Rausch ausschlafen.

Als nun die Diener des Bischofs am Mittag in den Keller stiegen, um Wein für ihren Herrn zu holen, fanden sie den schnarchenden Mann. Sie wunderten sich sehr, denn alle Türen waren verriegelt und kein Schloß aufgebrochen. Sie zerrten den Ärmsten vor den Bischof, und auf die Frage, wie er in den Keller gelangt sei, antwortete er schlaftrunken, er sei durch die Luft geflogen. Der Bischof wurde zornesrot und befahl, den Eindringling zu bestrafen. Der Mann erschrak, denn in jenen Zeiten wurden Hexen und Zauberer noch auf den Scheiterhaufen geführt.

»Ach«, dachte der Mann, »hätte ich doch auf meine Frau gehört und wäre daheim in meiner warmen Stube geblieben! Nun ist's um mich geschehen.«

Die Knechte des Bischofs warfen ihm ein Ketzerhemd über,

legten ihn in Ketten, führten ihn hinaus in den Hof und banden ihn an einen eisernen Pfahl. Holz und Reisig wurde rings um ihn aufgehäuft und angezündet. Der Mann glaubte schon, sein letztes Stündlein habe geschlagen, da kam ein großer grauer Vogel mit riesigen Schwingen geflogen und ließ sich auf seiner Schulter nieder. Er trug eine rote Mütze im Schnabel, die stülpte er dem Mann über den Kopf und ließ ein schauriges Krächzen hören, das allen durch Mark und Bein ging. Der Mann aber hatte die Stimme seiner Frau vernommen, die ihm eine Zauberformel zurief. Kaum hatte er sie nachgesprochen, fielen seine Ketten ab, und noch ehe ihn die Flammen erreicht hatten, schwebte er vor den Augen der verdutzten Zuschauer auf und davon und fand sich wenig später wohlbehalten in seinem Häuschen wieder.

»Siehst du wohl«, lachte seine Frau und zwinkerte ihm zu, »es geht nicht an, daß ein jeder mit Zauberworten durch die Welt fliegt. Das würde kein gutes Ende nehmen.«

Ein Töpfchen Köpfchen

England

Es lebte einmal eine weise alte Frau. Die Leute sagten, sie sei eine Fee, aber das flüsterten sie nur, denn sie fürchteten, sie könnte es hören und ihnen Böses wollen. Dabei half die Frau jedermann. War einer krank, wußte sie, mit welchen Kräutern er geheilt werden konnte, sie verstand es, ein Gemisch aus heißer Milch und Bier zu brauen, das Schmerzen im Nu verjagte.

Eines Tages saß die Frau vor ihrer Tür und schälte Kartoffeln, da kam ein großer junger Bursche den Pfad zu ihrem Haus herab. Er hatte große Ohren, riesige Hände und Füße und hervorquellende Augen.

»Owei, das ist ein rechter Dummerjan, so wahr ich hier sitze«, dachte die Frau und spuckte sich schnell über ihre Schulter, das sollte Glück bringen. Da war er schon bei ihr.

»Guten Abend«, sagte er. »Ist es nicht ein schöner Tag heute?«

»Hm«, entgegnete sie und schälte weiter.

»Vielleicht gibt's noch Regen« sagte er und trat von einem Fuß auf den anderen.

»Vielleicht«, antwortete sie.

»Vielleicht aber auch nicht« sagte er und blickte zum Himmel auf.

»Wer weiß«, sagte sie.

Er nahm seinen Hut ab und kratzte sich am Kopf.

»Tja«, sagte er dann, »soviel zum Wetter, und nun ... beste Grüße von meiner Mutter.«

»Hm, danke«, sagte sie.
»Unser Schwein wird schön fett«.
»Fett, aha.«
»Und... hm«, fing er noch einmal an, »also... ich will zur Sache kommen: Kann ich bei Ihnen ein bißchen Grips kaufen?«
»Kommt drauf an«, erwiderte sie. »Wenn du Lehrer- oder Bürgermeister-Grips oder gar Königs-Grips willst – das habe ich nicht vorrätig.«
»Nein, nein«, sagte er schnell, »einfach ein bißchen ganz normalen Grips, ein Töpfchen voll, so wie ihn alle Leute hier haben. Nur für den Hausgebrauch.«
»Wenn es so ist, kann ich dir vielleicht helfen«, sagte die Frau. »Vorausgesetzt, du hilfst dir selbst.«
»Wie meinen Sie das?« fragte er.
»Ich meine es so: Bring mir das Herz desjenigen, den du am liebsten hast, und ich will dir sagen, woher du Grips kriegen kannst«, antwortete sie und sah nicht von ihren Kartoffeln auf.
»Wie soll ich das machen?« wollte er wissen.
»Das kann ich dir nicht sagen. Du mußt es selbst herausfinden, oder du bleibst dein Lebtag dumm. Außerdem mußt du mir noch drei Rätsel lösen, damit ich sicher bin, daß du auch wirklich Köpfchen hast. Und nun gute Nacht.« Sprach's, nahm ihre Kartoffelschüssel und ging ins Haus.
Der Dummkopf machte sich auf den Heimweg und erzählte seiner Mutter, was die weise Frau ihm gesagt hatte.
»Ich glaube, ich muß unser Schwein schlachten, denn am allerliebsten mag ich's, wenn mich das Schwein am Rücken kratzt.«
»Dann tu es«, sagte seine Mutter. »Es wäre wunderbar, wenn du so schlau wärst, daß du auf dich selbst achtgeben könntest.«
Also schlachtete er das Schwein und ging am nächsten Tag wieder zu der weisen Frau. Die saß vor ihrer Türe und pulte Erbsen.

»Guten Morgen! Hier bin ich wieder«, grüßte er und stellte seinen Sack neben sie auf die Bank. »Ich bringe Euch das Herz desjenigen, das ich am liebsten mag.«

»Soso«, sagte sie und betrachtete ihn über ihre Brillengläser hinweg. »Aber erst löse mir noch dies Rätsel: Was geht ohne Füße?«

Er nahm seinen Hut ab, kratzte sich den Kopf und dachte angestrengt nach, aber es fiel ihm nicht ein.

»Geh wieder heim«, sprach sie da. »Du hast mir nicht das Richtige gebracht. Ich kann dir keinen Grips geben.«

Und sie nahm ihre Erbsenschüssel und ging ins Haus.

Der Dummerjan machte sich auf den Heimweg. Nach einer Weile setzte er sich einfach an die Böschung, denn ihm war zum Weinen zumute. Da kam ein junges Mädchen des Weges, das in der Nähe wohnte.

»Was hast du, Bursche? Kann ich dir helfen?«

»Oh, ich habe mein Schwein geschlachtet und doch kein Töpfchen Grips bekommen«, klagte er.

»Wovon redest du?«

Da erzählte er dem Mädchen die ganze lange Geschichte von der weisen Frau und seinem Schwein. Und auch, daß er niemand hätte, der auf ihn achtgab, wenn seine Mutter stürbe, erzählte er ihr.

»Ach«, sagte sie, »ich hätte nichts dagegen, bei dir zu bleiben.«

»Das würdest du tun?« fragte er überrascht.

»Das würde ich«, entgegnete sie. »Man sagt, Dummköpfe seien gute Ehemänner. Ja, ich glaube, ich werde dich nehmen. Kannst du kochen?«

»Ja, das kann ich.«

»Und nähen?«

»Natürlich!«

»Und meine Kleider flicken?«

»Kann ich auch.«

»Dann bist du genau der Richtige«, sagte das Mädchen.

»Abgemacht!« schrie er. »Ich komme dich holen, sobald

ich mit meiner Mutter gesprochen habe.« Er schenkte ihr den Sack mit dem toten Schwein und ging nach Haus.

Als er aber seiner Mutter erzählte, wen er heiraten wollte, war die alte Frau außer sich.

»Ist das dein Ernst?« rief sie. »Dieses Mädchen? Das wirst du nicht tun! Sie geht aufs Feld und tut Männerarbeit, anstatt sich ums Haus zu kümmern! Die Nachbarschaft zerreißt sich das Maul über sie!«

»Aber ich habe ihr schon das Schwein geschenkt«, greinte er.

»Oh, du bist wirklich der größte Dummkopf weit und breit«, schimpfte die Mutter. Und das waren ihre letzten Worte. Sie hatte sich so aufgeregt, daß sie vor Ärger tot umfiel.

Der Dummerjan hockte sich neben sie und dachte nach, und je länger er nachdachte, desto trauriger wurde er. Er erinnerte sich daran, wie seine Mutter für ihn gesorgt hatte, als er noch ein kleiner Junge gewesen war, wie sie Essen für ihn gekocht und seine Hemden gewaschen hatte. Er wurde immer trauriger und fing an zu weinen.

»Mama, Mama«, schluchzte er, »dich habe ich am allerliebsten.« Da fiel ihm wieder ein, was die weise Frau gesagt hatte. »Um Gottes willen«, dachte er. »Soll ich ihr etwa das Herz meiner Mutter bringen?«

Er strich sich übers Haar und dachte angestrengt nach. Dann nahm er wirklich einen Sack und tat seine Mutter hinein, warf ihn über die Schulter und schleppte ihn zu der weisen Frau.

»Guten Abend. Ich glaube, diesmal habe ich das Richtige mitgebracht«, sagte er und ließ den Sack vorsichtig neben ihr auf der Bank nieder.

»Vielleicht«, sagte sie. »Aber zunächst mußt du mir diese Frage beantworten: Was ist gelb und scheint und ist doch kein Gold?«

Er kratzte sich am Kopf und wußte es nicht.

»Du hast immer noch nicht das Richtige gefunden, Bursche«, sagte sie. »Du bist noch dümmer, als ich gedacht habe.«

Und sie warf ihm die Tür vor der Nase zu.

Traurig machte er sich auf den Weg zu dem Mädchen, dem er das Schwein geschenkt hatte, und verheiratete sich mit ihr. Fortan blieb er im Haus, putzte und nähte und kochte, während sie jeden Tag aufs Feld ging. Beide waren's zufrieden.

Eines Nachts sagte er zu ihr: »Frau, ich glaube, du bist mir die Liebste auf der Welt.«

»Das freut mich zu hören«, entgegnete sie. »Warum schaust du so traurig drein?«

»Ojeh, nun muß ich dich töten und dein Herz der weisen Frau bringen für ein Töpfchen Grips.«

»Um Himmels willen, nein!« rief sie erschrocken. »Bring mich zu ihr, gut, aber so, wie ich bin, lebendig mit Herz und Haut und Haaren; ich will dir auch helfen, ihre Rätsel zu lösen.«

»Kannst du das denn?« fragte er mißtrauisch. »Ich glaube nicht, daß es Rätsel sind, die eine Frau lösen könnte.«

»Das wollen wir doch mal sehen«, sagte sie.

»Hm – was geht ohne Füße?« fragte er.

»Na, die Uhr natürlich!«

»Ja, da hast du recht!« entgegnete er verblüfft. »Aber warte, nun noch dies: Was ist gelb und scheint und ist doch kein Gold?«

»Die Sonne, was sonst!« rief sie.

»Wahrhaftig, so ist es«, sagte er. »Morgen wollen wir sogleich zu der weisen Frau gehen.«

Als sie am nächsten Morgen den kleinen Pfad hinabkamen, saß die Frau vor ihrer Tür und schnippelte Bohnen.

»Guten Tag«, sagte er.

»Guten Tag, Dummerjan«, sagte sie.

»Ich glaube, zu guter Letzt bringe ich nun doch das Richtige«, sagte er.

Die Frau musterte beide, dann nahm sie ihre Brille ab und putzte die Gläser. »Nun, so löse meine Rätsel«, sagte sie. »Was ist das – erst hat es keine Beine, dann zwei, dann vier?«

Der Dummerjan kratzte sich den Kopf und überlegte und überlegte, aber es fiel ihm nicht ein. Da flüsterte ihm seine Frau ins Ohr: »Eine Kaulquappe!«

»Das wird wohl eine Kaulquappe sein«, brachte er endlich heraus, und die weise Frau nickte. »Und wie steht es mit den zwei anderen Rätseln?«

»Uhr und Sonne«, antwortete er, ganz wie es ihm seine Fau erklärt hatte.

»Nun hast du doch noch ein Töpfchen Grips gewonnen«, lachte die weise Frau.

»Wo ist es?« fragte der Dummerjan aufgeregt und sah sich überall um.

»Im Kopf deiner Frau«, sagte sie. »Das einzige, was einem Dummkopf helfen kann, ist eine kluge Frau.«

Zuckermann
Griechenland

Es waren einmal ein König und eine Königin, die hatten eine schöne Tochter, das war ihr einziges Kind, und sie liebten es sehr. Die Tochter wollte sich nicht verheiraten. Sie hatte sich in den Kopf gesetzt, daß sie nur einen Mann lieben könnte, der süß wie Zucker wäre, und so beschloß sie, sich einen zu machen. Sie ließ sich pfundweise Zucker bringen und fing an, ihren Zuckermann zu formen: sie zerstieß den Zucker und siebte ihn, gab Milch hinzu, knetete die Masse gut durch und bildete daraus einen schönen Mann, so wie sie ihn sich wünschte. Jeden Tag sprach sie zu ihm und bat ihn, ihr zu antworten. Viele Tage und Nächte ging das so, und am vierzigsten Tag bewegte sich der Zuckermann, tat die Augen auf und antwortete ihr.

Das Mädchen lief sogleich zu ihren Eltern und sagte: »Mein Zuckermann ist lebendig geworden!« Und es wurde im Volk bekannt gemacht, daß der Zuckermann spräche und daß bald Hochzeit sein sollte. Das Volk eilte herbei, um ihn zu sehen, und allen gefiel er, denn er war schön und süß. Es wurde also Hochzeit gehalten, und das Mädchen und ihr Prinz waren sehr glücklich.

In allen Ländern erfuhr man von der Sache, und jedermann wurde neugierig und wollte den Zuckermann sehen. Eine andere Prinzessin aber verlangte ihn gar zu besitzen; sie hatte sich schon in ihn verliebt, ohne ihn je gesehen zu haben. Sie sagte: »Entweder bekomme ich den Zuckermann, oder ich will sterben!« Sprach's und legte sich krank ins Bett. Die Eltern riefen bestürzt: »Aber er ist doch schon verheiratet!«, doch die Prinzessin hörte auf nichts, sie lag in ihrem Bette und wollte niemanden sehen, nicht essen und nicht schlafen, bis sie den Zuckermann bekommen hätte. Die Ärzte setzten ernste Mienen auf, und die Eltern wußten sich nicht zu helfen.

Der König rief alle Weisen des Landes zusammen, um zu beraten, was zu tun sei. Einer seiner Räte schlug vor, sie sollten ein Schiff mit kostbaren Geschenken zu dem Zuckermann senden, dann sollte ihm auf dem Schiff ein Gastmahl gegeben werden. Bei dieser Gelegenheit ließe er sich gefahrlos entführen, denn er war ja aus Zucker und würde sich nicht an Land retten können.

Der König in seiner Not nahm den Vorschlag an, und noch am selben Tag wurde das Schiff gerüstet. Prächtige Geschenke wurden an Bord gebracht, und die Gesandten des Königs segelten davon. Im Land des Zuckermanns angelangt, gingen sie geradewegs ins Schloß. Sie überreichten dem Zukkermann ihre Kostbarkeiten und luden ihn und den König zu einem Mahl auf dem Schiff ein.

Der alte Mann schlug es ab und sagte: »Ich will nicht dabei sein, aber mein Schwiegersohn mag gehen.«

Der Zuckermann fragte seine Frau, ob er zum Essen auf das Schiff solle; die Frau war dagegen und hängte sich an seinen Hals und bettelte: »Nein, du sollst bei mir bleiben.«

Aber ihre Eltern sprachen: »Das wäre unhöflich. Sie haben uns so große Geschenke gebracht, er muß an dem Essen teilnehmen.« Und so beschlossen sie, er sollte hingehen, aber nicht lange ausbleiben.

Er ging also auf das Schiff, aber kaum hatten sie mit dem Mahl begonnen, da wurde der Anker gelichtet und sie fuhren in großer Schnelligkeit ab. Als die Tafel aufgehoben wurde, wollte der Zuckermann ins Schloß zurück, da erst bemerkte er, daß sie sich auf hoher See befanden. Der Zuckermann fing an zu weinen und wollte sich ins Meer stürzen, aber sie hielten ihn fest.

Endlich kam das Schiff an, und sie gingen und benachrichtigten den König, daß sie den Zuckermann hätten. Der König ließ ihn sogleich seiner Tochter bringen, und die war außer sich vor Freude.

Der Zuckermann wurde vor Kummer krank. Doch nach und nach täuschte und beruhigte sie ihn, schließlich begann sie ihm zu gefallen, und schon nach kurzer Zeit nahm er sie zur Frau.

Die erste Frau des Zuckermanns war untröstlich. Sie hatte am Fenster des Palastes auf ihn gewartet, als er zu dem Essen gegangen war, und da er nicht zurückkam, hatte sie Boten zum Hafen geschickt. Als sie erfuhr, was geschen war, beschloß sie, ihrem Mann zu folgen, denn sie wollte ohne ihn nicht leben. Die Eltern versuchten sie zurückzuhalten und versprachen ihr, den Zuckermann suchen zu lassen. Sie aber war nicht zu halten und verließ das Schloß auf einem Schiff mit gelbem Segel, mit nichts als einem kleinen Bündel. In dem Bündel waren drei Kleider, eines so klar wie der Sternenhimmel, das zweite bunt wie eine Blumenwiese im Frühling, das dritte so schön wie das Meer mit goldenen Fischen.

Sie segelte lange Zeit auf den Meeren dahin und gelangte in immer neue Städte. Überall fragte sie nach dem Mann aus Zucker, doch nirgendwo konnte sie ihn finden. Schließlich gelangte sie in eine Stadt, in der gerade ein großes Fest vorbereitet wurde, und als sie fragte, was es zu feiern gäbe, antwortete man ihr: »Wir feiern den Zuckermann, unseren König. Genau ein Jahr ist es her, daß ihn die Prinzessin zum Mann nahm.«

Das Mädchen erschrak, aber nun, da sie ihren Liebsten gefunden hatte, wollte sie nicht davonlaufen. Sie stellte sich in die Menge und wartete, und als der Zuckermann mit seiner neuen Frau vorbeifuhr, war ihr, als sollte ihr das Herz brechen. Sie beschloß, sich bei der fremden Prinzessin in Dienst zu begeben, und als die Feier zuende war, ging sie mit auf das

Schloß und verhielt sich so, daß die Prinzessin schließlich auf sie aufmerksam wurde.

»Was willst du hier?« fragte sie.

»Ich bin fremd in der Stadt und ohne Stelle.«

Die Prinzessin erwiderte: »Ich will dir einen Dienst geben, du kannst die Gänse hüten.«

So hütete das Mädchen Tag für Tag die Gänse und hoffte, einmal ihren Mann zu Gesicht zu bekommen. Die Wochen vergingen, und sie traf ihn nicht. Da holte sie eins von den drei Kleidern aus ihrem Bündel, das Sternenhimmelkleid. Eine Zofe beobachtete sie dabei.

»Was für ein wunderschönes Kleid«, rief die Zofe. »Wem gehört es?«

»Es ghört mir«, antwortete sie.

»Oh, du solltest es unserer Prinzessin verkaufen! Sie liebt schöne Kleider und würde dich reichlich belohnen.«

»Nein, ich will es nicht verkaufen«, entgegnete das Mädchen. »Aber wenn sie mich nur eine Nacht zu dem Zuckermann läßt, so will ich es ihr geben.«

Die Zofe lief zur Prinzessin und erzählte ihr alles. »Die Gänsemagd sitzt unten im Hof, und sie hat ein Kleid, das ist so klar wie der Sternenhimmel.«

»Was will sie dafür haben?« fragte die Prinzessin.

»Sie will kein Geld und das Kleid nicht verkaufen. Aber wenn Ihr sie eine Nacht beim König schlafen laßt, dann will sie es Euch geben.«

Die Prinzessin wußte nicht, was sie tun sollte, da ging sie zu ihrer Amme und fragte sie um Rat. Die Amme meinte: »Gib dem Zuckermann ein Schlafmittel in den Wein, dann mag sie ruhig zu ihm gehen«, und die Prinzessin war's zufrieden und trug der Zofe auf, sie solle die Fremde für die kommende Nacht ins Schloß bestellen.

Am nächsten Abend taten sie also dem Zuckermann ein Pulver in den Wein, und er fiel sogleich in tiefen Schlaf. Sie trugen ihn in sein Gemach, legten ihn aufs Bett und riefen die Gänsemagd. Als das Mädchen mit dem Zuckermann allein war, schlang sie die Arme um seinen Hals und sprach zu ihm, er aber hörte sie nicht und schlief fest bis zum anderen Morgen. Da weinte das Mädchen bitterlich, aber es half nichts, sie mußte der Prinzessin das Sternenhimmelkleid geben.

Am nächsten Tag zog sie das Blumenwiesenkleid an, und wieder sagte die Zofe: »Oh, welch wunderschönes Kleid! Es ist noch schöner als das andere. Gehört es dir? Was willst du dafür haben?«

Und sie entgegnete: »Wenn mich die Prinzessin noch eine Nacht bei dem Zuckermann schlafen läßt, so will ich es ihr geben.«

Die Zofe lief zur Prinzessin, und die war gleich einverstanden. Als die Nacht anbrach, holten sie die Gänsemagd wieder in die Gemächer des Königs. Sie hatten ihm abermals das starke Schlafmittel in den Wein gegeben, und er schlief wie ein Toter. Das Mädchen rief ihn an und küßte ihn, aber er bemerkte sie nicht und lag nur da. So ging sie weinend zu der Prinzessin und gab ihr auch das Blumenwiesenkleid. Nun hatte sie nur noch eine Hoffnung, das Meereskleid mit den goldenen Fischlein, deren Augen aus Diamanten waren.

Im Zimmer neben dem Zuckermann schlief ein treuer Diener, der den König sehr lieb gewonnen hatte, und an diesem Morgen nahm er den Zuckermann beiseite und sprach zu ihm: »Mein Herr, hier gehen merkwürdige Dinge vor. Seit zwei Nächten kommt ein Mädchen an Euer Bett, das redet zu Euch und weint und jammert und geht des Morgens wieder aus dem Zimmer.«

»Warum weiß ich nichts davon?« wunderte sich der Zuckermann.

»Die Prinzessin gibt Euch ein Schlafmittel in den Wein. Hört auf mich, trinkt heute abend nichts – gießt den Wein unter den Tisch, und dann rührt Euch nicht mehr und laßt alles mit Euch geschehen.«

In der Zwischenzeit hatte das Mädchen ihr letztes Kleid angetan, und wieder kam die Zofe hinzu und rief: »Oh, welch wunderschönes Kleid! Willst du es der Prinzessin geben?«

Sie nickte nur und sagte: »Es ist mein letztes Kleid, aber wenn ich noch eine Nacht bei dem Zuckermann bleiben kann, so soll die Prinzessin es haben. Danach will ich fortgehen und nie wiederkommen.«

Die Zofe lief zur Prinzessin und berichtete ihr von dem wunderbaren Meereskleid mit den goldenen Fischlein. Die Prinzessin war argwöhnisch geworden und wollte die Fremde nicht mehr zu ihrem Mann lassen.

»Ach, Ihr solltet das Kleid sehen« sprach die Zofe. »Es ist noch herrlicher als die ersten beiden. Und die Fremde hat versprochen, morgen fortzugehen, wenn Ihr sie noch einmal beim König schlafen laßt.«

Da war die Prinzessin einverstanden.

Der Zuckermann aber trank an diesem Abend nichts, wie er es mit dem Diener vereinbart hatte, sondern goß den Wein unter den Tisch. Dann sank er nieder und tat, als wäre er betäubt. Die Zofe trug ihn auf sein Zimmer, legte ihn ins Bett und ließ die Gänsemagd zu ihm.

Die setzte sich an das Bett des Mannes, den sie geschaffen hatte, und konnte kein Wort mehr über die Lippen bringen, so traurig war sie. Sie glaubte, das Herz müsse ihr zerspringen vor Kummer, weil dies die letzte Nacht war, in der sie bei ihm sein konnte. Doch da schlug er die Augen auf und erkannte sie auf den ersten Blick. Wie Schuppen fiel es ihm von den Augen, daß sie seine Frau war, und er schloß sie in die Arme. Noch in derselben Nacht flohen beide auf das Schiff mit dem gelben Segel, das noch im Hafen lag. Nur das Kleid mit den Fischlein ließen sie im Palast zurück.

Der Gutsherr will heiraten

Norwegen

Es lebte einst ein reicher Gutsbesitzer, der hatte alles im Überfluß, nur eines fehlte ihm – eine Frau.

Da trug es sich zu, daß die Tochter eines armen Pächters auf seinen Feldern half, das Heu einzubringen. Das Mädchen gefiel dem reichen Herrn, und weil er wußte, daß sie arm war, dachte er bei sich, sie würde ihn schon nehmen.

Er sagte: »Ich denke, es ist Zeit für mich zu heiraten.«

Sie entgegnete nur: »Nachdenken kann man über vieles.«

»Ich möchte, daß du meine Frau wirst!« sagte er da.

»Oh nein, mein Herr«, erwiderte sie. »Ich mag nicht heiraten.«

Der Gutsherr war es nicht gewöhnt, daß man ihm widersprach, und je beharrlicher sie ihn abwies, desto stärker begehrte er sie. Aber das Mädchen erhörte ihn nicht. Da schickte der Gutsherr nach ihrem Vater und eröffnete ihm, daß ihm alle Schuld erlassen sei, wenn seine Tochter ihn heiraten würde.

»Mein Herr, ich will meine Tochter schon zur Vernunft bringen«, sagte der Vater. »Sie ist noch jung und weiß nicht, was gut für sie ist.«

Doch all sein Reden, all sein Drohen, all seine Versprechen waren vergebens. Um nichts in der Welt wollte die Tochter den alten Griesgram heiraten.

Der Gutsherr wartete lange auf eine Antwort, doch schließlich wurde ihm die Sache zu bunt. Er ritt zu dem armen Bauern und ließ ihn wissen, er könne nicht länger auf die

Hochzeit warten, die Angelegenheit müsse auf der Stelle erledigt werden. Der Bauer wußte sich keinen Rat, und so stimmte er zu, daß der Gutsherr alles für die Hochzeit vorbereiten sollte. Wenn alles bestellt, Pfarrer und Hochzeitsgäste auf dem Hofe wären, sollte der Herr das Mädchen unter einem Vorwand holen lassen. Und wenn sie dann nur die schönen Hochzeitskleider, die festlich geschmückte Tafel und die versammelten Gäste erblickte, so würde sie der Vermählung schon zustimmen.

Als nun die Gäste eingetroffen waren, rief der Gutsbesitzer einen seiner Knechte und trug ihm auf, zu dem Bauern zu laufen und zu fordern, was er ihm versprochen hatte. »Und wenn du nicht im Handumdrehen wieder mit ihr hier bist«, rief er und drohte dem Jungen mit der Faust, »so will ich dich ...«

Er brauchte den Satz nicht zu beenden, denn schon war der Knecht zur Tür hinaus.

»Mein Herr schickt mich zu holen, was du ihm versprochen hast«, rief er dem Bauern zu, als er keuchend bei dessen Haus angekommen war. »Es ist sehr eilig, der Herr wartet schon mit seinen Gästen.«

»Nun gut, lauf hinunter zum Feld und nimm sie mit«, antwortete der Vater des Mädchens.

Der Knecht machte auf dem Absatz kehrt, und als er zu der Wiese kam, war das Mädchen gerade dabei, das Heu zu bündeln.

»Ich will holen, was dein Vater meinem Herrn versprochen hat«, brachte er atemlos hervor.

»Aha«, ließ sie sich vernehmen, »so ist das also. Nun gut – es geht um unsere alte Stute, die dort drüben grast. Geh nur und bring sie deinem Herrn.«

Der Junge sprang auf den Rücken des Pferdes und ritt in flottem Galopp zurück zum Gutshof.

»Hast du sie mitgebracht?« wollte der Herr wissen.

»Sie steht draußen vor der Tür«, entgegnete der Knecht.

»Dann bring sie hinauf in das Zimmer meiner seligen Mutter«, verlangte der Gutsherr.

»Aber wie könnte ich...«

»Tu, was ich dir befohlen habe«, schnaubte der Herr. »Und wenn es dir allein nicht gelingt, sie zu überreden, so hole dir Hilfe.«

Der Knecht bemerkte wohl, wie aufgebracht sein Herr war, und schickte sich an, die Sache zu versuchen. Allein konnte er das Pferd nicht die Treppe hinaufbekommen, aber die Mägde und die anderen Knechte gingen ihm zur Hand. Die einen packten die alte Mähre am Zügel und zogen mit aller Kraft, die anderen schoben von hinten nach, und mit vereinten Kräften bugsierten sie das Tier schließlich in das Zimmer der verstorbenen Mutter des Gutsherrn, wo sie es an die Bettpfosten banden und verschnauften.

Auf den Kissen lagen Brautkleid und Schleier aus feinster Spitze.

»So, das wäre geschafft, Herr«, meldete der Knecht sodann und wischte sich den Schweiß von der Stirn. »Aber das war die anstrengendste Arbeit, die ich je auf diesem Hof zu verrichten hatte.«

»Schon gut, schon gut, du sollst dafür belohnt werden«, entgegnete der Gutsherr, zog eine Silbermünze aus der Tasche und gab sie dem Jungen. »Und nun schick die Frauen hinauf, auf daß sie sie ankleiden.«

»Aber wie könnte ich...«

»Halt den Mund«, brüllte der Gutsherr. »Sie sollen sie ankleiden und Schleier und Brautstrauß nicht vergessen!«

Der Knecht rannte in die Küche. »Er ist übergeschnappt!« rief er aufgeregt. »Ihr Frauen sollt hinaufgehen und den alten Gaul ankleiden wie eine Braut!«

»Vielleicht will er seinen Gästen einen Streich spielen«, überlegten sie, gingen nach oben und zwängten das Pferd in die feinen weißen Kleider. Und der Knecht trat vor seinen Herrn und ließ ihn wissen, daß alles getan sei und sie auch Schleier und Brautstrauß nicht vergessen hätten.

»Sehr gut! Nun bringt sie nach unten. Ich will an der Tür auf sie warten«, sagte der Gutsherr.

Ein lautes Gepolter drang von der Treppe, als das Pferd hinuntergeführt wurde, dann flog die Tür zu dem Saal auf, in dem der Herr des Hauses und seine Gäste warteten. Und herein stolzierte der alte Gaul im Brautgewand, und der Schleier war ihm bis über die Nüstern gerutscht. Der Pfarrer rang entsetzt nach Luft, und die Gäste brachen in schallendes Gelächter aus. Und der Gutsherr? Dem war die Lust aufs Heiraten ein für allemal vergangen. Ob das Mädchen je einen Mann genommen hat, das weiß man nicht.

Vom Bauern und seiner Frau

Estland

Es war einmal ein Bauer, der nörgelte stets an seiner Frau herum und hielt ihr vor, sie führe ein leichtes Leben.

»Ich schufte den ganzen Tag auf dem Feld, während du hier gemütlich im Haus sitzt«, pflegte er zu sagen. Seine Frau seufzte nur, wenn er ein ums andere Mal davon anfing, und gab nichts auf sein Gerede, aber eines Tages platzte ihr doch der Kragen.

»Nun gut!« sagte sie ärgerlich. »Wenn du glaubst, meine Arbeit sei ein Kinderspiel, dann laß uns für einen Tag tauschen. Ich gehe aufs Feld, und du bleibst hier und kümmerst dich um die Hausarbeit.«

Der Bauer freute sich. »Recht so«, ließ er sich vernehmen und rieb sich die Hände. »Morgen übernehme ich den Hof, und du gehst auf die Weide Gras mähen.«

Bevor die Bäuerin früh am anderen Morgen das Haus verließ, erklärte sie ihrem Mann noch, was er zu tun hatte. »Ich möchte Haferbrei, wenn ich am Mittag komme, und mach bitte Butter, die können wir mit den Semmeln essen. Und vergiß nicht, die Kuh hinauszulassen.«

Ihr Mann lachte nur. »Ja, ja, geh nur. Das will ich schon erledigen«, entgegnete er gutgelaunt.

Als die Frau aus dem Haus war, zündete er sein Pfeifchen an und überlegte, wie er den Tag verbringen sollte. Zuerst, so beschloß er, wollte er den Brei kochen, nichts leichter als das. Er füllte einen Topf mit Wasser und gab die Haferflocken hinzu. Dann versuchte er, Feuer in dem Eisenofen zu machen. Bis schließlich die Flammen unter dem Topf emporzüngelten, war seine Pfeife schon ein paarmal ausgegangen, und er hatte nicht schlecht geflucht. Endlich aber war es doch geschafft. Der Brei begann zu kochen, und der Bauer rührte eifrig im Topf herum. Da hörte er plötzlich die Kuh muhen, die er über dem Ärger mit dem Feuer ganz vergessen hatte.

»Wenn ich jetzt die Kuh aus dem Stall führe, brennt mir der Brei an«, dachte er schlau. »Ich weiß, was zu tun ist. Ich gieße Wasser dazu, dann habe ich mehr Zeit.«

Gesagt, getan, er lief hinaus zum Brunnen und kam mit einem Eimer Wasser zurück. In seiner Eile aber goß er es so unvorsichtig in den Topf, daß das Feuer ausging. Es blieb ihm nichts anderes übrig, als noch einmal von vorn anzufangen. Er nahm die Herdplatten heraus, legte Hölzchen zu Stöckchen und entzündete ein neues Feuer. Dann stellte er den kalten Brei auf die heiße Platte.

Mittlerweile muhte die Kuh dringlicher als zuvor. Doch wenn er sie jetzt auf die Weide führte, könnte im Handumdrehen der Brei überkochen und das Feuer löschen. Was sollte er machen? »Ich hab's. Ich binde die Kuh vor dem Stall an. Soll sie heut dort Gras fressen – es ist bestimmt genauso saftig wie auf der Wiese.«

In Windeseile lief er zum Stall, brachte die Kuh hinaus und band ein Seil an ihrem Fuß und am Türbalken des Stalls fest und rannte zurück in die Küche. Er war kaum beim Herd angelangt, da fiel ihm ein, daß er ja buttern sollte, und so sprang er gleich noch einmal in den Stall und holte das Butterfaß und die Kanne mit Rahm.

Frohgemut machte er sich ans Werk. Buttern war keine ganz leichte Arbeit, stellte er fest und wischte sich den Schweiß von der Stirn. Einen Augenblick lang konnte er wohl die Butter Butter sein lassen und sich etwas gönnen. Er lief in den Stall, wo das Weinfaß stand, drehte den Hahn auf und ließ sich's wohlsein.

Doch er hatte vergessen, die Küchentür zuzumachen! Und gerade in diesem Augenblick führte eine Sau ihre sechs Ferkel im Hof spazieren, entdeckte die offene Türe, und alle sieben steckten ihre neugierigen Schnauzen in die Küche. Der Bauer machte auf dem Absatz kehrt, um die Eindringlinge zu verjagen, und er hatte es so eilig, daß er vergaß, den Weinhahn zuzudrehen.

Er kam zu spät. Die Schweine wälzten sich schon grunzend in der Butter und quiekten vor Vergnügen. Da wurde er so böse, daß er den erstbesten Gegenstand ergriff, den er zu packen bekam, und der Sau damit auf den Kopf hieb. Er hatte ein Holzscheit erwischt, und die Sau hauchte ihr Leben aus. Der Bauer jagte die quiekenden Ferkel eines nach dem anderen aus der Küche, und zuletzt zog er die tote Sau an den Hinterbeinen hinterher.

Er schwitzte und schnaufte, aber er hatte keine Zeit auszuruhen. Das Weinfaß! Er eilte zurück in den Stall, und der Wein floß ihm schon an der Türe entgegen. Das Faß war leer und dem Bauern zum Weinen zumute. Er suchte den Stall ab, um noch etwas Rahm zu finden und zu guter Letzt doch noch ein Töpfchen Butter zu machen, und tatsächlich, da war noch eine Kanne voll, und die schleppte er zur Küche, um ein zweites Mal sein Glück zu versuchen. Aber sollte er nicht zunächst Wasser in das leere Weinfaß füllen, damit es nicht austrocknete? Es half nichts, er mußte noch einmal in den Stall. Aber als er aus der Küche stürzte, die Kanne immer noch in den Händen, dachte er nicht an das Seil, mit dem er die Kuh festgebunden hatte. Er stolperte und fiel kopfüber in den Jauchetrog. Die schwere Sahnekanne flog ihm aus der Hand und der Kuh aufs Bein, und das Tier sank stöhnend zu Boden.

Der Bauer rappelte sich auf, wischte sich mit dem Ärmel über das Gesicht und tappte zum Brunnen hinüber, um sich zu waschen. Die Sahnekanne zog er hinter sich her, setzte sie auf dem Brunnenrand ab und ließ den Eimer hinunter. Als er ihn wieder heraufzog, stieß er damit gegen die Sahnekanne, und die stürzte mit Gepolter in den Brunnen.

Sahne und Kanne waren in den Brunnen gefallen. So würde es eben keine Butter zu den Semmeln geben, seine Frau mußte sich wohl oder übel mit dem Haferbrei begnügen. Der Brei!

»Oh weh!« rief der Bauer. »Den habe ich doch tatsächlich vergessen!« Er rannte in die Küche. Der Brei war angebrannt und über den ganzen Herd gelaufen. »Er ließe sich vielleicht noch essen, wenn man ein wenig Butter hinzutäte«, befand er und sprang wieder in den Stall, um nachzusehen, ob sich nicht irgendwo noch ein Restchen Butter auftreiben ließe.

Er suchte den ganzen Stall ab, vergebens. Er hatte schon in alle Fässer geguckt und war eben bei dem letzten und größten angelangt und mußte sich weit vorbeugen, um hineinsehen zu können – da verlor er das Gleichgewicht und rutschte mit dem Kopf zuerst in das Faß.

Er begann zu strampeln, doch je heftiger er zappelte, desto tiefer geriet er hinein. Und so blieb er stecken, bis es Mittag war.

Am Mittag kam die Bäuerin heim. Sie zog ihren Mann aus dem Faß, machte Stall und Küche sauber, kochte Brei und aß ein wenig – und ging wieder hinaus aufs Feld.

Die schöne Sorfarina

Sizilien

Ein reicher Kaufmann in Palermo hatte eine einzige Tochter, die hieß Sorfarina. Das Mädchen war schön wie keine andere und außerordentlich klug. Sie war schlauer als alle anderen Kinder, auch als der Königssohn, der dieselbe Schule besuchte.

Eines Tages nun mußte der Lehrer dieser Schule verreisen und überlegte, wer in seiner Abwesenheit die Schüler unterrichten sollte. Da fiel ihm ein, daß er ja der schlauen Sorfarina die Schule überlassen könnte. Er fragte das Mädchen, und es war einverstanden.

Der Lehrer reiste ab, und Sorfarina übernahm das Unterrichten. Nun war der Königssohn stets unaufmerksam und lernte seine Aufgaben nicht, und wie ihn Sorfarina wieder einmal etwas fragte und er wieder einmal gar nichts wußte, wurde sie wütend und gab ihm eine schallende Ohrfeige. Der Prinz sagte nichts darauf, aber er behielt die Beleidigung in seinem Herzen.

Viele Jahre vergingen, Sorfarina und der Königssohn gingen nicht mehr zur Schule, da sah der junge Prinz das schöne Mädchen auf dem Marktplatz wieder, und er verliebte sich in sie. Er lief nach Hause in den Palast und sprach zu seinem Vater: »Lieber Vater, ich will heiraten. Ich habe eine Frau gefunden, schön wie die Sonne und klug dazu. Es ist die schöne Sorfarina.«

Der König hätte es lieber gesehen, wenn sein Sohn eine Königstochter geheiratet hätte, da er ihm aber keinen Wunsch abschlagen konnte, stimmte er zu und schickte einen Boten in das Haus des Kaufmanns. Sorfarina ließ sich das Werben gefallen, willigte ein, und schon bald wurde eine prächtige Hochzeit gefeiert.

Als das Fest vorüber war und der Prinz und Sorfarina in ihr Schlafgemach gingen, sagte der Bräutigam zu seiner Frau: »Sorfarina, erinnerst du dich an die Ohrfeige, die du mir damals in der Schule gegeben hast?«

»Oja, sehr gut«, entgegnete sie. »Du wußtest nicht, was drei mal drei ist.«

»Sorfarina, sag, bereust du es nicht?«

»Bereuen? Nicht im geringsten! Aber merke dir, wenn du wieder unaufmerksam gegen mich wirst, so kannst du leicht eine zweite bekommen.«

»Was?« schrie der Prinz zornig. »Das wagst du, mir zu sagen? Mir, dem Sohn des Königs! Wenn du keinen Respekt vor mir hast, dann sollst du auch nicht in meinem Bette schlafen!«

Da richtete sich Sorfarina auf dem Boden ein Lager und lag in ihrer Hochzeitsnacht kalt und unbehaglich. Als der Prinz am nächsten Morgen erwachte und seine junge Frau so am Boden sah, tat es ihm leid, daß er so hartherzig gewesen war, noch mehr aber ärgerte ihn, was Sorfarina gesagt hatte. Er weckte sie und fragte wieder: »Sorfarina, bereust du jetzt?«

»Bereuen?« fragte sie. »Was?«

»Die Ohrfeige, die du mir gegeben hast!«

»Nein, mein Prinz, die bereue ich nicht, und wenn du nicht aufpaßt, die zweite du kriegst!«

Da wurde er noch zorniger als am Abend zuvor; er lief zu seiner Mutter und erzählte ihr alles und bat sie um Rat. »Denkt Euch nur, auch nachdem sie die ganze Nacht auf dem kalten Boden verbracht hat, will sie es nicht sagen.«

»Mein Junge«, antwortete die Mutter lächelnd, »vergiß doch die Sache! Es ist lange her, und ihr seid keine Schulkinder mehr.«

»Nein, Mutter«, rief er trotzig, »ich will, daß sie sich entschuldigt!«

Und er lief wieder zu Sorfarina und fragte noch einmal, ob sie die Ohrfeige bereue.

»Nein, mein Prinz, die bereue ich nicht.«

»Ach, Sorfarina«, sagte er verzweifelt. »Weißt du, daß ich dich in den Brunnen werfen lasse, wenn du es nicht endlich sagst?«

»Nur zu«, entgegnete sie, »dann laß mich in den Brunnen werfen.« Da hieß der Prinz die Wache kommen und Sorfarina wirklich in den Brunnen werfen. Man gab ihr einen Tisch, einen Stuhl, eine Decke, alle Tage einen Krug mit frischem Wasser und ein Stückchen Brot, und jeden Morgen lief der Sohn des Königs zu dem Brunnen und rief hinunter: »Sorfarina, sag, bereust du es jetzt?«

Und sie antwortete ein ums andere Mal: »Nein, mein Prinz, ich bereue es nicht!«

Es war kühl und dunkel in dem Brunnen, in dem Sorfarina nun saß, aber sie besann sich auf eine List. Sie brach einen kleinen, spitzen Eisenbügel aus ihrem Korsett und begann, damit ein Loch in die Wand zu bohren. Sie fand eine morsche, brüchige Stelle, die sie größer und größer machte, und nach drei Tagen hatte sie eine Öffnung geschaffen, durch die sie die Hand strecken konnte. Nun grenzte aber die Brunnenmauer direkt an eine belebte Straße im Ort, und der Zufall wollte es, daß dort Tommaso vorbeiging, ein Diener ihres Vaters.

Sorfarina rief ihn, und er fand schließlich das Loch in der Mauer, durch das sie zu ihm sprach.

»Lauf und hol meinen Vater«, bat sie. »Ich sitze in einem dunklen Verlies, er muß mir helfen.«

Der Vater kam, und wie er die Geschichte von der Ohrfeige hörte, schüttelte er den Kopf und sagte: »Sorfarina, wäre es nicht besser, du bereutest? Dann könntest du aus dem Brunnen heraus.«

»Nein, Vater«, erwiderte sie. »Ich bereue nicht, und er wird noch eine zweite bekommen. Laß einen unterirdischen

Tunnel graben von deinem Haus zu diesem Brunnen, groß genug, daß ich hindurch kann, wenn die Zeit gekommen ist, mit Lichtern alle dreißig Schritte, und bring mir jeden Tag zu essen.«

Das versprach ihr der Vater, und seine Diener begannen zu graben.

Der Königssohn merkte von alldem nichts. Jeden Tag ging er zum Brunnen im Hof und rief hinein:

»Sorfarina, bereust du jetzt?«

Und sie antwortete: »Nein, mein Prinz, ich bereue es nicht, und wenn du nicht aufpaßt, die zweite du kriegst.«

Da beschloß er, seine Frau zu verlassen.

»Weißt du auch, daß ich weit fortgehen werde, wenn du nicht endlich bereust?« rief er in den Brunnen.

»Gute Reise«, entgegnete sie. »Wohin willst du?«

»Ich reise nach Rom.«

»Gehst du zu Wasser oder zu Lande?«

»Ich gehe zu Lande. Auf Wiedersehen, Sorfarina. In einem Jahr werde ich zurückkommen. Bis dahin hast du Zeit nachzudenken.«

Damit reiste der Königssohn ab. Sorfarina aber kroch durch den unterirdischen Tunnel zum Haus ihres Vaters und bat um ein Schiff. Der Kaufmann ließ sein bestes Schiff flottmachen, und noch am selben Tag begab sich seine Tochter nach Rom. Dort mietete sie sich in einem schönen Wirtshaus ein, das dem Schloß, in welchem der Prinz wohnen würde, direkt gegenüber lag. Als ihr Mann schließlich in der Stadt eintraf, ließ sie sich in einem schwarzen Kleid auf dem Balkon des Wirtshauses sehen. Dem Prinzen verschlug ihre Schönheit die Sprache, und er dachte bei sich: »Wüßte ich nicht, daß meine Frau Sorfarina daheim im Brunnen sitzt, so würde ich schwören, sie sei die Schöne dort drüben.«

Er grüßte sie freundlich, sie grüßte zurück, und so ging das Tag für Tag. Der Prinz verliebte sich in die Frau und konnte an nichts anderes als sie mehr denken. Er schickte einen Boten in das Wirtshaus und bat sie, zu ihm zu kommen.

Sorfarina kam.

»Sagt mir, schöne Frau«, fing er an, »seid Ihr verheiratet?«

»Seid Ihr es, mein Prinz?« wollte sie wissen.

»Nein«, entgegnete er.

»Dann bin ich es auch nicht.«

»Seid mir nicht böse, aber Ihr erinnert mich an eine Frau, die ich einst in Palermo kannte«, sagte er.

»So?« sagte sie. »Wißt Ihr denn nicht, daß wir alle sieben Doppelgänger auf der Welt haben?«

Der Prinz seufzte. Sie plauderten miteinander, und der Prinz verliebte sich noch stärker in sie. Er fragte Sorfarina, ob sie ihn heiraten wollte. Sorfarina wurde zum zweitenmal seine Frau, und über ein Jahr bekamen sie einen schönen Sohn, den nannten sie Romano. Kurz nach der Geburt des Knaben sagte der Prinz seiner Frau, daß er nach Palermo zurückkehren müsse. Er gab ihr ein Dokument mit seiner Unterschrift, in dem stand, daß Romano sein Sohn war und nach seinem Tode König werden sollte. Dann reiste er ab. Sorfarina eilte auf ihr Schiff und gelangte vor ihrem Mann nach Palermo, setzte sich wieder in ihren Brunnen und wartete auf den Prinzen.

Der lief gleich nach seiner Ankunft in den Hof und rief zu ihr hinunter: »Sorfarina, sag mir, bereust du jetzt?«

Und sie entgegnete: »Nein, mein Prinz, ich bereue es nicht, und wenn du nicht aufpaßt, die zweite du kriegst.«

Da wurde der Prinz so zornig, daß er hinabrief: »So will ich noch einmal fortgehen, und du magst weiter im Brunnen sitzen und nachdenken!«

»Gute Reise!« lachte sie. »Wohin willst du diesmal fahren?«

»Ich reise nach Neapel.«

»Gehst du zu Wasser oder zu Lande?«

»Ich reise zu Lande.«

Sorfarina machte es wie im Jahr zuvor. Sie ging zu ihrem Vater, ließ ein Schiff flottmachen und reiste auf der Stelle nach Neapel. Als der Prinz die Stadt erreichte, hatte sie schon ein Zimmer im Haus neben dem Palast gemietet, und jeden Morgen, wenn der Prinz aus dem Fenster blickte, sah er eine schöne Neapolitanerin spazierengehen.

»Um Gottes Willen!« rief er. »Diese Frau sieht aus wie meine Sorfarina – ganz zu schweigen von der Frau, die ich in Rom geliebt habe.«

»Er ließ sie zu sich kommen und fragte: »Seid Ihr verheiratet, schöne Frau?«

»Seid Ihr es?« wollte sie wissen.

»Ich bin Witwer«, antwortete er.

»Dann bin ich eine Witwe«, entgegnete sie, und es dauerte nicht lange, da hielten beide Hochzeit, und über ein Jahr bekamen sie einen schönen Sohn, den nannten sie Napolitano. Nun hatte Sorfarina zwei Söhne, für die eine Bedienstete auf dem Schiff sorgte, als ihr Mann ihr eröffnete, er müsse heim nach Palermo. Sie sagte nichts darauf. Er gab ihr ein Dokument mit seiner Unterschrift, auf dem stand, daß Napolitano sein zweitgeborener Sohn und ein Prinz sei. Dann reiste er ab.

Sorfarina ließ die Segel hissen, stach in See und erreichte Palermo vor ihrem Mann. Als er in den Palast kam, saß sie schon wieder im Brunnen, und auf seine Frage: »Sorfarina, sag, bereust du es nicht?« antwortete sie: »Nein, mein Prinz, ich bereue es nicht, und paßt du nicht auf, die zweite du kriegst.«

»Es ist zum Verzweifeln!« schrie er. »Sieh doch endlich ein, daß man einen Königssohn nicht ohrfeigen darf! Ich geb dir noch ein Jahr Zeit zum Nachdenken. Ich reise noch einmal fort.«

»Gute Reise«, rief Sorfarina hinauf. »Wohin gehst du?«

»Ich reise nach Genua.«

»Gehst du zu Wasser oder zu Lande?«

»Ich gehe zu Lande.«

Sorfarina fuhr mit dem Schiff ihres Vaters nach Genua, und dort wiederholte sich alles, was sich zuvor schon in Rom und Neapel ereignet hatte. Sie heiratete den Prinzen ein viertes Mal, und übers Jahr bekamen sie eine schöne Tochter, die nannten sie Genova.

Nicht lange nach ihrer Geburt rüstete der Prinz für die Heimkehr nach Palermo. Seiner Frau gab er ein Dokument, in dem stand, daß Genova seine Tochter und Erbin sei.

Sorfarina segelte mit ihren Kindern in die Heimat zurück, und als der Prinz Palermo erreichte, war sie bereits durch den unterirdischen Tunnel wieder in den Brunnen gelangt. Kaum war ihr Mann im Palast angekommen, stürzte er zum Brunnen und rief:

»Sorfarina, sag, bereust du es nicht?«

»Nein, mein Prinz, ich bereue es nicht, und wenn du nicht aufpaßt, die zweite du kriegst.«

»Nun habe ich es satt«, schrie er empört. »Du bist die längste Zeit meine Frau gewesen. Ich werde eine Prinzessin heiraten, die sich respektvoll einem Prinzen gegenüber zu betragen weiß.«

»Nur zu, mein Prinz«, rief sie hinauf, »wenn du denn eine findest, die dir gefällt.«

Der Prinz schrieb an alle Königshäuser der Welt und ließ sich Bilder der Prinzessinnen im heiratsfähigen Alter schikken. Endlich war eine darunter, die ihm nach dem Bild gefiel, das war die Tochter des Königs von England. Sie willigte auch in die Heirat ein, und im Palast wurde ein großes Fest vorbereitet. Am Abend vor der Hochzeit ging der Prinz noch einmal zum Brunnen und sagte traurig zu Sorfarina:

»Ach, nun ist es soweit, ich heirate. Noch kannst du dir überlegen, ob du nicht meine Frau bleiben willst. Sag, bereust du es nicht?«

»Nein«, sagte sie nur.

Als er aber fort war, kroch sie durch den Tunnel in das Haus ihres Vaters, wo ihre Kinder lebten. Am anderen Morgen kleidete sie die Kleinen in prachtvolle Gewänder, zog ihr schönstes Kleid an, nahm die Kinder bei der Hand und ging mit ihnen zum Schloß. Die Hochzeitsfeier war schon in vollem Gange, als sie an das Tor des Palastes klopfte und Einlaß begehrte. Den Wachen kam sie sonderbar bekannt vor, und man ließ sie in den Festsaal ein. Als sie in den Saal trat, hielten alle inne und verstummten, so wunderschön war sie. Da sagte sie laut und vernehmlich: »Romano, Napolitano, Genova, geht zu Eurem Vater, dem Prinzen, und gebt ihm einen Kuß.«

Und die Kinder taten, was sie gesagt hatte, und liefen zu ihrem Vater.

Als der Prinz seine Kinder erkannte, fiel er auf die Knie und begann zu weinen. »So bist du es doch gewesen in Rom, in Neapel und in Genua«, schluchzte er. »Also bist du meine eine und einzige Frau.«

»Ja, das bin und das war ich«, sagte Sorfarina. »Und ich weiß, wie du dir die Zeit vertrieben hast, während ich im Brunnen saß!«

Sprach's und gab ihm vor all den Gästen eine zweite Ohrfeige, daß ihm das Ohr brannte.

Die Prinzessin von England verließ auf der Stelle den Palast und reiste zurück zu ihrem Vater, der Prinz aber nahm Sorfarina wieder als seine Gemahlin an, und die beiden lebten noch lange glücklich und zufrieden miteinander.

Die mutige Magd

Norwegen

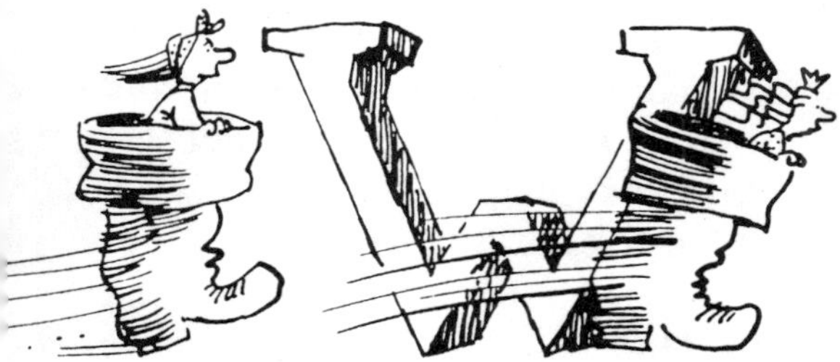

Weit, weit hinter den Wäldern lebte einmal ein König, der hatte drei Töchter. Als er eines Tages eine große Reise antreten mußte, fragte er die Mädchen, was er ihnen mitbringen sollte. Die Älteste sprach: »Vater, ich wünsche mir einen Ring, der mir auf ewig Gesundheit schenkt.«

Die zweite sprach: »Vater, bringt mir eine Kette, die Kummer von mir fernhält, solange ich sie trage.«

Und die jüngste Tochter sprach: »Ach, Vater, bringt mir Sorge und Leid, damit ich das Leben kennenlerne, dann will ich zufrieden sein.«

Der Vater versprach alles und ritt davon.

Als er seine Geschäfte erledigt hatte und nach Hause zurückkehren wollte, erinnerte er sich daran, was seine Töchter sich gewünscht hatten, und er ging in die Stadt, um alles zu besorgen. Ring und Kette konnte er wohl auftreiben, aber Sorge und Leid gab es nirgendwo zu kaufen. In allen Städten, durch die er bei seiner Heimreise kam, saß er ab und fragte danach, aber die Händler zuckten nur die Achseln und wußten ihm nicht zu helfen.

Als er schließlich durch den Wald ritt, der sein Schloß umgab, hörte er plötzlich ein feines Stimmchen, das rief: »Nimm mich mit! Nimm mich mit!«

Der König hielt sein Pferd an und sah sich um, da erblickte er auf einem Baum ein kleines, braunes Eichhörnchen, das rief: »Nimm mich mit! Nimm mich mit! Ich heiße Sorge und Leid!«

Dem König kam das sonderbar vor, aber weil er nicht mit leeren Händen vor seine jüngste Tochter treten wollte, nahm er das Tier und ritt mit ihm heim. Die Mädchen erwarteten ihn schon und freuten sich über ihre Geschenke, die erste über den Ring, die zweite über die Kette, und die Jüngste nahm das Eichhörnchen auf die Hand und ging mit ihm auf ihr Zimmer. Dort turnte das Tierchen munter herum und plapperte von früh bis spät und wurde gleich ihr liebster Gefährte. Es war aber kein gewöhnliches Eichhörnchen; jeden Abend, wenn es dunkel geworden war, verwandelte es sich in einen Mann. Als die Prinzessin das bemerkte, erschrak sie, der Jüngling aber sprach: »Hab keine Angst! Ich bin ein verzauberter Königssohn, und nur am Tage nehme ich die Gestalt eines Eichhörnchens an. Die Riesin im goldenen Wald hat mich verzaubert, aber in der Nacht hat sie keine Gewalt über mich. Versprich mir, daß du nie Licht entzündest, um mein wahres Äußeres zu sehen, dann bin ich verloren.«

Die Prinzessin versprach es und hielt sich daran, und es dauerte nicht lange, da wurden die beiden beste Freunde, und wie es so geht, es dauerte wieder nicht lange, da hatten sie sich ineinander verliebt. Sie hätten auch gern geheiratet, aber solange der Zauber der bösen Riesin über dem Prinzen lag, wollte er ihr nicht das Jawort geben.

Eines Nachts nun, als der Mann an ihrer Seite fest schlief, konnte die Prinzessin ihre Neugier nicht mehr bezähmen. Sie stand leise auf, zündete eine Kerze an und beugte sich über ihren Liebsten, um ihn nur ein einziges Mal heimlich zu betrachten. Wie sie ihn so in ihrem Bette schlafen sah, da schien er ihr schöner als jeder andere Mann, und ihre Liebe wurde noch stärker. Sie beugte sich zu ihm herab, um ihn zu küssen, da fiel ein Tropfen Wachs auf seine Stirn, und er erwachte.

»Warum hast du das getan?« rief er verzweifelt. »Noch drei Tage und Nächte, und ich wäre erlöst gewesen! Nun muß ich zurück zu der Riesin in den goldenen Wald und bin für dich verloren.«

»Ich will dir folgen!« sagte die Prinzessin erschrocken. »Laß mich in deiner Nähe im goldenen Wald leben, damit ich dich wenigstens ab und zu sehen kann.«

»Kein menschliches Wesen ist je in den goldenen Wald gelangt!« entgegnete er traurig. »Der Weg dorthin ist weit, und wer auch nur ein einziges Mal die Beine beugt, um auszuruhen von der langen Wanderschaft, der muß so weit zurück, wie er am Tag zuvor gegangen ist.« Damit verwandelte er sich in ein Eichhörnchen, sprang zum Fenster und verschwand in der Nacht.

Die Prinzessin grämte sich und war untröstlich, hoffte aber, er würde doch zurückkehren. Als sie nach drei Wochen kein Zeichen von ihm erhalten hatte, hielt sie es nicht länger aus und beschloß, den goldenen Wald zu suchen. Sie hatte eine treue Magd, die fragte sie, ob sie sie nicht begleiten wollte, und das Mädchen war mutig und unerschrocken und sagte ja.

Sie nahm aber, als sie aufbrachen, ein Bündel mit, darin verwahrte sie einen Ballen Drillich, ein Ballen Zwillich und einen Ballen Leinwand.

So machten sie sich auf und gingen und gingen, bis sie abends in einen tiefen Wald gerieten. Sie kletterten auf einen hohen Baum aus Angst vor den wilden Tieren und wollten da die Nacht über ruhen, und die Magd hielt die Prinzessin fest, damit sie beim Schlafen nicht zusammensinken und die Beine beugen konnte. Kaum hatten sie es sich auf dem Baum so gut es ging bequem gemacht, da hörten sie ein schauriges Jaulen und Heulen, und ein Rudel Wölfe strich um sie herum und zeigte ihnen die Zähne. Die beiden taten kein Auge zu und beugten kein Bein, und als der Morgen anbrach, war der Spuk vorüber. Sie stiegen vom Baum herab und gingen weiter.

Sie wanderten, bis ihre Füße wund waren und sie kaum mehr weiter konnten, und als es dunkel wurde, waren sie wieder in einem tiefen Wald. Abermals kletterten sie auf einen hohen Baum, und die Magd hielt die Prinzessin im

Arm, damit sie nicht vor Erschöpfung hinabfiel oder die Beine beugte. In dieser Nacht strichen Bären um ihren Baum, große, wilde Gesellen, die tanzten und brummten. Die Mädchen taten wieder kein Auge zu und standen schreckliche Angst aus, aber sie beugten kein Bein, und in der Morgendämmerung verschwanden die wilden Tiere.

Weiter und immer weiter gingen sie, nun waren sie schon den dritten Tag auf Wanderschaft und wußten nicht, wie lange es noch dauern sollte, bis sie den goldenen Wald erreichen würden. Auch die dritte Nacht verbrachten sie in einem dunklen Wald, und als sie auf einen Baum gestiegen waren und einander in den Armen hielten, um nicht vom Schlaf übermannt zu werden, hörten sie ein unheimliches Pfeifen und Zischen, das waren Trolle, die um den Baum herumgeisterten. Die Mädchen zitterten vor Angst und taten wieder kein Auge zu. Am anderen Morgen war der Spuk vorüber.

Die Prinzessin und ihre Magd konnten kaum noch aufrecht gehen, sie mühten sich vorwärts und wußten nicht einmal, ob sie in die richtige Richtung gingen. Mit der Sonne sank ihr Mut, und als die Nacht anbrach, waren sie wieder in einen tiefen Wald gelangt. In dem Wald stießen sie plötzlich auf eine große Felshöhle. Die Prinzessin erschrak und wollte weiter, die Magd aber sagte: »Ich will hier klopfen!« und pochte mit ihrem Wanderstab an den Felsen.

»Wer schlägt da nachts an meine Tür?« ließ sich da eine tiefe Stimme vernehmen, und ein greuliches Trollweib sah aus der Höhle heraus.

»Die jüngste Prinzessin und ihre Magd auf ihrem Weg in den goldenen Wald«, antwortete die Magd.

»In den goldenen Wald wollt ihr? Nie werdet ihr dorthin gelangen! Dorthin könnt ihr weder segeln noch rudern, es ist zu weit. Kehrt lieber um«, erwiderte das Trollweib.

»Das können wir nicht«, sagte die Magd, »wir suchen den verzauberten Königssohn.«

»So?« sagte das Weib mißtrauisch und sah die Mädchen neugierig an. »Ist das etwa die jüngste Prinzessin, die den

Königssohn zum Mann haben will? Sie wird ihn nicht bekommen, denn er muß die Riesin im goldenen Wald heiraten. Kehrt wieder um.«

Die Prinzessin wollte die Magd schon fortziehen, die aber ließ nicht locker und bat das Trollweib um ein Nachtlager. »Nur für eine Nacht! Morgen früh wollen wir weiter.«

»Das ist nicht möglich«, sagte die Trollin und schüttelte den Kopf. »Ich würde es schon erlauben, aber in einer Stunde kommt mein Mann nach Haus, und wenn er euch in der Höhle fände, würde er euch auffressen. Da zog die Magd den Ballen Drillich aus ihrem Bündel, hielt ihn dem Trollweib hin und sagte: »Das will ich dir schenken, wenn du uns versteckst!«

»Drillich!« rief das Trollweib freudig. »Du schenkst mir Drillich! Hundert Jahre bin ich nun schon alt, und noch nie habe ich Wäsche aus Drillich besessen!«

Sie ließ die Mädchen in die Höhle, bewirtete sie und bereitete ihnen ein weiches Lager hinter einem Felsvorsprung.

»Hier könnt ihr ruhen. Aber wehe euch, wenn ihr nur einen Mucks tut, sobald mein Mann nach Hause gekommen ist.«

Die Mädchen versprachen, sich ruhig zu verhalten. Sie legten sich aber nicht auf ihr Lager, sondern lehnten sich an die Felswand und hielten einander fest, um nicht im Schlaf ein Bein zu beugen. Um Mitternacht hörten sie ein fürchterliches Schreien und Toben, das war der Troll, der nach Hause kam.

»Frau!« schrie er, kaum daß er eingetreten war, »Frau, ich rieche Menschenfleisch!« Und er begann sogleich, in allen Ecken und Winkeln herumzuschnüffeln.

»Ach, das wird von dem Knochen sein, den heute mittag ein Vogel durch den Schornstein fallen lassen hat. Ich habe ihn gleich hinausgeworfen, aber mag sein, daß es immer noch danach riecht. Komm, setz dich und iß jetzt«, sagte sein Weib.

Da beruhigte sich der Troll, aß zu Abend, legte sich hin und schlief ein. Am nächsten Morgen aber fing er gleich wieder an zu toben, er glaubte seiner Frau nicht, daß es noch von dem Knochen her rieche, und suchte und suchte die ganze Höhle ab. Das Trollweib wußte sich nicht zu helfen und berichtete ihrem Mann, was sich am Abend zuvor zugetragen hatte. Bevor er aber hinter den Felsvorsprung stürzen konnte, zeigte sie ihm den Ballen Drillich, und als er sah, wie sehr sich seine Frau darüber freute, versprach er, den Mädchen nichts anzutun.

»Ha, zum goldenen Wald wollen sie«, rief er höhnisch. »Nie werden sie dorthin gelangen, er ist so fern, daß kein Mensch dahin laufen oder segeln kann. Die Prinzessin wird ihren Prinzen nicht bekommen, der muß die Riesin im goldenen Wald heiraten, in drei Tagen ist Hochzeit.«

Da stürzte die Prinzessin aus ihrem Versteck hervor und die Magd hinterdrein, und beide weinten und baten den Troll, ihnen zu helfen.

»Ich kann euch nicht helfen«, murrte er, »die Riesin im goldenen Wald ist stärker als ich.«

»So leih ihnen doch dein Siebenmeilenwams«, sagte das Trollweib, »es bringt sie zu unseren Nachbarn und wird schon wieder zurückkommen.«

Und wirklich gab ihnen der Troll sein Wams, das war groß genug für beide, und er erklärte ihnen, was es damit für eine Bewandtnis hatte: »Ihr müßt nur sagen:

›Vorwärts nun, von hier schnell fort,
bringe uns zum nächsten Ort‹,

dann werdet ihr, wenn die Nacht anbricht, bei unseren Nachbarn sein. Ihr müßt aber das Wams dort ausziehen und gleich zurückschicken. Dazu sprecht die Worte:

›Wir ziehen dieses Wams hier aus,
lauf zurück zu deinem Haus‹,

dann kehrt es zu mir zurück.«

Die Mädchen versprachen, es genauso zu machen, sagten die Zauberworte, und schon sausten sie durch den Wald, über Berge und durch Täler. Als es dunkel geworden war, gelangten sie in einen dunklen Wald, und vor einer verwitterten Felshöhle war die Reise zu Ende. Schnell zogen sie das Wams aus, sprachen:

»Wir ziehen dieses Wams hier aus,
lauf zurück zu deinem Haus«,

und das Wams lief ganz allein den weiten Weg zurück.

»Nun will ich hier klopfen«, sagte die Magd und näherte sich der Felshöhle.

»Ach nein, tu das nicht, wer weiß, wer in dieser Höhle lebt!« bat die Prinzessin, aber die Magd ließ sich nicht beirren und pochte mit ihrem Wanderstab an den Fels.

Ein Pfeifen und Zischen war zu hören, dann rief eine heisere Stimme: »Wer schlägt da nachts an meine Tür?«

»Die jüngste Prinzessin und ihre Magd auf ihrem Weg in den goldenen Wald«, antwortete die Magd.

»Ha! Die jüngste Prinzessin etwa, die den verzauberten Prinzen heiraten will? Kehrt um, ihr werdet nie in den goldenen Wald gelangen!« rief es, und ein uraltes Trollweib steckte den runzligen Kopf aus der Tür.

»So gebt uns doch ein Lager für nur eine Nacht!« bat die Magd, und das Trollweib antwortete: »Ihr wißt nicht, wovon ihr redet. In einer Stunde kommt mein Mann nach Haus, und wenn der euch findet, wird er euch mit Haut und Haaren verspeisen. Macht, daß ihr fortkommt!«

Da zog die Magd den Ballen Zwillich aus dem Bündel und schenkte ihn der Trollin.

»Zwillich!« schrie die Alte begeistert. »Ihr habt mir Zwillich mitgebracht! Zweihundert Jahre bin ich alt, und noch nie habe ich Wäsche aus Zwillich besessen!«

Sie ließ die Mädchen eintreten, bewirtete sie freundlich und richtete ihnen auch ein Lager in einer Vorratskammer im hintersten Winkel der Höhle. Sie befahl ihnen, mucksmäuschenstill zu sein, wenn ihr Mann käme, sonst würde es ihnen allen schlecht ergehen. Die Magd hielt die Prinzessin so fest sie konnte, beide lehnten sich an die Felswand und sprachen sich Mut zu, um nicht einzuschlafen und dabei die Beine zu beugen.

Um Mitternacht kam der Troll nach Hause, groß und furchterregend anzusehen, und er schrie und tobte noch heftiger als sein Nachbar.

»Menschenfleisch! Ich rieche Menschenfleisch!« schrie er außer sich, warf Tisch und Stühle durcheinander und suchte nach den Eindringlingen. Seine Frau erzählte ihm, ein Vogel habe einen Menschenknochen durch den Kamin in die Höhle fallen lassen, sie habe ihn zwar gleich hinausgeworfen, aber es sei schon möglich, daß es immer noch nach Menschenfleisch rieche. Der Troll glaubte ihr nicht, er sah in alle Schränke und unter das Bett, und erst als der Geruch des Abendessens, das seine Frau ihm auftrug, ihm in die Nase stieg, ließ er von der Suche ab und verschlang gierig sein Nachtmahl. Er rülpste, kratzte sich am Kopf, legte den Kopf in den Schoß seiner Frau und sagte: »Alte, kraul mich. Ich bin müde, ich will morgen früh weitersuchen«, und schlief ein.

Am anderen Morgen wußte sich das Trollweib nicht zu helfen, erzählte ihm, was sich zugetragen hatte und zeigte ihm auch den Ballen Zwillich. Der Troll tobte und spie Feuer, aber als er sah, wie sehr sich seine Frau über den Stoff freute, hieß er die Mädchen aus ihrem Versteck hervorkommen und versprach, ihnen kein Haar zu krümmen.

»So! In den goldenen Wald wollt ihr!« höhnte er, als die Mädchen vor ihm standen. »Das wird euch nie gelingen, kein Mensch kann dahin laufen oder segeln. Und die Prinzessin wird den Prinzen nicht bekommen, in zwei Tagen heiratet er die Riesin im goldenen Wald.«

»Leih ihnen doch dein Siebenmeilenwams«, bat das Trollweib, »es bringt sie zu unseren Nachbarn und wird schon wieder zurückkommen.«

Der Troll sträubte sich und knurrte vor sich hin, schließlich zog er aber doch sein Wams aus und gab es den Mädchen.

Die dankten dem Trollweib und ihrem Mann, sprachen:

»Vorwärts nun, von hier schnell fort,
bringe uns zum nächsten Ort«,

und schon sauste das Wams mit ihnen davon, schneller noch als das am Tag zuvor, durch den Wald, über Hügel und Berge, und als es Nacht wurde, kamen sie wieder in einen dunklen Wald und blieben abermals vor einer unheimlichen Felshöhle stehen. Sie schlüpften aus dem Wams, die Magd sagte:

»Wir ziehen dieses Wams hier aus,
lauf zurück zu deinem Haus«,

und schon lief es ganz allein den weiten Weg zurück.

»Hier wollen wir klopfen«, sagte die Magd. »Zweimal haben wir in Felshöhlen ein Nachtlager bekommen, bestimmt wird es auch diesmal klappen.«

»Ach bitte, laß uns hier draußen rasten«, jammerte die Prinzessin. »Wer weiß, was für ein Scheusal in dieser Höhle lebt und ob es wieder gut ausgeht!«

Aber die Magd schlug mit ihrem Wanderstab an den Felsen.

Es rumpelte und krachte, schlurfende Schritte näherten sich, und eine tiefe Stimme rief: »Wer wagt es, mich zu später Nacht zu stören?«

»Die jüngste Prinzessin und ihre Magd auf ihrem Weg in den goldenen Wald!«

Ein großes Trollweib erschien in der Felsöffnung, betrachtete die beiden und knurrte: »Schert euch weg hier! In den goldenen Wald werdet ihr nie gelangen! Die Prinzessin soll sich Sorge und Leid aus dem Kopf schlagen. Es ist doch wohl die Prinzessin, die den Prinzen im goldenen Wald heiraten will?«

Die Prinzessin nickte stumm, die Magd faßte sich ein Herz und bat: »Gebt uns Obdach für eine Nacht. Morgen gehen wir weiter.«

Das Trollweib lachte dröhnend. »Weiter wollt ihr? Von hier aus geht es nicht weiter; wenn gleich mein Mann nach Hause kommt und euch findet, reißt er euch den Kopf ab!«

Die Magd schnürte ihr Bündel auf und reichte der Alten den Ballen Leinwand.

»Leinwand!« rief das Trollweib. »Weiße Leinwand! Dreihundert Jahre alt mußte ich werden, bis ich das erste Mal Leinwand bekommen habe! Tretet ein, ich will euch schon verbergen.«

Sie zerrte die Mädchen in ihre Höhle, in der es düster und unwirtlich war, schob im hintersten Winkel eine Felsplatte zur Seite und ließ die Mädchen in ein unterirdisches, schwarzes Verlies hinabsteigen. »Dort müßt ihr die Nacht über bleiben, und wenn mein Mann auch nur einen Mucks von euch hört, dann kann euch nichts mehr helfen«, sagte die Trollin und schob die Felsplatte wieder über den Einstieg. Die Mädchen fürchteten sich im Stockdunklen, sie gaben sich die Hände und hielten einander fest, und sie wußten, daß sie auch in dieser Nacht kein Auge zutun und kein Bein beugen würden.

Sie waren kaum sicher in ihrem Versteck, da hörten sie über sich ein fürchterliches Dröhnen und Schnauben, und die Felswände hallten wieder vom Geschrei des Trolls, der nach Hause zurückkehrte.

»Menschen! Hier sind Menschen! Ich rieche Menschenfleisch!« brüllte er, und die Höhle schien zu beben unter seinem wütenden Toben. Seine Frau versuchte ihn zu besänftigen; wie schon die anderen beiden Trollweiber erzählte sie ihm die Geschichte von dem Vogel, der einen Knochen durch den Schornstein habe fallen lassen, und wenn er die Geschichte auch nicht glaubte, so beruhigte er sich doch, als sie ihm sein Nachtmahl bereitet hatte. Am anderen Morgen aber tobte er wieder in der Höhle umher, da erzählte sie ihm, was sich zugetragen hatte. Als er die Leinwand sah, willigte er ein, den Mädchen nichts anzutun, er schob die Felsplatte beiseite, und die Prinzessin und ihre Magd konnten seine roten Augen über sich funkeln sehen. Vorsichtig stiegen sie aus ihrem Versteck. Der Troll lachte böse, als sie ängstlich, müde und mit zerschundenen Füßen vor ihm standen.

»Ihr wollt in den goldenen Wald? Nie werdet ihr dorthin gelangen, kein Mensch kann in den goldenen Wald laufen oder segeln. Und du, jüngste Prinzessin, kriegst den Prinzen sowieso nicht, morgen heiratet er die Riesin im goldenen Wald!«

»So leih ihnen doch deine Siebenmeilenstiefel«, bettelte seine Frau, »die bringen sie schnell zu der großen Nachbarin, und sie werden schon zurückkommen.«

Der Troll fauchte sie böse an und murrte und knurrte, und sein Fell sträubte sich, aber endlich streifte er doch seine Stiefel ab und gab sie den Mädchen. Die dankten dem Trollweib und ihrem Mann, sagten die Zauberworte, und die Stiefel rannten mit ihnen davon, daß ihnen schwindelig wurde und sie sich aneinander festklammerten aus Angst, sie könnten stürzen und aus den Stiefeln herausrutschen. Als die Nacht anbrach, waren sie wieder in einem Wald, aber dieser war grauseliger als alles, was sie bisher auf ihrer Wanderschaft erblickt hatten. Gräser und Blätter waren rußigschwarz, und im Nu waren die Mädchen über und über mit schwarzem Dreck beschmiert.

Die Stiefel hielten vor einer unheimlichen, schäbigen Hütte, ihr Dach war löchrig, die Balken brüchig und morsch, und vor dem Eingang lag ein riesiger, stinkender Dreckhaufen, auf dem Knochen und andere Abfälle faulten. Die Mädchen zogen die Stiefel aus, sprachen die Zauberworte, und die Stiefel liefen nach Haus.

»Hier will ich klopfen«, sagte die Magd.

Die Prinzessin fing an zu weinen. »Bitte, laß uns im Wald rasten, die Hütte sieht gar zu schrecklich aus. Diesmal werden wir nicht mit heiler Haut davonkommen!«

Die Magd aber war schon durch den Dreckhaufen gestapft und klopfte mit ihrem Wanderstab an die Tür. Die Tür öffnete sich einen Spalt, ein uraltes, riesiges, häßliches Trollweib blinzelte heraus und sagte:

»Wer herein will, der mag hereinkommen.«

Die Magd stapfte zurück, nahm die Prinzessin bei der Hand, führte sie durch den Dreckhaufen und zog sie über die Schwelle. In der Hütte war es so schmutzig wie vor der Tür, überall lagen Abfälle herum, und alles war rußig und schwarz.

Die Riesin reichte ihnen einen schwarzen Krug voll Milch und sagte: »Wer trinken will, der mag trinken.«

In der Milch schwammen Haare und Schmutz, und der Prinzessin stiegen die Tränen in die Augen, als sie sah, was sie trinken sollte.

Die Riesin wollte den Krug schon wieder wegbringen, da rief die Magd: »Ich will trinken«, setzte den Krug an und nahm einen Schluck. Die Prinzessin tat es ihr nach und schüttelte sich.

Da brachte das Riesenweib Essen in einem speckigen Bottich, das sah aus wie Schweinefraß, schimmlig und ranzig und roch faulig. »Wer essen will, der mag essen«, sagte sie, und ihre Augen funkelten die Mädchen böse an.

Die Prinzessin wurde ganz grün im Gesicht, als sie sah, was sie essen sollte, und auch die Magd konnte es zunächst nicht über sich bringen, aus dem Bottich zu kosten. Als die Riesin ihn aber wieder abtragen wollte, rief sie: »Ich will essen«, nahm einen Löffel davon, und auch die Prinzessin aß von dem gräßlichen Brei. Das Riesenweib murmelte wütend vor sich hin und trug den Bottich zum Herd zurück.

Die Augen der Mädchen hatten sich an das schummrige Dunkel in der Hütte gewöhnt, und sie entdeckten auf einem Bett in Lumpen einen alten Mann, der lag da im Schmutz und blickte sie unverwandt an. Die Magd nahm die Prinzessin bei der Hand, ging mit ihr zu dem Lager hinüber, sprach: »Wer küssen will, der mag küssen«, und als die Prinzessin dem Mann die Hand reichte, zog er sie an sich und küßte sie auf den Mund.

Im selben Augenblick verwandelte er sich in einen schönen Prinzen, und die Prinzessin erkannte, daß es Sorge und Leid war, den sie so lange gesucht hatten. Das Trollweib schrie und fluchte, spie Gift und Galle und wollte zur Tür hinaus. Kaum war sie aber auf der Schwelle, blieb sie zu Stein erstarrt stehen. Die schäbige Hütte war verschwunden, die Mädchen und Sorge und Leid standen mitten in einem goldenen Wald; Bäume, Buschwerk und Gräser schimmerten hell im Mondlicht, und als sie wieder zu der Riesin hinsahen, war sie ganz verschwunden.

Und die jüngste Prinzessin heiratete den Prinzen, den sie mit ihrer Magd erlöst hatte.

Die listige Alte

Nepal

Es lebte einst eine alte Frau, die hatte eine einzige Tochter. Die Tochter hatte sich verheiratet und war weit fort gezogen, sie lebte nun viele Tagesmärsche entfernt hinter den Wäldern. Die Mutter sehnte sich nach ihrem Kind, und als ein Jahr um war, beschloß sie, ihre Tochter zu besuchen. Sie schlang sich ihr Tuch um die Schultern, nahm ihren Wanderstab und machte sich auf den Weg durch den dunklen Wald. Sie lief und lief und sah nicht nach links und nicht nach rechts aus Furcht vor den wilden Tieren. Wie sie so einen ganzen Tag gegangen war, traf sie den Schakal.

Der Schakal sagte:

»Sieh an, ein altes Mütterchen allein im Wald! Und ich bin hungrig! Seit Tagen schon habe ich nichts mehr gefressen! Ich will dich zum Abendbrot verspeisen!«

Der Alten wurde angst und bange. Sie rief:

»Halt ein, Schakal! Erst hör mir zu ... ich will dir etwas sagen ... Sieh, wie mager ich bin. Ich habe auch seit Tagen nichts gegessen. Ich gehe aber zum Haus meiner verheirateten Tochter, sie wird mich freundlich aufnehmen und mir Hühnchen und Reis kochen. Wenn ich in einer Woche zurückkehre, dann bin ich rund und wohlgenährt. Dumm wärst du, wenn du nicht solange warten würdest.«

Der Schakal fand es richtig, was die Alte sagte, und ließ sie laufen.

Das Mütterchen ging und ging, und wie sie mitten im Wald

war, traf sie den Tiger, den König des Dschungels. Der Tiger verstellte ihr den Weg und brüllte:

»Halt, altes Mütterchen! Ich bin hungrig! Seit Tagen schon habe ich nichts mehr gefressen! Ich will dich verspeisen!«

Die Alte dachte, ihr letztes Stündlein habe geschlagen. Zitternd sagte sie:

»Hör auf mich, Tiger! Sieh, wie dürr und mager ich bin. Von mir willst du satt werden? Ich habe seit Tagen nichts gegessen. Aber ich gehe zu meiner verheirateten Tochter, und wenn ich in sieben Tagen zurückkehre, dann bin ich fett und rund von all den Hühnchen und dem Reis, den meine Tochter mir kochen wird, dann wäre ich ein besserer Fang.«

Der Tiger überlegte, er fand es richtig, was die Alte sagte, und ließ sie laufen.

Da traf sie den Bären.

»Halt, altes Mütterchen«, rief der Bär. »Ich bin hungrig, und du kommst mir gerade recht. Ich will dich fressen.«

Die Alte war schon mutiger geworden und antwortete ihm:

»Mich fressen willst du? Siehst du denn nicht, daß ich bloß Haut und Knochen bin? Wenn du aber wartest, bis ich von meiner Tochter zurückkomme, die mich mit Reis und Fleisch füttern wird, dann könnte ich wohl ein schmackhafter Bissen für dich werden.«

Der Bär bedachte ihre Worte, er fand es richtig, was sie sagte, und ließ sie laufen.

Endlich erreichte die Frau die Hütte ihrer Tochter jenseits des Waldes und dankte den Göttern, daß sie ihr Kind noch einmal sehen durfte. Die Tochter verneigte sich vor ihr und kochte Reis und Hühnchen, das tat sie jeden Tag, und die Mutter ließ sich's wohlsein.

Als nun der Tag der Abreise gekommen war, wurde die Alte unruhig und konnte nichts essen, schließlich erzählte sie ihrer Tochter, was ihr im Wald zugestoßen war. Da ließ sich die Tochter eine List einfallen. Sie holte einen großen, kugelrunden Kürbis vom Feld und höhlte ihn aus. Dann hieß sie die Mutter sich hineinsetzen, verneigte sich noch einmal vor ihr, beschrieb dem Kürbis den Weg durch den Wald und gab ihm einen Stoß, daß er losrollte. Bergauf, bergab rollte der Kürbis, durch den Wald, zwischen den Bäumen hindurch, und die Alte mußte sich gut festhalten, um nicht hinauszufallen.

Schakal, Tiger und Bär warteten schon.

Zuerst rollte der Kürbis an dem Bären vorbei. Er rief: »Heda, Kürbis! Halt an! Hast du nicht eine alte Mutter gesehen, die auf dem Weg durch Wald ist?«

Der Kürbis hielt nicht an, er rollte immer schneller, daß der Alten ganz schwindelig wurde. Sie antwortete:

»Ich hab niemand gesehen, ich will nur nach Haus. Lauf, Kürbis, lauf!«

Der Bär wunderte sich, die Stimme kam ihm bekannt vor. So lief er hinter dem Kürbis her.

Wenig später rollte der Kürbis auf den Tiger zu, der am Wegesrand wartete und sich schon das Maul leckte.

»Halt! Halt ein, Kürbis!« brüllte er. »Hast du nicht eine alte Mutter gesehen, die auf dem Weg durch den Wald ist?«

Der Kürbis hielt wieder nicht an, er rollte, so schnell er konnte, und die Alte rief:

»Ich hab niemand gesehen, ich will nur nach Haus. Lauf, Kürbis, lauf!«

Dem Tiger kam das merkwürdig vor; die Stimme schien ihm bekannt. Verdrießlich schlug er mit der Tatze nach einer Maus, die vorüberhuschte. Da sah er den Bären, der hinter dem Kürbis her war, und lief selbst hinterdrein.

Der Kürbis rollte und rollte, und nicht lange, da mußte er an dem Schakal vorbei, der auch auf die Alte wartete.

Der Schakal wunderte sich nicht schlecht, daß ein Kürbis durch den Wald kugelte, und er rief:

»He du, Kürbis! Halt an! Hast du nicht eine alte Mutter gesehen?«

»Ich hab niemand gesehen, ich will nur nach Haus. Lauf, Kürbis, lauf!«

Der Schakal hatte noch nie einen Kürbis sprechen hören. Er rannte voraus, grub einen spitzen Stein mitten in den Weg, und als der Kürbis hinüberrollte, blieb er an der Spitze hängen und riß entzwei. Das alte Mütterchen kroch heraus und zitterte vor Angst wie ein Blatt im Wind. Der Schakal lachte, und da kamen auch schon Tiger und Bär dazu. Sie umringten die Alte und freuten sich über die fette Mahlzeit, die sie nun bekommen sollten. Da sagte das Mütterchen:

»Nun gut, ihr werdet mich also fressen. Aber warum wollt ihr mich ungebraten hinunterwürgen? Gebraten schmeckt alles besser.«

Der Schakal nickte, und die anderen beiden nickten auch.

Die Alte machte ein großes Feuer, und als es lichterloh brannte, riefen die Tiere: »Los, jetzt spring hinein!«

»Noch einen Augenblick«, sagte sie. »Erst soll es zu Asche werden, dann gart der Braten besonders gut.«

Also warteten sie, bis das Feuer heruntergebrannt und zu Asche geworden war. Da hockte sich die Alte hinein und sagte zu den dreien: »Nun freßt mich!« Und als sie herankamen, wirbelte sie ihnen Asche ins Gesicht, daß sie schrien und jaulten und wie blind im Wald umhertappten.

Die Alte aber lief so schnell sie konnte nach Hause und riegelte ihre Hütte zu. Ob sie jemals wieder zu ihrer Tochter gegangen ist, wissen wir nicht.

Die Zauberperle

Vietnam

Es war einmal ein Mädchen namens Wa, das hatte keine Mutter und keinen Vater mehr. So lange es zurückdenken konnte, hatte es schon Reiskiepen getragen und für den reichen Bauern des Dorfes gearbeitet. Ihm gehörten die Reisfelder ringsum an den Bänken des Flusses, ja, ihm gehörte das ganze Dorf. Alle, Frauen, Männer und Kinder, arbeiteten für ihn, und er gab ihnen kaum genug, sich zu ernähren. Wa sammelte Holz und stapelte es für den Herrn, sie pflückte und schälte Reis vom frühen Morgen bis zum späten Abend. Ihre Hände waren zerschunden von Holzsplittern, und wenn die Zeit der Reisernte kam, brannten ihre Handflächen von den rauhen Schalen der Reiskörner. Des Nachts sammelte sie Kräuter, die sie auf die rissigen, brennenden Hände legte, und sie gab auch den anderen Dorfbewohnern davon, die dieselben Wunden erlitten, denn sie wußte viel über wilde Kräuter und ihre heilende Kraft.

Wa hatte einen Freund, einen Jungen namens Ho, mit dem sie oft vom Morgen bis zum Abend zusammen arbeitete. Ho war arm wie sie und so dünn, daß man die Rippen durch sein löchriges Hemd sehen konnte. Als die zwei wieder einmal beisammen waren und Reis für den reichen Herrn wuschen, sprachen sie über ihr armseliges Leben und über die Grausamkeit des Reichen. Auch in diesem Jahr würden wieder Dorfbewohner vor Hunger sterben, während sich der Reis in seinem Vorratshaus stapelte. Da erschien der Sohn des reichen Mannes und befahl Wa, das Reishaus zu bewachen, das auf Pfählen nahe bei den Reisfeldern stand. Wa erhob sich und verließ ihren Freund. Sie war es gewohnt, den Befehlen des Reichen Folge zu leisten. So setzte sie sich vor das Vorratshaus, das bis unter das Dach mit gutem Reis gefüllt war, und der Hunger hätte sie fast überwältigt. Wie gern hätte sie nur eine Handvoll Körner gegessen! Der reiche Herr aber hatte den Dorfbewohnern eingeschärft, daß das gefährlich sei. »Ein böser Geist bewacht meinen Reis«, hatte er gesagt, »und wer auch nur ein Körnchen davon ißt, dessen bemächtigt sich der Geist. Ihr werdet sterben und in ein Reiskorn verwandelt.«

Wa fürchtete den bösen Geist. Sie aß nichts. Als es dunkel wurde, war sie so müde, daß sie einschlief. Sie träumte. In ihrem Traum erschien ihr der Reiche, er wurde dicker und immer dicker und sein Vorratshaus größer und größer, während die Dorfbewohner immer schmächtiger und elender aussahen.

Plötzlich wurde Wa durch einen Stoß in die Seite unsanft geweckt. Der Sohn des reichen Bauern stand vor ihr. »Du nichtsnutzige Faulenzerin!« schrie er. »Das nennst du bewachen? Das werde ich meinem Vater sagen! Aber wenn du mir dies Gefäß mit Wasser füllst, bis ich zurück bin, will ich dich schonen.«

Erschrocken war Wa aufgesprungen. Der junge Herr warf ihr einen großen Eimer hin und ging lachend seines Weges.

Wa nahm den Eimer und trug ihn hinunter zum Fluß. Die sanften Wellen kühlten ihre schmerzenden Hände, als sie sich seufzend bückte, um den Eimer zu füllen. Da begann das Wasser zu schäumen und sich vor ihr aufzutürmen, und aus den tosenden Fluten stieg eine große Frau in einem langen, silber schimmernden Kleid. Langsam kam sie auf Wa zu. Das Mädchen war gelähmt vor Angst und zitterte, aber die Frau sprach: »Fürchte dich nicht, Wa. Ich bitte um deine Hilfe. Die Tochter des Wassergeistes ist krank. Wir wissen keinen Rat, aber du, Wa, so heißt es, kennst die Heilkraft der Pflanzen wie keine andere. Die Wassernixen sagen, du könntest das Mädchen gesund machen. Komm mit mir.«

»Nein, das kann ich nicht«, rief Wa verzweifelt. »Ich muß die Vorräte des reichen Herrn bewachen. Er würde mich totschlagen, wenn ich fortliefe.«

»Du mußt mir folgen, Wa«, sagte die Frau. »Der Wassergeist ist mächtiger als dein Herr. Seine Nixen würden dich strafen, wenn du uns im Stich ließest.«

Da tat sich ein Weg im Wasser vor ihnen auf, trocken und von keinem Tropfen benetzt, der führte in die Tiefe des Flusses, und die Frau nahm Wa bei der Hand und ging mit ihr in das Wasser.

Die Tochter des Wassergeistes war von einem Skorpion gebissen worden, als sie eines Nachts am Ufer des Flusses gespielt hatte. Sie war sehr krank und erholte sich nicht, obwohl alle Diener ihres Vaters sie umsorgten. Niemand hatte dem Mädchen bislang zu helfen vermocht. Seit drei Monaten lag das Kind nun im Fieber und hatte nicht geschlafen und nicht gegessen. Wa ging zu der Kranken, fühlte ihre Stirn und besah die Wunde. Dann sagte sie den Nixen, welche Kräuter sie benötigte, und die Nixen machten sich auf den Weg, sie zu sammeln. Wa legte die Kräuter auf die Wunde des Mädchens. Drei Tage später erhob es sich von seinem Lager und war gesund.

Der Wassergeist ließ Wa zu sich rufen. »Du hast uns einen großen Dienst erwiesen«, sagte er. »Was forderst du als Belohnung?«

»Ich habe nur einen Wunsch«, entgegnete Wa. »Ich will die Menschen in meinem Dorf vor Hunger bewahren. Sie sollen satt werden und keine Not mehr leiden.«

Der Wassergeist gab Wa eine funkelnde Perle. »Mit dieser Perle gehen alle deine Wünsche in Erfüllung«, sagte er. »Du kannst nun zurückkehren.«

Wa dankte dem Geist, und die Wasserfrau in dem langen, schimmernden Gewand brachte sie auf dem Pfad unter dem Wasser trockenen Fußes wieder an Land. Die Frau verneigte sich vor Wa, dann schlugen die Wellen über ihr zusammen und sie war verschwunden.

Wa lief zum Reishaus. Wie erschrak sie, als sie sah, was in ihrer Abwesenheit geschehen war! Vogelschwärme hatten die Vorräte geplündert, überall schwirrten sie herum und hatten schon die Hälfte von dem Reis gefressen.

Ein alter Mann saß vor dem Haus und sah Wa überrascht an. »Wo bist du gewesen?« fragte er. »Seit drei Monaten sucht dich der Herr. Sei auf der Hut vor ihm. Die diebischen Vögel haben seinen Reis gestohlen, und er wird dich bestrafen.«

Wa lief verzweifelt am Ufer des Flusses entlang und begann zu weinen. Die Tränen flossen ihr wie Bäche über die Wangen, und sie wußte nicht, was sie tun sollte. Am liebsten wäre sie weggelaufen, da aber fiel ihr das Geschenk des Wassergeistes ein. Sie nahm die Perle aus der Rocktasche und sprach:

»Perle, Wassergeistes Dank,
bringe mir nun Speis und Trank.«

Sofort stand ein Bambustischchen vor ihr und auf ihm Schüsseln mit den köstlichsten Speisen, und hinter Wa wuchs ein Reishaus in die Höhe, dreimal so groß wie das des reichen Mannes, und es war vom Boden bis zum Dach mit Reis gefüllt.

Wa freute sich und begann, nach Herzenslust zu essen, doch als sie die Speisen in sich hineinschlang, mußte sie mit einemmal an ihren Freund Ho denken. Ho war so schmächtig und hatte stets Hunger, aber kaum zu essen, obwohl er tagein, tagaus auf den Reisfeldern arbeitete. Wieder nahm sie die Perle und sprach:

»Perle, Wassergeistes Dank,
hör, was ich erbitte,
zwei Ochsen, eine Hütte,
dazu Hühner, eins, zwei, drei,
bring meinen Freund Ho herbei.«

Kaum hatte Wa ihren Wunsch ausgesprochen, da wuchs ein prächtiges Bambushaus aus dem Boden, ein Paar Ochsen stand dabei, und Hühner scharrten ringsum im Sand. In dem Haus hing ein großer, schwerer Gong aus Messing, es gab Töpfe und Schüsseln und Matten, und auf einer Matte saß Ho und sah nicht weniger verwundert aus als Wa. Sie lief zu ihm hin und erzählte ihm, was sich zugetragen hatte, und zeigte ihm ihre wunderbare Perle.

Am nächsten Morgen machte sich Wa auf den Weg zu dem reichen Herrn. Furchtlos ging sie zu seinem Haus und pochte an seine Tür. Als die Diener ihr geöffnet hatten und der Herr sie erblickte, wurde er zornesrot.

»Du wagst es, in mein Haus zu kommen?« schrie er. »Du hast meinen Reis gestohlen! Ich werde dich den Tigern zum Fraß vorwerfen!«

»Es ist nicht meine Schuld, daß Euer Reis gestohlen ist, Herr«, entgegnete Wa ruhig. »Aber ich will für den Schaden aufkommen. Schickt euren Sohn zu meinem Haus, er mag den Reis abholen.«

Der Mann lachte grimmig. »Gut, gut«, zischte er böse, »ich will meinen Sohn rufen. Aber glaube mir, gibst du ihm auch nur ein Reiskorn zu wenig, dann ist es um dich geschehen.«

Wa ging mit dem Jungen zu ihrem Haus, und als er ihren Reichtum erblickte, rieb er sich vor Verwunderung die Augen. »Ho«, rief sie, »der Sohn des reichen Herrn ist hier und will Reis. Gib ihm, soviel er tragen kann. Ich gehe solange fischen.«

Der Sohn aber wollte den Reis nicht annehmen, denn er dachte, er wäre verzaubert. Er lief hinunter zum Fluß, wo Wa fischte, und sie schien ihm schöner und geheimnisvoller als jedes andere Mädchen.

Er ging nach Hause und berichtete seinem Vater, was er gesehen hatte. Der Vater rief seine Wachen herbei und befahl ihnen, Was Haus zu zerstören.

»Das Mädchen soll mir dienen. Es ist von geringem Stand, sein Reichtum steht ihm nicht zu. Alles soll mir gehören.«

Es erfuhren aber die Menschen im Dorf, was der Mann vorhatte. Sie liefen zu Wa, um sie zu warnen. Wa nahm die Zauberperle aus der Rocktasche und sprach:

»Perle, Wassergeistes Dank,
lasse sinken ihre Hand,
höre, was ich mir erbitte:
halt sie fern von meiner Hütte.«

Da türmten sich plötzlich hohe Berge rings um das Haus des Reichen auf, und wie seine Männer auch versuchten hinüberzugelangen, sie schafften es nicht. Drei Monate waren vergangen, und sie hatten gerade die untersten Ausläufer des Gebirges erklommen. Sie gaben auf. Sie waren gezwungen, in ihrem schmalen Gebirgskessel zu bleiben, und die armen Menschen hatten nichts mehr von ihnen zu befürchten.

Wa und Ho lebten zufrieden in ihrem Bambushaus. Sie fischten und bauten Reis an, und es ging ihnen gut. Auch die anderen Dorfbewohner mußten nicht mehr Hunger leiden, und die Zauberperle schützte sie vor allem Unglück.

Der Prinz der sieben Schleier

Italien

In einem großen Königreich regierte ein alter König, der hatte eine eigensinnige Tochter. Als das Mädchen ins heiratsfähige Alter gekommen war und der Vater begann, sich nach einem Bräutigam für sie umzusehen, da sprach sie: »Vater, Ihr braucht keinen Mann für mich zu suchen. Ich heirate den Prinzen der sieben Schleier und sonst keinen.« Sie hatte nämlich über den Prinzen mit den sieben Schleiern, der in einem fernen Königreich lebte, so viele Geschichten gehört, daß sie sich in ihn verliebt hatte, ohne ihn zu kennen.

Der Vater versuchte, seine Tochter von ihrem Vorhaben abzubringen, aber eigensinnig, wie sie war, blieb sie bei ihrem Entschluß. Da gab der König seufzend nach und schickte einen Boten in das Königreich des Prinzen der sieben Schleier und ließ dem Auserwählten seiner Tochter Nachricht geben, er könne Herrscher in seinem Reiche werden.

Der Prinz der sieben Schleier aber war ebenso hochmütig wie schön, es paßte ihm nicht, daß um ihn gefreit wurde, denn in jenen Zeiten war es noch Sitte, daß die Prinzen ihre Braut wählten. So ließ er der Prinzessin ausrichten, er wolle sie wohl nehmen, aber erst, wenn sie Nonne und er Mönch geworden wären.

Als der Bote diese Nachricht überbrachte, war der alte König beschämt und ärgerte sich, dem Drängen seiner Tochter nachgegeben zu haben. Das Mädchen aber lachte nur und sprach: »Laßt nur, Vater, der Hochmut soll ihm noch vergehen. Ich will in das Reich des Prinzen der sieben Schleier reiten und ihm den Hohn austreiben.«

Die Prinzessin ließ sich von ihrer Zofe ein paar Kleider geben, packte ihr Bündelchen, sattelte das Pferd und ritt davon. Sie war noch nicht lange unterwegs, da gelangte sie zu der Hauptstadt eines benachbarten Königreiches. Vor den Toren der Stadt gab sie ihr Pferd einem Bauern, legte die Kleider ihrer Zofe an, ging zum königlichen Palast und begab sich als Kammerfrau in Dienst.

In dem prächtigen Schloß herrschte Trübsal und Trauer. Der König und seine Frau hatten eine einzige Tochter, die sie über alles liebten, aber das Mädchen war krank, und kein Arzt der Welt vermochte ihr zu helfen. Den ganzen Tag drehte sie den Kopf, als säße sie auf einem Spinnrad, und nur des Nachts hielt sie ihn ruhig, wenn sie matt und erschöpft auf ihr Lager sank. Die neue Kammerfrau hatte Mitleid mit dem armen Kind und hielt sich stets in seiner Nähe auf, konnte aber nicht herausbringen, was für eine Krankheit das Mädchen befallen hatte, denn es sprach nicht und drehte nur beständig den Kopf. Eines Tages aber bemerkte die Prinzessin in einer Ecke des Gemaches, in dem das Mädchen saß, eine hutzlige Alte, die fortwährend ein Spinnrad drehte, obwohl kein Fädchen Flachs darauf war. Beherzt sprang sie hinzu, riß der Alten das Spinnrad aus der Hand und warf es in das Kaminfeuer. Im selben Augenblick war die alte Spinnerin verschwunden, und die Königstochter war gesund. Noch ehe das Mädchen seiner Retterin danken konnte, war die Kammerfrau aus dem Schloß gelaufen und wurde nicht mehr gesehen. Sie ging zu dem Bauern, löste ihr Pferd aus und ritt fort, immer weiter in die Welt hinaus.

Nicht lange und sie gelangte in ein anderes Königreich. Wieder gab sie ihr Pferd einem Bauern, zog die Kleider ihrer Zofe an, ging in die Hauptstadt zum königlichen Palst und ließ sich als Zofe anstellen.

Auch über dieses Königreich war ein Unglück hereingebrochen. Die einzige Tochter des Königs, die ein blühendes Mädchen gewesen war, hatte seit vielen Monaten kein Wort gesprochen und keinen Bissen gegessen. Stumm und teilnahmslos saß sie den ganzen Tag in ihrem Gemach und sank am Abend erschöpft und müde ins Bett. Die neue Zofe vermutete gleich, es müsse ein Zauber dahinterstecken wie schon bei dem ersten Mädchen, das sie gerettet hatte, und als sie bemerkte, daß sich die Königstochter jeden Abend, wenn sie zu Bett ging, in ihrer Kammer einschloß, stahl sie sich eines Tages unbemerkt in das Schlafzimmer und verbarg sich dort hinter einem Vorhang. Sie mußte nicht lange warten. Das Mädchen hatte gerade eine Stunde geschlafen, da öffnete sich eine Tür im Fußboden und herauf stieg ein schöner junger Mann, der schloß mit einem goldenen Schlüsselchen der schlafenden Königstochter den Mund auf. Da erwachte sie, begrüßte den Jüngling und fing an, sich angeregt mit ihm zu unterhalten. Er hatte köstliche Speisen mitgebracht, und sie aß mit gutem Appetit. So vertrieb sie sich in bester Laune die Zeit, und als der Morgen graute, zog der junge Mann den Schlüssel aus der Tasche, verschloß der Königstochter wieder den Mund und verschwand durch die Türe im Boden. So ging es Nacht für Nacht, und die Zofe wachte von Mitternacht bis zum Morgengrauen, denn sie wollte dem Mädchen helfen. Eines Nachts endlich vergaß der Jüngling, den Schlüssel wieder in die Tasche zu stecken, nachdem er der Königstochter den Mund geöffnet hatte, er legte ihn statt dessen auf den Nachttisch neben ihrem Bett. Da sprang die Zofe hinter dem Vorhang hervor und ergriff den goldenen Schlüssel. Sofort war der Mann verschwunden und der Zauber gebrochen. Das Mädchen hatte die Sprache wiedererlangt und wollte seiner Retterin danken, doch die lief aus dem Palast, löste ihr Pferd aus und ritt weiter.

Lange ritt sie, bis sie endlich in das Reich des Prinzen der sieben Schleier gelangte. Vor den Toren der Hauptstadt ließ sie ihr Pferd bei einem Bauern zurück, schlüpfte in ein Kleid ihrer Zofe und machte sich auf den Weg zum Palast. Sie wurde vor die Königin geführt. Die Königin wollte wissen, was sie denn könne, wenn sie sich bei ihr in Dienst begeben wollte.

»Oh, ich bin eine gute Stickerin«, antwortete die Prinzessin.

»Das trifft sich gut!« erwiderte die Mutter des Prinzen. »Ich brauche eine Stickerin, die mir für meinen Sohn sieben neue Schleier stickt, die er bei seiner Hochzeit tragen soll.«

So kam die Prinzessin bei der Königin in Dienst. Sie erhielt eine Kammer und sieben seidene Schleier, und sie setzte sich ans Fenster und begann zu sticken. Als sie mit dem ersten Schleier fertig war, kam die Königin, um ihre Arbeit anzusehen. Die Stickerei war so fein und sauber, daß sie darüber ganz in Entzücken geriet.

»Aber sag, warum hast du eine Nonne und einen Mönch auf den Schleier gestickt?« wollte die Königin wissen.

»So gefällt es mir am besten«, antwortete die Prinzessin und machte sich wieder an die Arbeit. Die Königin berichtete ihrem Sohn, daß sie eine Stickerin gefunden habe, die sich wie keine zweite auf ihr Handwerk verstünde, und daß die sieben Schleier, die er zu seiner Hochzeit tragen sollte, bald fertig seien. Der Prinz der sieben Schleier aber hatte bislang noch an keiner der vielen Prinzessinnen, die seine Mutter ins Schloß lud, Gefallen gefunden. An jeder hatte er etwas auszusetzen gehabt. Als er einmal im Palastgarten spazierenging, sah er die schöne Stickerin, die oben am Fenster ihrer Kammer saß und seine Hochzeitsschleier stickte. Er ging zu ihr und sprach mit ihr, und weil sie ihm so gut gefiel, machte er es sich zur Gewohnheit, jeden Tag mit ihr zu plaudern. Ja, er verliebte sich in sie, aber er wagte nicht, es ihr zu sagen, denn sie schien ihm stolz und unnahbar.

Endlich hatte die Stickerin ihre Arbeit beendet und brachte die sieben Schleier der Mutter des Prinzen. Auf jeden hatte sie einen Mönch und eine Nonne gestickt. Die Königin wollte sie fürstlich entlohnen, sie aber lehnte jeden Dank ab, eilte aus dem Schloß, ehe jemand sie aufhalten konnte, löste ihr Pferd aus und ritt zurück in ihr Königreich. Ihr Vater hatte schon sehnsüchtig auf sie gewartet und war froh, sein Kind wiederzusehen. Auf die Frage, wie es ihr in der Fremde ergangen und ob sie nicht auf ihrer langen Reise einem Prinzen begegnet sei, den sie heiraten wolle, antwortete sie: »Vater, ich will den Prinzen der sieben Schleier heiraten. Er wird bald kommen und um meine Hand anhalten.«

Als der Prinz der sieben Schleier erfuhr, daß die Stickerin den Palast verlassen hatte, ohne ihm Lebewohl zu sagen, lief er zu seiner Mutter, um sie zu befragen, wohin die Schöne gegangen sei. Da sah er die sieben fertigen Schleier, und auf jeden waren ein Mönch und eine Nonne gestickt und auf den siebenten darunter die Worte:

»Die Nonne ich, der Mönch bist du,
vor Hochmut lernst du nichts dazu.«

Da fiel es dem Prinzen wie Schuppen von den Augen, und er wußte, daß die schöne Stickerin die Prinzessin war, deren Hand er vor langer Zeit ausgeschlagen hatte. Noch am selben Tag reiste er der Prinzessin nach, und als er endlich an ihr Schloß gelangte, ließ er ihr ausrichten, der Prinz der sieben Schleier sei gekommen, um sie zu heiraten. Der König empfing den Prinzen mit großer Pracht, seine Tochter aber wollte ihn nicht zu Gesicht bekommen.

»Ich kann ihn schon heiraten«, sprach sie, »aber erst, wenn er Mönch ist und ich Nonne geworden bin.«

Da reute den Prinzen sein Hochmut. Sieben Monate lang warb er geduldig um die Hand der Prinzessin, bis sie endlich in die Hochzeit einwilligte.

Eins, zwei, drei – Schluß mit der Spinnerei

Norwegen

Es war einmal ein armer Mann, der wohnte in einer Hütte im Wald. Seine Frau war schon lange gestorben, und er hatte eine einzige Tochter, die war schön wie der helle Tag. Als das Mädchen nun erwachsen war, sagte es zu seinem Vater: »Ich will mich in Dienst geben und mir mein Brot selbst verdienen.«

»Ja, Tochter«, entgegnete der Vater. »Du bist alt genug und magst es versuchen.«

Das Mädchen ging fort, und als es eine Weile gewandert war, kam es an ein Schloß. Es begab sich bei der Königin in Dienst, und weil es so flink und freundlich war, mochte die Königin es besonders gern, und die anderen Mägde wurden ganz neidisch. Darum sagten sie eines Tages zu der Königin, das Mädchen hätte sich gerühmt, ein Pfund Flachs in vierundzwanzig Stunden spinnen zu können, denn sie wußten, daß die Königin viel auf Handarbeiten hielt.

»Hast du das gesagt? So sollst du es auch beweisen«, sprach die Königin und setzte leise hinzu: »Wenn du etwas mehr Zeit dafür brauchst, so macht es nichts.«

Das arme Mädchen wagte nicht zuzugeben, daß es niemals zuvor Flachs gesponnen hatte, sondern bat nur um eine Kammer, in der es ungestört arbeiten könnte. Die bekam sie denn auch, und man brachte ihr ein Spinnrad und ein Pfund Flachs. Da saß sie nun und weinte und wußte nicht, was sie anfangen sollte. Sie betrachtete das Spinnrad und drehte es hin und her, konnte aber nicht herausfinden, wie sie es anstellen sollte, den Flachs zu spinnen, denn sie hatte nie zuvor auch nur ein solches Rad gesehen.

Als sie nun so dasaß und weinte, trat eine alte Frau zu ihr in die Kammer.

»Was fehlt dir, mein Kind?« fragte sie.

»Ach, ich weiß nicht ein noch aus«, sagte das Mädchen. »Ein Pfund Flachs soll ich spinnen in vierundzwanzig Stunden und habe doch noch nie am Spinnrad gesessen. Die Königin wird mich davonjagen, wenn ich es nicht schaffe, denn sie glaubt, ich hätte mich des Spinnens gerühmt.«

»Hör zu«, sprach die Alte, »wenn du versprichst, mich an deinem Ehrentag Tante zu nennen, so will ich den Flachs für dich spinnen, und du kannst dich hinlegen und ruhen.«

Das wollte das Mädchen gern, und es legte sich schlafen.

Als es am nächsten Morgen erwachte, meinte es, es hätte geträumt, aber da lag aller Flachs zu Garn versponnen auf dem Tisch, so fein und ordentlich, daß es kein schöneres geben konnte. Die Königin freute sich sehr und war dem Mädchen noch mehr zugetan und ließ es nur noch leichte Dienste tun.

Das ärgerte die anderen Mägde, und sie sagten zur Königin, jetzt hätte sich das Mädchen gerühmt, das Garn, das es gesponnen, in vierundzwanzig Stunden weben zu können.

»Das hast du gesagt, mein Kind?« fragte die Königin. »So sollst du es auch beweisen.« Aber leise setzte sie hinzu: »Es schadet nichts, wenn du etwas mehr Zeit dafür brauchst.«

Das Mädchen wagte wieder nicht zu sagen, daß es noch nie gewebt hatte, und bat nur darum, allein in der Kammer arbeiten zu dürfen. Und da saß sie wieder, war noch betrübter als zuvor und hoffte nur, das alte Weib würde ihr noch einmal helfen. Es dauerte nicht lange, da ging die Tür auf und eine andere Alte kam herein, die sprach: »Was fehlt dir, schönes Kind?«

»Ach, ich soll all das Garn hier in vierundzwanzig Stunden weben, und wenn ich's nicht kann, so jagt die Königin mich gewiß fort, sie meint, ich hätte mich des Webens gerühmt.«

»Höre«, sagte die Alte, »wenn du versprichst, mich an deinem Ehrentag Tante zu nennen, so will ich das Garn für dich weben.«

Das Mädchen versprach es und legte sich schlafen.

Am anderen Morgen war alles Garn zu wunderbarer Leinwand gewoben, und die Königin freute sich und ließ das Mädchen von nun an kaum noch arbeiten.

Die anderen Mägde wurden ganz grün vor Neid und besannen sich darauf, der Königin zu sagen, das Mädchen hätte sich nun auch noch gerühmt, all die Leinwand, die es gewebt hatte, in vierundzwanzig Stunden zu Hemden zu nähen.

»Das hast du gesagt? Du magst es versuchen«, sprach die Königin, »aber es schadet nichts, wenn du länger dafür brauchst.«

Das Mädchen wurde in die Kammer geführt, wo die schöne Leinwand lag, und es fing wieder an zu weinen und dachte bei sich, nur wenn noch einmal eine alte Frau zu ihr käme, könnte sie das schaffen. Bald öffnete sich wirklich die Türe und eine dritte Alte trat ein.

»Was weinst du, Mädchen?« fragte sie.

»Mir ist nicht zu helfen«, antwortete sie, »ich muß aus all der Leinwand in vierundzwanzig Stunden Hemden nähen; bringe ich's nicht zustande, so muß ich fort, denn die Königin denkt, ich hätte mich des Nähens gerühmt.«

»Ich will dir schon beistehen«, sagte die alte Frau, »aber du mußt versprechen, mich an deinem Ehrentag Tante zu nennen.«

Das Mädchen versprach's und bettete sich auf sein Lager. Und wirklich, am nächsten Morgen lagen da sieben ebenmäßige, sauber genähte Hemden, und als die Königin eintrat, konnte sie es kaum glauben.

»So eine wunderbare Naht habe ich noch nie gesehen!« rief sie. »Du kannst alles selbst spinnen, weben und nähen und wirst nie etwas außer Haus geben müssen. Eine Frau, die sich auf solche Künste versteht, wäre eben die richtige für meinen Sohn. Wenn du den Prinzen haben willst, so sollst du ihn bekommen!«

Und weil der Prinz dem Mädchen gut gefiel und auch er das Mädchen wollte, wurde sogleich Hochzeit gehalten.

Kaum hatte sich aber der Prinz mit seiner Braut an die festliche Tafel gesetzt, klopfte es an der Tür des Schloßsaales. Das Mädchen ging hin und machte auf. Ein altes, häßliches Weib kam herein, mit einer Nase, die mindestens drei Ellen lang war.

Die Braut sagte: »Guten Tag, Tante!«, faßte sie am Arm und führte sie zum Tisch.

»Das soll die Tante meiner Braut sein?« fragte der Prinz.

»Ja, das ist sie.«

»So müssen wir sie wohl bei der Tafel sitzen lassen«, sagte der Prinz, aber insgeheim schauderte es ihn, und er fand die Alte gar zu garstig.

Nicht lange danach klopfte es abermals, und die Braut ging wieder zur Tür und öffnete. Ein altes, häßliches Weib stand draußen, das hatte einen Hintern, so dick und breit, daß sie kaum durch die Tür konnte. Das Mädchen aber sagte: »Guten Tag, Tante!« und führte sie herein. Der Prinz fragte wieder: »Das soll die Tante meiner Braut sein?« und konnte sich kaum fassen vor Verwunderung.

»Ja, das ist sie«, antwortete das Mädchen, und die Alte mußte sich mit an die Tafel setzen.

Kaum hatte sie Platz genommen, da klopfte es zum dritten Male. Der Prinz erschrak, aber seine Braut war schon bei der Tür, und herein kam noch ein altes, häßliches Weib, mit Augen, groß wie Teller und rot und wässrig, daß es zum Fürchten war.

»Mein Gott, was hat meine Braut für eine gräßliche Verwandtschaft!« dachte der Prinz, denn er wußte schon, auch das war eine Tante, und auch sie wurde an die Tafel geholt.

Als sie ein wenig gegessen hatten, konnte der Prinz nicht umhin zu fragen, wie in aller Welt es sein könnte, daß seine schöne Braut so häßliche Tanten hätte.

»Das will ich dir sagen«, begann die erste Alte. »Ich war schön wie sie, als ich noch jung war. Daß ich eine lange Nase habe, liegt nur daran, daß ich so viel gesessen und gesponnen habe, dabei schüttelt und rüttelt man beständig mit dem Kopf, und davon hat sich meine Nase ausgedehnt und ist so lang geworden.«

»Und ich«, fing die zweite an, »ich habe von Jugend an auf dem Webstuhl gesessen und immer hin- und hergehuppelt, davon ist mein Hintern angeschwollen und so dick geworden.«

Und die dritte sagte: »Ich habe, seit ich denken kann, bei meinem Nähzeug gesessen und auf Nadel und Faden gestiert. Davon sind meine Augen ganz rot und wässrig geworden.«

»So ist das!« rief der Prinz erschrocken. »Gut, daß ich davon höre – meine Braut soll ihr Lebtag nicht mehr spinnen, weben und nähen!«

So geschah es, und das Mädchen und der Prinz lebten noch lange glücklich zusammen.

Drei wilde Weiber

Dänemark

Vor langer, langer Zeit lebten in einem kleinen Dorf ein Schneider, ein Tischler und ein Schmied einträchtig Haus an Haus. Alle drei waren fleißige Männer, die ihr Handwerk wohl verstanden, sonst allerdings verstanden sie nicht viel. Schneider, Tischler und Schmied waren verheiratet, und ihre Frauen waren gute Freundinnen. Sie verrichteten manche Hausarbeit gemeinsam, gingen sonntags zusammen zur Kirche und danach ins Wirtshaus, um ein gutes Glas Branntwein miteinander zu trinken. Und wenn sie so beim Branntwein saßen und sich's wohl sein ließen, dann fingen sie an zu schwatzen und Späße zu machen, und eine übertraf die andere noch dabei.

Eines Sonntags, als sie wieder einmal mit vollem Glase in der Schenke saßen, fing die eine an, über ihren Mann zu spotten. Sie meinte, er sei gewiß der dümmste Mann auf der Welt. »Das glaube ich nicht«, widersprach die zweite, »meiner ist so dumm, dagegen könnte deiner als Lehrer dastehen.«

»Was heißt das schon«, sagte da die dritte, »der Allerdümmste ist gewiß mein Mann, er kann nicht Tag und Nacht unterscheiden.«

So redeten sie hin und her, ein Wort gab das andere, und sie konnten sich nicht darüber einigen, wer nun den dümmsten Mann hätte. Da beschlossen sie, daß diejenige, die ihrem Mann den ärgsten Streich spielen könnte, am nächsten Sonntag ein Glas Branntwein umsonst von den beiden anderen bekommen sollte.

Die Schneidersfrau ging gleich am anderen Tag zu Werke. »Ach, Mann«, rief sie den Scheider herbei, »du mußt mir helfen!«

»Was gibt es?« wollte der Mann wissen.

»Ach, nichts weiter«, seufzte die Frau, »aber ich habe für heute Mädchen zum Wollekämmen und Spinnen bestellt. Und unser Hofhund ist doch tot.«

»Was sollte der Hund beim Wollekämmen?« wunderte sich der Schneider, und seine Frau sprach: »Ja, Mann, das weißt du nicht. Aber wenn es Abend wird, dann kommen die Dorfburschen, um ihren Spaß mit den Mädchen zu haben, und die Arbeit bleibt liegen. Hätten wir nur unseren Hund noch, er würde die Kerle schon vertreiben.«

»Ja«, sagte ihr Mann und kratzte sich am Kopf, »da hast du wieder einmal recht. Den Hund hätten wir heute gut brauchen können.«

»Hör einmal«, meinte da die Schneidersfrau, »willst du nicht für einen Abend den Hofhund machen?«

Der Mann wußte nicht, wie das gehen sollte, und sträubte sich, sie aber zog einen struppigen Umhang aus dem Schrank und hüllte ihren Mann ganz darin ein. Als die Mädchen beim Wollekämmen saßen, führte sie ihn in den Hof, legte ihn an die Kette, und da fing er an zu knurren und zu bellen, wann immer draußen vor dem Zaun jemand vorbeikam. Und alle Nachbarsfrauen machten sich einen Spaß daraus, recht oft an dem Zaun entlangzuschlendern.

Am nächsten Tag ging es dem Schuster an den Kragen. Als er am Mittag aus seiner Werkstatt ins Haus trat, rang seine Frau die Hände und schrie: »O weh, was bist du blaß!«

»Ich und blaß? Es geht mir aber gut!«

»Dir soll es gutgehen? Nein, du bist krank, komm, leg dich gleich hin.«

Der Mann wunderte sich, weil er aber gewöhnt war zu tun, was seine Frau ihm sagte, legte er seine Jacke ab und ging zu Bett.

»Nein, nein, so geht das nicht«, sagte die Frau, »du mußt dich ausziehen und schwitzen.« Und sie brachte ihm alle

Decken und Daunen, die im Haus zu finden waren, breitete sie über den armen Mann, kochte ihm heißen Fliedertee und ließ ihn tüchtig schwitzen. Bald begann der Schuster sich wirklich elend zu fühlen, und sie rannte aufgeregt im Haus herum und jammerte und schrie.

»Ach Gott, du wirst immer bleicher! Du siehst schon ganz eingefallen aus! Hoffentlich überstehst du die Nacht!«

Und der Mann fühlte sich kränker und kränker und fiel schließlich in einen unruhigen Schlaf. Bald erwachte er wieder und sah seine Frau mit sorgenvoller Miene an seinem Bette sitzen.

»Ach, Mann«, sprach sie, »nun wird der Tod uns scheiden. Du mußt sterben.« Und sie schloß ihm die Augen und faltete seine Hände. Er meinte wirklich, sein Ende sei gekommen. Auch als sie die Schneidersfrau holte, um ihn in den Sarg zu betten, blieb er ganz ruhig. Sie gaben ihm statt des Gebetbuches eine Flasche Branntwein mit in den Sarg; da nahm er ab und zu einen Schluck, wurde immer trauriger und dachte bei sich: »So ist es also, wenn man gestorben ist.« Dann schlief er ein und träumte, er käme nun in den Himmel. Seine Frau lief derweil ins Dorf und weinte und klagte, ihr Mann sei tot und sollte am nächsten Tag begraben werden, und sie lud jedermann zur Totenfeier ein.

Der Schmied, als er davon hörte, geriet in großen Kummer, daß sein Nachbar so plötzlich gestorben war. In seiner Verzweiflung trank er einen über den Durst und fiel am Abend sturzbetrunken ins Bett. Wie er so im Bette lag und lauthals schnarchte, zog ihm seine Frau die Kleider aus, nahm einen dicken Borstenpinsel und schwarze Schuhwichse und malte ihren Mann von Kopf bis Fuß schwarz an. Er merkte nichts und schlief ruhig weiter bis in den Morgen hinein. Als er erwachte, läuteten schon die Glocken, und der Trauerzug mit dem Tischler war bereits auf dem Weg zur Kirche.

Da stürzte die Frau herein und rief: »Wach auf, du verschläfst noch den Leichenzug des Tischlers! Heraus aus dem Bett!«

Der Mann sprang auf und wollte an den Schrank, seinen schwarzen Anzug anziehen, da rief sie: »Was trödelst du herum, du hast die schwarzen Kleider doch schon an!«, und wie er an sich herabblickte, da sah er, daß er wirklich ganz schwarz war, und er glaubte seiner Frau und lief aus der Tür, dem Trauerzug nach, der schon ein gutes Stück voraus war.

»Wartet! Wartet auf mich!« rief der Schmied, denn er wollte den Sarg seines Freundes tragen helfen.

Alle Leute drehten sich um, und als sie den splitterfasernackten Schmied den Weg herauflaufen sahen, fingen sie so an zu lachen, daß die Leichenträger den Sarg nicht mehr halten konnten und er zu Boden plumpste. Davon erwachte der Tischler. Er hob den Deckel ab und setzte sich auf. Er erinnerte sich, daß er gestorben war und zu Grabe getragen werden sollte. Da sah er den Schmied heranstürmen und sagte kopfschüttelnd: »Ach, guter Freund! Wäre ich nicht schon gestorben, ich würde mich totlachen, so wie du zu meinem Begräbnis kommst!«

Wer nun die Wette gewonnen hat? Die Frau des Tischlers brauchte von diesem Tag an nicht mehr für den Branntwein zu zahlen, denn ihre Freundinnen meinten, sie habe ihren Mann am besten zum Narren gehalten.

Die gerupfte Gans

Türkei

Es lebte einst ein Padischah, der liebte es, verkleidet auszugehen und sich mit den Menschen seines Volkes zu unterhalten, ohne sich zu erkennen zu geben. Eines Tages, als er in Begleitung eines Hofwesirs wieder so unterwegs war, kam er an ein Haus, in dem ein junges Mädchen am Fenster saß und stickte. Dem Mädchen gefielen der Herr und sein Begleiter, es lud beide ein und servierte ihnen Tee.

Fragte der Padischah: »Kind, wo ist deine Mutter?«

Antwortete das Mädchen: »Ausgegangen, aus einem zwei zu machen.«

Fragte der Padischah: »Und wo ist dein Vater?«

Antwortete das Mädchen: »Ausgegangen, aus wenigem viel zu machen.«

Sagte er: »Schön ist dein Haus, nur der Schornstein so schief.«

Entgegnete sie: »Der Schornstein ist schief, und doch steigt der Rauch gerade auf.«

Der Padischah lachte: »Wenn ich dir eine Gans schicke, rupfst du sie auch?«

»Das will ich wohl tun«, antwortete sie.

Darauf verabschiedete sich der Padischah und verließ mit seinem Wesir das Haus.

Als sie ein Weilchen gegangen waren, sagte der Wesir: »Herr, ich verstehe nicht, was Ihr daran findet, mit dem gemeinen Volk zu verkehren. Ihr solltet in Eurem Palast und unter Euresgleichen bleiben.«

Das ärgerte den Padischah, und er sprach: »Hast du denn überhaupt verstanden, worüber ich mit dem Mädchen geredet habe? Kannst du mir sagen, was ihre Antworten bedeuten?«

Der Wesir wußte nichts darauf zu entgegnen. Das machte den Padischah noch ärgerlicher.

»Ich gebe dir drei Tage Zeit«, sagte er, »wenn du mir dann nicht erklären kannst, was das Mädchen gemeint hat, bist du die längste Zeit Wesir an meinem Hof gewesen!«

Der Wesir wußte sich nicht zu helfen und ging tags darauf zu dem Mädchen und bat es, ihm zu verraten, worüber es mit dem Padischah gesprochen hatte.

Sagte das Mädchen: »Ich will dir gern helfen, aber für jede Antwort mußt du mir hundert Goldstücke geben.«

Der Wesir willigte ein und zählte ihm vierhundert Goldtaler hin.

Sagte sie: »Meine Mutter ist Hebamme, sie ist gegangen, aus einem zwei zu machen. Mein Vater ist Bauer, er macht aus wenigem viel.«

Der Wesir raufte sich das Haar vor Ärger, daß er nicht selbst darauf gekommen war, dann fragte er: »Aber was hast du damit gemeint, daß der Schornstein schief ist, der Rauch aber gerade aufsteigt?«

»Ganz einfach«, entgegnete sie, »der Padischah hat bemerkt, daß ich schiele, und gesagt, der Schornstein sei schief, ich habe geantwortet, daß der Rauch gerade aufsteigt, denn ich sehe gut.«

Der Wesir ärgerte sich noch mehr, aber er mußte dem Mädchen noch eine Frage stellen.

»Und warum wollte dir mein Herr eine Gans schicken und wissen, ob du sie rupfen kannst?« wollte er wissen.

»Die Gans bist du«, sagte das Mädchen lachend und strich die Goldstücke ein.

Prinz Krebs

Italien

Es war einmal eine Prinzessin, die liebte Fische und alles Meergetier. Ihr Vater, ein mächtiger König, hatte ihr einen Fischteich im Schloßhof anlegen lassen, größer und schöner als der königliche Garten. Da saß sie oft und sah den Äschen und Forellen zu, die im Wasser umherschwammen.

Nicht weit von dem Schloß lebte ein armer Fischer, der hatte kaum genug, Essen für seine Kinder zu kaufen. Eines Tages, als er wieder einmal von trüben Gedanken geplagt sein Netz aus dem Meer ziehen wollte, da war es ihm so schwer, daß er es fast nicht vermochte. Er mußte alle Kraft aufwenden, um es ans Ufer zu bekommen, und er war neugierig, was für einen Fang er gemacht hatte. Er zog und zog, und endlich wurde in dem Netz ein riesiger Krebs sichtbar, größer als der größte Fisch, den der Fischer je gefangen hatte, ja, größer als der Fischer selbst. Dem Mann wurde bang, doch weil das Tier ihm nichts zuleide tat, wagte er es endlich, ihn aus dem Netz zu befreien. Er schulterte es und dachte bei sich: »Ich will diesen Krebs dem König bringen, vielleicht kauft er ihn mir ab und gibt mir ein Goldstück dafür.«

Mühsam schleppte er den Krebs zum Palast des Königs und ließ sich melden. »Gnädiger Herr«, sprach er, »ich habe ein wundersames Tier gefangen und will es Euch verkaufen. Ich bringe Euch diesen Krebs und bitte um ein Goldstück.«

Der König staunte, als er den riesigen Krebs zu Gesicht bekam, aber er wollte ihn nicht haben. »Was soll ich mit diesem Ungetüm?« sagte er. »Wirf es wieder ins Meer!«

In diesem Augenblick trat die Prinzessin in den Saal, und als sie den Krebs erblickte, war sie von ihm wie verzaubert. »Oh Vater«, rief sie entzückt, »diesen Krebs will ich haben! Bitte, kauf ihn mir! Er soll in meinem Fischteich schwimmen.«

Der Vater konnte seiner Tochter keinen Wunsch abschlagen. Er seufzte und sprach: »So sollst du ihn bekommen, mein Kind!« Er ließ das Tier in den Fischteich bringen und dem Fischer ein Goldstück geben. Der hüpfte freudig heim und war seiner Sorgen ledig.

Die Prinzessin aber saß von nun an Tag für Tag von morgens bis abends an ihrem Teich und sah dem Krebs zu, der gemächlich durch das Wasser schwamm. Sie hatte ihn bald so lieb gewonnen, daß es ihr schwerfiel, sich abends von ihm zu trennen, und jeden Morgen eilte sie früher hinaus, um ihn zu sehen. Nicht lange und sie wußte alle seine Gewohnheiten auswendig. Eines nur gab ihr Rätsel auf: Jeden Mittag punkt zwölf verschwand das Tier, ohne daß sie herausbekommen konnte, wohin es schwamm, und pünktlich um drei Uhr war es wieder zurück.

Eines Tages um die Mittagszeit, als die Prinzessin wieder einmal an ihrem Teich saß und darauf wartete, daß der Krebs auf geheimnisvolle Weise untertauchen würde, trat ein zerlumpter Bettler in den Schloßhof und bat um ein Almosen. Die Prinzessin hatte ein gutes Herz. Sie rief zu ihrer Zofe hinauf, die aus dem Fenster ihres Gemaches lehnte, sie solle dem Mann ein Geldstück herunterwerfen. Die Zofe tat, wie ihr geheißen, der Bettler aber war nicht flink genug und bekam die Münze nicht zu fassen. Sie plumpste in den Wassergraben, der den Hof begrenzte. Da stieg der Bettler kurzerhand in den Graben hinein, um das Goldstück zu suchen. Er tauchte unter bis auf den Grund, aber er konnte es nicht finden. Er schwamm und schwamm immer weiter unter Wasser, und wie erstaunte er, als er auf den Grund des Fischteiches gelangte und bemerkte, daß von hier ein unterirdisches Netz von Kanälen abzweigte. Ohne zu wissen, wohin sie ihn führen würden, schwamm der Mann durch die Kanäle und fand sich bald in einem großen, goldenen Wasserbecken, das in einem wunderbaren Saal stand. Viele seltsame Fische tummelten sich in dem Becken, und in dem Saal waren Bänke zum Ruhen und in der Mitte ein großer Tisch, gedeckt mit den schönsten Meeresspeisen. Ringsum war der Saal mit grünen Vorhängen geschmückt. Der Bettler stieg aus dem Wasserbecken und verbarg sich hinter einem der Vorhänge.

Kaum hatte er sich in sein Versteck begeben, da tauchte eine wunderschöne Fee aus den Fluten. Sie trug eine rote Blume im Haar und saß auf dem Rücken eines riesigen Krebses und ließ sich von ihm in den Saal tragen. Schließlich stieg sie ab, berührte mit ihrem Zauberstab die Krebsschale – und schon stand ein schöner junger Mann vor ihr. Die Fee reichte ihm die Hand, und er führte sie an den Tisch. Beide setzten sich und speisten. Als sie genug gegessen und getrunken hatten, berührte die Fee den schönen Jüngling wieder mit ihrem Zauberstab, und er verschwand in der Krebsschale. Die Fee setzte sich auf den Rücken des Tieres und tauchte mit ihm in das Becken.

Dem Bettler war unheimlich zumute. Rasch trat er hinter dem Vorhang hervor, sprang wieder ins Wasser und schwamm durch die Kanäle zurück. Er gelangte zu dem Fischteich, konnte aber von dort den Weg in den Wassergraben nicht finden, und so blieb ihm nichts übrig, als hier aufzutauchen.

Die Prinzessin saß noch immer am Teich und wartete auf die Rückkehr des Krebses. Sie erschrak, als sie plötzlich den Bettler unter der Wasseroberfläche erblickte. Als er aus dem Teich gestiegen war, fiel er vor ihr auf die Knie und erzählte, was sich zugetragen hatte. Die Prinzessin wußte nun endlich, wohin der Krebs verschwand, und es verlangte sie danach, den Mann zu sehen, der in der Schale steckte. »Höre, guter Mann«, sprach sie zu dem Bettler, »du sollst ein neues Goldstück bekommen, wenn du morgen mit mir in den unterirdischen Saal tauchst und mich sehen läßt, was du heute gesehen hast.« Der Bettler, der gefürchtet hatte, bestraft zu werden, war dazu gern bereit.

Am nächsten Tag um die vereinbarte Zeit erschien er wieder im Hof des Schloßes, und gemeinsam mit der Prinzessin sprang er in den Graben und tauchte unter. Sie schwammen durch die Wasserarme unter dem Palast, bis sie zu dem Saal mit den grünen Vorhängen kamen. Sie stiegen aus dem Bekken, verbargen sich und warteten, was geschehen würde. Kurz nachdem es zwölf geschlagen hatte, tauchte der Krebs mit der Fee aus den Fluten. Die Fee stieg ab, berührte mit dem Zauberstab das Tier, und sofort stand der schöne junge Mann neben der Krebsschale, reichte ihr die Hand und führte sie zu der festlich gedeckten Tafel. Während sie dort speisten und tranken, flüsterte die Prinzessin dem Bettler zu, er solle zurückschwimmen und sich nicht um sie sorgen. Ihre Zofe würde im Hof auf ihn warten und ihm das versprochene Goldstück geben. Und sie kroch hinter dem Vorhang hervor und in die Krebsschale hinein, die ganz in der Nähe lag. Bald stieg der schöne Jüngling in seine Schale zurück, und als er bemerkte, daß ein Mädchen darin war, wurde er ganz verzweifelt.

»Oh, du Unglückliche!« flüsterte er. »Wenn dich die Fee hier entdeckt, müssen wir beide sterben.«

»Wer bist du?« fragte die Prinzessin unerschrocken, denn der Jüngling gefiel ihr sehr.

»Ich bin ein verzauberter Prinz«, antwortete er traurig. »Die Fee hat mich in einen Krebs verwandelt, und ich kann nur erlöst werden, wenn ich ein Mädchen finde, das mich so liebt, daß es bereit wäre, alles für mich auf sich zu nehmen, selbst wenn es sein Leben kosten könnte.«

»Das will ich«, erwiderte die Prinzessin, denn sie hatte sich Hals über Kopf in den Jüngling verliebt.

Nun aber mußte der Prinz die Beine des Krebses bewegen und die Fee forttragen. Er brachte sie hinaus ins Meer, wo sie sich in die Wogen warf und davonschwamm, ohne daß sie den geringsten Verdacht geschöpft hatte. Der Prinz und die Prinzessin lagen eng beieinander in der Krebsschale und ließen sich zurück in die unterirdischen Kanäle treiben bis in den

Fischteich im Schloßhof. Unterdessen erklärte der Prinz seiner Liebsten, was sie zu tun hatte, um ihn zu erlösen.

»Der einzige Weg, mich zu befreien, ist, die Blume, die die Fee im Haar trägt, zu erringen. Diese Blume ist mein Leben. Solange sie in der Hand der Fee ist, muß ich in der Krebsschale bleiben. Wenn du sie erlangst, bin ich frei. Die Fee liebt Musik mehr als alle Dinge auf der Welt. Wenn du auf einer Klippe am Meer singst und spielst, wird sie kommen und dir lauschen. Dann mußt du aufhören zu spielen, und wenn sie dich bittet weiterzumusizieren, so sage: Gern, wenn Ihr mir die Blume in Eurem Haar dafür schenkt. Dann wird sich zeigen, ob sie mich freigibt und ob du die Blume erringen kannst.«

»Das will ich versuchen«, entgegnete die Prinzessin traurig. »Du mußt aber wissen, daß ich nicht singen und musizieren kann. Ich werde es erlernen, aber bis dahin wird viel Zeit vergehen. Hab Geduld, mein Prinz, und vertraue mir. Ich werde dich erlösen.« Darauf gab sie ihm einen Kuß, stieg aus der Krebsschale und schwamm an Land.

Die Prinzessin ging schnurstracks zu ihrem Vater und sprach: »Vater, ich will singen und musizieren lernen.«

Dem König gefiel diese Idee, und er rief die besten Sängerinnen und Musikantinnen auf sein Schloß, die sollten seine Tochter unterrichten. Die Prinzessin übte unermüdlich. Jeden Tag ging sie zu ihrem Fischteich und sang, und der Krebs schwamm an ihrer Seite. Ein Jahr verging, da übertraf die Prinzessin alle ihre Lehrerinnen. Der König fragte seine Tochter: »Nun, mein Kind, bist du jetzt zufrieden?«

»Ja, Vater«, antwortete sie. »Ich danke dir, daß du mich das Singen und Musizieren hast erlernen lassen. Nun möchte ich auf einer Klippe am Meer singen und Geige spielen. Gleich morgen will ich das tun.«

»Auf einer Klippe singen? Am Meer? Kind, das erlaube ich nicht!«

»Ich muß es tun, sonst werde ich mein Glück nicht finden«, sagte die Prinzessin entschlossen, und weil ihr Vater wußte, daß sie tat, was sie sich vorgenommen hatte, willigte er schließlich ein. Er gab aber der Prinzessin acht Dienerinnen mit, die sollten über sie wachen.

Gleich am nächsten Tag machte sich die Prinzessin auf ans Meer. Sie stieg auf die höchste Klippe, und ihre Dienerinnen versammelten sich ringsum. Sie nahm ihre Geige und spielte und sang so wunderschön, daß alle weinen mußten. Sie hatte noch nicht lange gespielt, da tauchte die Fee aus den Wogen auf. Die Prinzessin ließ die Geige sinken und schickte sich an, von der Klippe zu steigen.

»Warte!« rief die Fee. »Spiel weiter! Deine Musik gefällt mir.«

»Was wollt Ihr mir dafür geben?« fragte die Prinzessin.

»Was du willst«, sagte die Fee, und da sprach das Mädchen: »So wünsche ich mir die Blume, die Ihr im Haar tragt.«

Die Fee zögerte, dann sagte sie: »Du sollst die Blume haben, wenn du sie von dort holst, wohin ich sie werfe.«

Die Prinzessin war einverstanden. Sie nahm die Geige wieder auf und spielte eine Melodie, schön wie das Rauschen des Meeres. Als sie geendet hatte, rief sie: »Nun gebt mir, was Ihr versprochen habt!«

Da zog die Fee die rote Blume aus ihrem Haar, warf sie mit aller Kraft in die tosenden Wellen, tauchte unter und war verschwunden. Die Prinzessin überlegte nicht lange. Sie sprang von der Klippe und versuchte, die Blume zu erreichen. Die Dienerinnen fingen an zu schreien, sie möge zurückkommen, sie aber schwamm unbeirrt weiter. Die Blume trieb rasch in das offene Meer hinaus, und die Prinzessin konnte sie nicht fassen. Plötzlich jedoch war es, als würde die Blume auf sie warten, noch eine Woge, und sie wurde ganz dicht zu ihr herangespült. Mit letzter Kraft griff die Prinzessin die Blüte. Dann versagten ihre Kräfte, und sie ließ sich von den Wellen treiben. Plötzlich spürte sie etwas Hartes unter sich, und sie hörte eine Stimme: »Du hast mich gerettet, nun will ich dich retten.« Es war Prinz Krebs, der die Prinzessin auf seinem Rücken ans Ufer brachte. Er bat sie, sie möge noch vierundzwanzig Stunden auf ihn warten, dann wollte er zurück sein und ihren Vater bitten, sie heiraten zu dürfen. Erschöpft ließ sich die Prinzessin von seinem Rücken gleiten, und ihre Dienerinnen zogen sie an Land. Als sie wieder bei Kräften war, verbot sie allen, auch nur ein Wort über das, was geschehen war, zu verlieren, und ließ sich heim ins Schloß bringen. Ihrem Vater, der fragte, wie es ihr auf der Klippe gefallen habe, sagte sie nur, sie wolle nicht mehr Geige spielen. Sie lief auf ihr Zimmer, stellte die Blume in eine Vase und wartete auf ihren Prinzen.

Es waren noch nicht vierundzwanzig Stunden vergangen, da fuhr der Königssohn in einer prächtigen Kutsche vor. Noch ehe er dem König seine Bitte vortragen konnte, kam die Prinzessin herangestürmt, rief übermütig: »Da bist du endlich, mein lieber Mann!« und erklärte ihrem verdutzten Vater, sie werde heiraten. Da ließ der König die Hochzeit vorbereiten. Die Blume der Fee stand in der Vase und verblühte nicht, solange Prinz Krebs am Leben war.

Die schöne Turabeka

Usbekistan

Die schöne Turabeka war die Tochter eines großen Khan. Nicht nur schön war sie, auch mutig und unerschrokken. Sie war die Schnellste zu Pferde, und es hieß, sie könne jeden Krieger besiegen.

Viele Männer verliebten sich in Turabeka, aber sie wollte nicht heiraten. Auch ein mächtiger Herr, der Sultan Sandschar, hatte von ihrer Schönheit gehört und sich in sie verliebt, ohne sie je gesehen zu haben. Er sprach zu seinen Dienern: »Ich will die schöne Turabeka zur Frau. Reitet zu ihrem Vater, dem Khan, und sagt ihm, daß er sie mir schicken soll.«

Die Boten schwangen sich sogleich auf ihre Pferde und ritten ohne Rast, bis sie den Palast des Khans erreichten. Sie traten vor den Herrscher und sagten: »Sultan Sandschar will Eure Tochter heiraten. Sie soll mit uns kommen.«

Der Khan ließ Turabeka rufen, und die Männer sagten ihr, was der Sultan wollte. Turabeka lachte und antwortete: »Ich werde nur den heiraten, der schneller reitet als ich und mich im Schwertkampf besiegt. Wenn der Sultan das vermag, dann will ich ihn nehmen. Sagt ihm das.«

Da ritten die Boten unverrichteter Dinge wieder zurück. Als der Sultan hörte, welche Nachricht sie brachten, geriet er in großen Zorn. »Eine Frau wagt es, mich zu belehren? Mich, den großen Sultan Sandschar, zum Kampf zu fordern? Sie soll sehen, was sie mit ihrem Hochmut anrichtet. Ich werde sie mir holen!«

Und er sandte alle seine Krieger zum Land des Khans. Wieder kamen Boten zu Turabeka und drohten, der Sultan würde das Land überfallen, wenn sie nicht seine Frau werden wollte. Turabeka fürchtete sich nicht und wies die Boten ab. Der Sultan wurde immer wütender. Er schickte dem Khan einen Brief, und darin stand, er wollte am nächsten Morgen den Krieg beginnen, wenn der Vater ihm nicht endlich die Tochter geben würde. Der Khan eilte zu Turabeka und gab ihr den Brief. »Liebes Kind«, sagte er, »meinst du nicht, es ist vernünftiger, in die Bitte des Sultans einzuwilligen, anstatt Blut zu vergießen?«

Aber Turabeka wollte den Sultan nicht heiraten. Sie sprach: »Vater, ich will selbst in den Kampf ziehen.« Und sie schrieb einen Brief an den Sultan, in dem stand: »Hör zu, hochmütiger Padischah! Stell dich mir zum Zweikampf, und wir wollen sehen, wer gewinnt.« Der Vater erschrak, denn er fürchtete, er könnte seine einzige Tochter verlieren. Aber seine Minister sprachen: »Nur wenn der Sultan gegen Turabeka in den Kampf zieht, können wir verhindern, daß Unschuldige ihr Blut vergießen müssen.« Turabeka gab den Brief den Boten, und sie ritten damit zu ihrem Herrn.

Sultan Sandschar wurde weiß vor Zorn, als er Turabekas Antwort gelesen hatte. Noch am gleichen Tag befahl er seinem Heer, gegen den Khan in den Krieg zu ziehen, Turabeka zu rauben und ihm zu bringen. Als Turabeka bemerkte, was der Sultan im Schilde führte, erbat sie von ihrem Vater seine vierzig treuesten Gefolgsleute. Sie legte ihre Rüstung an, versteckte ihr langes, schwarzes Haar unter dem goldenen Helm und ritt mit den vierzig Männern dem Heer des Sultans entgegen. Viele Tage dauerte der Kampf, und Turabeka und ihre Gefolgsleute konnten nicht besiegt werden, ganz gleich, wie viele Krieger der Sultan in die Schlacht schickte. Am Morgen des vierten Tages rutschte Turabekas Helm von ihrem Kopf, und ihr Haar fiel glänzend bis zu den Hufen ihres Pferdes hinunter. Da erkannten die feindlichen Krieger sie und wußten, daß es Turabeka war, mit der sie kämpften, die

Unbesiegbare, die schon viele Herrscher geschlagen hatte. Sie flohen in alle Himmelsrichtungen, und Turabeka kehrte mit ihrem Gefolge in den Palast zurück.

Der Sultan aber sann auf Rache. Er ertrug es nicht, von einer Frau abgewiesen worden zu sein. Wollte sie nicht freiwillig zu ihm kommen, so würde er sie zwingen. Im Kampf hatte er sie nicht besiegen können, also half nur eine List. Er zermarterte sein Hirn, aber es fiel ihm nichts ein, womit er Turabeka hätte zur Heirat bewegen können.

Als er eines Tages an dem großen Fluß entlangritt, der sein Land grün und blühend machte, dachte er an das Land des Khans, dessen Felder ebenfalls vom Wasser dieses einen Flusses fruchtbar gemacht wurden. »Wenn es gelänge, das Wasser des Flusses umzuleiten, daß es nicht mehr in Turabekas Land fließt, so wird sie mich anflehen, ich möge sie zur Frau nehmen, sonst wird ihr Land verdursten«, dachte er. Und er wies seine kräftigsten Männer an, Felsblöcke in das Flußbett zu werfen, dort, wo es am schmalsten war. Schon nach wenigen Tagen war das Wasser abgeleitet; kein Tröpfchen floß mehr in das Land des Khans. Der Fluß hatte sich einen anderen Lauf gesucht. Menschen und Tiere, Blumen und Pflanzen, alles im Lande des Khans begann zu darben. Die Erde war trocken und platzte auf. Alle Nahrung verdorrte auf den Feldern, und die Menschen dursteten. Nach wenigen Wochen war die Kraft des Volkes gebrochen. Die Menschen versammelten sich vor dem Palast des Khans und baten um Hilfe. »Großer Herr«, sprachen sie, »wir können nicht leben ohne Wasser. Sage das deiner Tochter. Möge sie uns verstehen.«

Turabeka verstand die Menschen. Sie trat vor die Menge und rief: »Gebt mir drei Tage Zeit. In drei Tagen will ich zurückkommen, und ihr werdet wieder Wasser haben.«

Turabeka wollte allein zu Sultan Sandschar reiten. Kein Krieger sollte ihr folgen. Ihr Vater willigte ein, und Turabeka wählte die vierzig schnellsten Pferde, darunter viele Stuten, die gerade erst Fohlen bekommen hatten. Sie verabschiedete sich von allen und ritt fort. Sie nahm die Pferde aber nicht mit zu Sultan Sandschar, sondern band eines nach dem anderen in großem Abstand voneinander auf ihrem Wege fest. Ganz allein erreichte sie das Zelt des Sultans. Ohne vom Pferd zu steigen, rief sie: »Komm heraus, Sultan! Ich bin es, Turabeka! Komm heraus und sage mir ins Gesicht, was du von mir willst!«

Hocherfreut trat der Sultan aus seinem Zelt. Da sah er zum erstenmal die schöne Frau, und es war um seinen Verstand geschehen. Er wußte nicht, was er ihr antworten sollte, er wußte nicht, wohin er seinen Blick lenken sollte, und war von ihr wie geblendet. Endlich faßte er sich und entgegnete: »Ich freue mich, daß du gekommen bist. Steig von deinem Pferd und sei mein Gast.«

»Dein Gast bin ich nur«, sprach das Mädchen, »wenn du die Felsen aus dem Flußbett entfernen läßt. Erst wenn das geschehen ist, will ich dein Gast sein.«

Sofort gab der Sultan den Befehl, die Steine beiseite zu räumen, und Turabeka beobachtete genau, wie das geschah. Als der Fluß geöffnet war und wieder in seinem alten Bett floß, lächelte sie zufrieden und rief: »Nun reite mit mir um die Wette, wenn du dich traust!« Sie gab ihrem Pferd die Sporen und stürmte davon. Der Sultan schwang sich auf sein Pferd, um sie einzuholen, aber der Weg war weit und Turabeka schneller als der Wind. Bald hatte sie die erste der Stuten erreicht, löste die Stricke, schwang sich auf ihren Rükken und stob davon. Die Stute, die sich nach ihrem Fohlen sehnte, rannte noch schneller, als das erste Pferd, und so ging es fort, bis Turabeka das vierzigste Pferd erreicht hatte.

Der Sultan hatte die Verfolgung längst aufgegeben. Die Schmach, ohne Turabeka in sein Lager zurückzukehren, schien ihm schlimmer als der Tod. Er weinte und greinte. »Weh mir«, so jammerte er, »erniedrigt bin ich durch ein Mädchen! Ich kann nicht länger Sultan sein. Ich werde in die Wüste gehen und in einer Höhle leben.« Und das tat er.

Turabeka aber war heimgekehrt in ihr Land, und dort lebte sie noch lange glücklich und zufrieden.

Sanijar und die Mäuse

Indien

Sanijar war die Frau des Mamed, eines wohlhabenden Kaufmanns. Er bereiste die Länder der Welt und hielt Ausschau auf fremden Märkten, und weil er ein Gespür für kostbare Stoffe und Edelsteine hatte, war er mit den Jahren ein reicher Mann geworden.

Eines Tages rüstete sich Mamed wieder zu einer weiten Reise. Er ließ vielerlei Waren an Bord eines großen Segelschiffes bringen, nahm auch einige Diener mit und verabschiedete sich von Sanijar. Nach einiger Zeit gelangte Mamed zu einem Hafen, in dem er noch nie festgemacht hatte. Er begab sich in die prächtige Stadt und hielt in einer Herberge eine üppige Mahlzeit. Noch ehe er den Wirt bezahlen konnte, sprach der zu ihm: »Man sieht, Herr, Ihr kommt aus einem fremden Land und kennt nicht die Sitten und Gebräuche hier. Fremde, die unsere Stadt besuchen, müssen nicht allein in einem Gasthaus essen. Es ist üblich, daß ein Besucher vor den großen Schah, den mächtigen Herrscher unserer Stadt, zieht und ihm ein Geschenk darbringt. Dann wird er am Abend in den Palast zu einem Festmahl geladen, und der Schah bittet ihn zum Brettspiel.« Mamed dankte dem Wirt für seine Worte, zahlte, was er schuldig war, und versprach, sein Versäumnis gutzumachen.

Am nächsten Morgen wählte er einige kostbare Edelsteine aus seiner Ware und begab sich zu dem Schah. Er breitete die

Kostbarkeiten vor ihm aus und verneigte sich tief. Der Schah war erfreut, einen Fremden begrüßen zu können, und begann sogleich, Mamed zu befragen, woher er komme und welche Länder er bereist habe. Und endlich, ganz wie der Wirt gesagt hatte, lud er den Besucher ein, am Abend mit ihm zu essen und zu trinken und das Brettspiel zu versuchen.

Am Abend ging Mamed mit einem treuen Diener wieder in den Palast. Der Schah führte ihn zu einer reich gedeckten Tafel, und sie speisten fürstlich. Dann begaben sie sich in ein Nebengemach, wo das Spielbrett bereitstand.

»Höre nun, Fremder«, begann der Schah. »Ich spiele nicht um des Spaßes willen. Das sind meine Bedingungen: Ich besitze eine besondere Katze, die mir treu ergeben ist. Sie kann sieben Leuchter auf ihrem Schwanz tragen, ohne sich zu bewegen, solange es mir gefällt. Wir spielen, bis sich die Katze vom Fleck rührt oder du dich für besiegt erklärst. Gewinne ich, so gehörst du mir mitsamt all deinen Schätzen, bewegt sich die Katze, so bin ich in deiner Hand.«

Mamed, der nicht glaubte, daß eine Katze so etwas vollbringen könnte, willigte ein, und das Spiel konnte beginnen. Der Schah rief seine Katze. Es war ein großes, schwarzes Tier, das legte sich ehrerbietig neben seinen Herrn, streckte den Schwanz aus, und ein Diener stellte sieben Leuchter darauf. Dann schloß sie die Augen und rührte sich nicht. Mamed wurde unbehaglich zumute. Aber er hatte zugestimmt, und so fingen sie an zu spielen.

Sie spielten eine Nacht und einen Tag, und die Katze bewegte sich nicht. Sie spielten eine weitere Nacht und einen weiteren Tag, und die Katze bewegte sich nicht. Sie spielten eine dritte Nacht, und als der Morgen graute und die Katze noch immer wie eine Figur aus Marmor dalag, ohne auch nur mit den Schnurrhaaren zu zucken, hielt es Mamed nicht länger aus.

»Ihr habt gewonnen, ehrwürdiger Schah«, rief er. »Ich bin besiegt.« Er glaubte, der Schah würde Gnade für Recht ergehen lassen, wie erschrak er aber, als bei seinen Worten ein böses Blinken in die Augen des Mannes trat, er seine Diener herbeirief und befahl: »Werft den Fremden in den Kerker! Nehmt seine Mannschaft gefangen und bringt alles, was sich auf seinem Schiff findet, in meinen Palast.« Die Diener ergriffen Mamed, legten ihn in schwere Ketten und warfen ihn in ein dunkles Verlies.

Viele Tage und Wochen verbrachte er so, während Sanijar sehnlich auf seine Rückkehr wartete. Da erschien eines Tages vor ihr der Diener, den Mamed mit in den Palast genommen hatte, schmutzig, hungrig und durstig. Er hatte fliehen können, sich auf einem Schiff verdingt und war unter Mühen zurückgekehrt, um der Frau seines Herrn zu berichten, was sich zugetragen hatte. Sanijar zögerte nicht. Sie ließ ein Schiff rüsten und alle Waren, die sie noch besaß, an Bord bringen. Dann rief sie ihre Diener zu sich. Sie befahl ihnen, so viele Mäuse, wie sie nur fangen konnten, in eine große, goldene Kiste zu sperren und mit auf das Schiff zu nehmen. Erst als das geschehen war, segelte sie davon.

Auch sie gelangte in die ferne Stadt und ließ sich sogleich dem Schah melden. Golddurchwirkte Stoffe machte sie ihm zum Geschenk, und der Schah konnte seine Gier kaum zügeln. Er lud Sanijar zum Essen und zum Brettspiel ein, und sie versprach, am Abend wieder in den Palast zu kommen. Sie nahm aber zwei Diener mit sich, die die große, goldene Kiste trugen. Der Schah wollte wissen, was sich darin verbarg, und sie antwortete, das seien alle ihre Schätze, die solle er wohl haben, wenn sie im Brettspiel gegen ihn verlöre. Dem Schah war das nur recht, und er nannte seine Bedingung: »Ich besitze eine besondere Katze. Sie kann sieben Leuchter auf ihrem Schwanz tragen, ohne sich zu bewegen, solange es mir gefällt. Wir spielen, bis die Katze sich vom Fleck rührt oder du dich geschlagen gibst.«

»Was ist, wenn die Katze sich bewegt, während wir noch spielen?« fragte Sanijar.

»Dann bin ich in deiner Hand«, entgegnete der Schah und lachte.

»Gut, so soll es sein«, erwiderte Sanijar.

Der Schah rief seine Katze. Die sprang herbei, streckte sich aus und ließ sich von den Dienern sieben Leuchter auf den Schwanz stellen. Sie schloß die Augen und gab keinen Mucks. Das Spiel begann.

Sanijar aber hatte ihren Dienern befohlen, mit der Kiste vor der Türe zu warten und eine Maus nach der anderen in das Gemach zu lassen. Schon huschte das erste Mäuslein herein. Die Katze öffnete ein Auge und blinzelte. Der Schah sah sie böse an, da schloß sie das Auge wieder und blieb sitzen. Ein weiteres Mäuslein und noch eines sprangen herein, und die Katze öffnete beide Augen und sah ihnen nach. Der Schah zischte böse, da machte sie die Augen wieder zu, aber ihre Schnurrhaare zitterten. Immer mehr Mäuse tummelten sich in dem Gemach, rannten hierhin und dorthin und suchten nach Ecken, in denen sie sich verkriechen konnten. Da hielt es die Katze nicht mehr aus. Mit einem Satz sprang sie auf, daß alle sieben Leuchter zu Boden fielen.

Der Schah schrie und tobte, aber es half ihm nichts. Sanijar befahl ihren Dienern, ihn zu fesseln. Da warf er sich vor ihr auf den Boden, bat um Gnade und versprach ihr all seine Reichtümer. Sanijar wollte nicht sein Hab und Gut. Sie ließ alle Gefangenen frei, die in seinen Kerkern saßen, und warf den Schah selbst hinein. Niemand kam ihm zu Hilfe, denn seine Grausamkeit und Geldgier hatten ihn in der ganzen Stadt verhaßt gemacht.

Sanijar segelte mit Mamed heim, und beide kehrten nie an diesen Ort zurück.

Der überlistete Riese

Schweden

An einem hohen Berg lebte einst eine arme Frau mit ihren drei Töchtern. Ein Hühnerhof war alles, was sie besaßen. Es hatte aber eine ihrer Hennen die Angewohnheit, vom Hof zu laufen und ihre Eier wer weiß wo zu legen, und es war schwer, sie zu finden. Da hieß die Mutter ihre jüngste Tochter dem Huhn folgen und achtgeben, wohin das Tier seine Eier legte.

Das Mädchen versprach es und lief gleich am nächsten Morgen hinter der Henne her. Sie folgte ihr hierhin und dorthin, aber als sie an den Berg kam, war das Huhn plötzlich verschwunden, und das Mädchen konnte es nirgends entdekken. Am nächsten Tag erging es ihm nicht besser, und so beschloß es am dritten Tag, eine Schnur um den Fuß der Henne zu binden, und das andere Ende band es sich selbst um den Leib. So ging es der Henne nach und sah das Tier alsbald in einer Felsspalte im Berg verschwinden. Das Mädchen folgte ihr. In dem Berg hauste ein Riese. Er wartete, bis das Huhn ein Ei gelegt hatte, fraß es auf und ließ die Henne wieder aus dem Berg. Das Mädchen aber behielt er bei sich.

Als die jüngste Tochter nicht nach Hause kam, grämte sich die Mutter, schickte aber doch die zweite Tochter, auf das Huhn achtzugeben. Aber auch sie konnte nicht herausfinden, wohin die Henne ihre Eier legte, und am zweiten Tag band sie eine Schnur um einen Fuß des Tieres, das andere Ende sich selbst um den Leib und ging dem Tier nach. Wie ihre Schwester gelangte sie in die Höhle des Riesen. Er wartete wieder, bis das Huhn ein Ei gelegt hatte. Dann fraß er es auf und ließ das Huhn laufen. Das Mädchen aber mußte bei ihm bleiben.

Als auch die zweite Tochter nicht heimgekommen war, sprach die Älteste: »Mutter, ich will herausfinden, wohin das Huhn seine Eier legt und wo meine Schwestern sind.« Sie band eine Schnur um den Fuß des Tieres, das andere Ende hielt sie in der Hand und gelangte so zu der Felsspalte, in der der Riese lebte. Sie kroch in die Höhle hinein, und wie freute sie sich, dort ihre beiden Schwestern zu sehen. Der Riese fraß das Ei, das die Henne legte, und scheuchte das Tier hinaus. Zu dem Mädchen aber sagte er: »Du gefällst mir. Ich will dich heiraten.«

Das Mädchen sagte: »Gut, ich nehme dich. Aber in dieser Höhle mag ich nicht wohnen. Laß mich ein bißchen Ordnung schaffen, dann soll die Hochzeit sein.«

Dem Riesen war das nur recht, und zufrieden sah er zu, wie seine Braut räumte und kramte. Schließlich streckte er sich auf seinem Lager aus, um ein Schläfchen zu halten.

Darauf hatte das Mädchen gewartet. Es nahm einen großen Sack und füllte Gerümpel und Lumpen hinein. Dann hieß es die jüngere Schwester hineinkriechen und sprach zu ihr: »Sei mucksmäuschenstill und rühre dich nicht. Und wenn der Riese in den Sack schauen will, dann mußt du rufen: ›Sieh nicht in den Sack!‹«

Die Schwester versprach es, das Mädchen band den Sack fest zu, ging zu dem Riesen und rüttelte ihn wach. »He, Riese!« rief sie. »Ich habe hier einen Sack mit Lumpen. Bring ihn vor die Tür meiner Mutter, sie wird ihn gut brauchen können.«

Der Riese murrte verschlafen, tat aber, was seine Braut verlangte. Er warf den Sack über die Schulter und ging damit aus dem Berg. Er war noch nicht weit gekommen, da schien ihm der Sack schwer, zu schwer für einen Haufen Lumpen.

»Ach, verflixt, zu gern wüßte ich, was in dem Sack ist«, dachte er, nahm ihn von der Schulter und machte sich daran, den Strick zu lösen.

Da rief es laut: »Sieh nicht in den Sack!«

Der Riese erschrak und meinte, das müßten Geister sein, die da riefen. Schnell hob er den Sack wieder auf und brachte ihn vor die Tür der kleinen Hütte, in der die Mutter seiner Braut lebte. Als er in seine Höhle zurückkam, hatte das Mädchen schon einen zweiten Sack mit Lumpen gefüllt, in dem saß die andere Schwester.

»He, Riese«, sagte das Mädchen wieder, »hier ist noch ein Sack mit Lumpen, sei so gut und bring ihn zu meiner Mutter, sie kann ihn brauchen.«

Der Riese schulterte auch den zweiten Sack und machte sich auf den Weg. Wieder zwickte und zwackte ihn die Neugier; er nahm den Sack von der Schulter und wollte den Strick lösen.

Da rief es: »Sieh nicht in den Sack!« Der Riese blickte sich ängstlich um, ob jemand zu sehen wäre, und meinte wieder, es müßten Geister sein, die ihm da drohten. Und so lieferte er auch den zweiten Sack ab, wie es ihm seine Braut aufgetragen hatte.

Das Mädchen hatte unterdessen aus Stroh und Lumpen eine Puppe gemacht, der zog sie ihre Kleider an. Sie selbst setzte sich in einen dritten Sack, der mit Lumpen nur halb gefüllt war und der neben der Puppe stand. Oben hielt sie den Sack mit der Hand zu.

Als der Riese in seine Höhle zurückkehrte, sprach sie freundlich: »Nun ist alles bereit, und morgen soll die Hochzeit sein. Bring noch diesen einen Sack zu meiner Mutter. Ich will derweil beginnen, meinen Brautschmuck zu nähen. Du darfst aber nicht mit mir sprechen, während ich nähe, sonst heirate ich dich nicht.«

Dem Riesen war alles recht, wenn nur bald die Hochzeit wäre. Er nahm auch den dritten Sack und trug ihn zu der Hütte, und er hatte es so eilig, daß er diesmal ganz vergaß, in den Sack zu schauen. Rasch war er zurück, trat in seine dunkle Höhle und sagte: »Der Sack mit den Lumpen steht bei deiner Mutter. Morgen soll die Hochzeit sein! Ach, ich darf ja nicht mit dir sprechen!« Aber nach einer kleinen Weile sprach er wieder, und noch einmal und noch einmal versuchte er es. »Ach, ich darf ja nicht mit dir sprechen!« sagte er dann jedesmal, und so ging es bis spät in die Nacht. Endlich aber wurde er ungeduldig und rüttelte die Puppe an der Schulter. Sie antwortete nicht. Da geriet er in Zorn und schlug ihr auf den Kopf. Die Puppe fiel zu Boden, und er sah, daß es nur Stroh und Lumpen waren. Als der Riese merkte, daß er betrogen war, wurde er so zornig, daß er vor Wut zersprang, und die älteste Tochter und ihre Schwestern waren von ihm befreit.

Von dem Mädchen, das so gern Würste aß

Kroatien

Es war einmal ein Mädchen, das aß für sein Leben gern. Es aß Brote und Brei, Kuchen und Speck, Sahne und Grütze, aber am allerliebsten aß es Würste. Die Mutter war eine arme Bäuerin und wußte kaum mehr, wie sie die Tochter satt bekommen sollte. Kein Kraut war gewachsen gegen die Gefräßigkeit des Mädchens.

Eines Tages ging die Frau aufs Feld und sprach zu der Tochter: »Kind, ich muß aufs Feld und den Knechten helfen. In einer Stunde bin ich zurück, dann gibt es zu essen. Sei vernünftig und gedulde dich die kurze Zeit.«

Kaum war die Mutter aus dem Haus, da konnte das Mädchen dem Geruch, der aus dem Topf in der Küche aufstieg, nicht widerstehen. Es nahm den Deckel ab und spähte hinein. Sieben Würste kochten da im Kohl, und das Mädchen langte nach der Kelle, holte sie alle heraus und aß sie sofort auf. Als die Mutter nach Hause kam, um den Topf mit den Würsten zu holen und den Knechten zu bringen, da merkte sie gleich, daß er leichter war als zuvor, und sie fing an zu toben und zu schreien und die Tochter auszuschimpfen.

Gerade in diesem Augenblick ritt der Sohn des Königs an ihrem Haus vorbei und hörte das Gezeter. Er wunderte sich, was das für ein Spektakel sei, und fragte im Nachbarhaus, was da vor sich ginge. Die Nachbarin wußte, welchen Kummer die Bäuerin mit ihrer Tochter hatte, und wollte sie nicht bloßstellen. Sie antwortete: »Ach, das ist nur die Bäuerin. Jeden Mittag, wenn sie vom Feld heimkommt, hat ihre Tochter eine solche Menge Wolle gekämmt, daß die Mutter wütend wird und schreit, weil sie Angst hat, das Mädchen könnte vor Arbeit umkommen, wenn es nicht mehr auf sich achtet.«

Da sprach der Königssohn: »So ist das! Ich suche schon lange ein Mädchen, das fleißig ist. Morgen will ich zurückkommen, sie auf mein Schloß holen und heiraten. Richte das der Mutter aus.«

Und fort war er.

Die Nachbarin lief sofort hinüber zu der Bauersfrau und rief: »Hör auf mit dem Schreien und Schimpfen! Morgen bist du deine gefräßige Tochter los! Der Sohn des Königs kommt sie holen, er will sie heiraten!« Und sie berichtete, was sich zugetragen hatte. Die Bäuerin erschrak. »Was hast du angerichtet! Was soll der junge König mit meiner Tochter! Er will eine fleißige Frau, die Wolle kämmen kann, nicht eine, die ihm die Haare vom Kopf frißt! Bestenfalls wird er sie mir am Abend zurückbringen, wenn er sich aber verspottet fühlt, dann wird es uns allen schlecht ergehen.«

»Laß nur«, sprach die Nachbarin, »wenn einer das Mädchen ernähren kann, dann der König.«

Am nächsten Morgen fuhr der Sohn des Königs mit einer prächtigen Kutsche vor und hielt um die Hand des Mädchens an. Was sollte die Mutter tun? Sie gab ihm die verfressene Tochter und wartete ängstlich, daß er sie zurückbringen würde. Sie wartete einen Tag, sie wartete zwei Tage, aber nichts geschah. Ihrer Tochter nämlich gefiel es gut im Schloß. Es gab dort eine große Speisekammer, und sie aß und aß, soviel sie nur konnte. Ihr Mann ließ sie gewähren, denn er dachte, wer viel arbeitet, muß auch gut essen.

Nach einigen Wochen mußte sich der Sohn des Königs auf eine Reise begeben. Da sprach er zu seiner Frau: »Meine Liebe, ich muß fortreisen und werde erst in vier und zehn Tagen zurück sein. Hier hast du drei Sack Wolle, die sollst du kämmen und spinnen, während ich nicht daheim bin, damit du etwas zu tun hast und dich nicht langweilst ohne mich.« Er gab ihr drei große Säcke voll Wolle und reiste ab.

Das Mädchen wußte nicht, was es tun sollte. Noch nie hatte es Wolle gekämmt, und spinnen konnte es auch nicht. Vor lauter Kummer ging es in die Speisekammer, um sich mit ein bißchen Grütze zu trösten. Da sah es die geräucherten Würste hängen, eine neben der anderen, und sie dufteten lieblich. Das Mädchen nahm sich vier davon, ging damit auf sein Zimmer und blickte traurig aus dem Fenster. »Ach, wüßte ich doch nur etwas mit der Wolle anzufangen!« seufzte es, und weil es so traurig war, hängte es sich zwei Würste an das eine, zwei Würste an das andere Ohr und fing an zu essen. Es aß sie mit Genuß und ohne dazu die Hände zu benutzen, indem es den Kopf bewegte und die Würste hin- und herschaukelte, und dabei jammerte sie immer: »Ach, wenn ich doch nur kämmen und spinnen könnte!«

Nahe bei dem Schloß stand eine armselige Hütte, in der wohnten drei alte Weiblein. Die eine war taub, die andere lahm und die dritte blind. Als das lahme alte Weiblein das Mädchen mit den Würsten an den Ohren erblickte, mußte sie lachen, und sie reckte und streckte sich, um besser sehen zu können, und schließlich stand sie auf einem Bein und reckte sich immer noch – und da wurde sie gesund und konnte wieder gehen.

Die zweite Alte, diejenige, die taub war, machte lange Ohren, um besser hören zu können, und je mehr sie die Ohren spitzte, desto deutlicher hörte sie das Mädchen seufzen: »Ach, Herrgott, könnte ich doch so gut Wolle kämmen wie Würste essen!« Und als die Alte sogar deutlich das Schmatzen vernahm, das vom Schloßfenster herunter drang, da war sie wieder ganz gesund.

Die dritte, die blinde Alte, hörte ihre Freundinnen lachen und lamentieren, da riß sie die kranken Augen auf und hoffte, wenigsten einen Schimmer von dem zu erhaschen, was da vor sich ging, und wie sie die Augen so aufriß, da erblickte sie plötzlich ein junges Ding, an dessen Ohren vier Wurstzipfel baumelten. Und sie war wieder ganz gesund.

Die drei Weiblein freuten sich und eilten sogleich auf das Schloß, um dem Mädchen zu danken. Das fragte die drei nur, ob sie Wolle kämmen und spinnen könnten, und als sie bejahten, gab es ihnen die drei Säcke und hieß sie, die Wolle in vier und zehn Tagen gekämmt und gesponnen zurückzubringen. Das wollten die Weiblein zum Dank auch gern tun, und einen Tag, ehe der junge König heimkehren sollte, war alle Arbeit verrichtet.

Das Mädchen aber hat, noch bevor ihr Mann zurück war, einen Sack Nüsse aus der Vorratskammer geholt und die Nüsse unter ihre Matratze geschüttet. Wie nun der Mann nach Hause kam, wollte er gleich die drei Sack Wolle sehen. Sie zeigte sie ihm und sprach ganz matt: »Lieber Mann, was hat mich die Arbeit angestrengt! Mein ganzer Körper schmerzt mich!« Er wollte aber nichts davon hören, weil er doch meinte, sie hätte ihr Lebtag solche Arbeit verrichtet. Als sie in der Nacht im Bett lagen, wälzte sich das Mädchen auf seiner Matratze hin und her, und die Nüsse unter ihr knirschten und knackten.

Da sagte der Mann: »Um Himmels willen, was ist das?«

»Ach, das sind nur meine müden Knochen, die ich mir beim Wollekämmen zerschunden habe«, antwortete sie.

»Soll der Teufel die Wolle holen!« rief da ihr Mann entsetzt. »Von nun an wirst du nicht mehr arbeiten!«

So blieb es, und das Mädchen lebte froh und glücklich bis an sein fettes Ende.

Der Märchen-Prinz

Indien

Vor langer, langer Zeit gab es einmal einen Prinzen, der wollte immer Märchen erzählt bekommen. Jeden Abend mußten ihm seine Diener aus den Märchenbüchern der Schloßbibliothek vorlesen. Als der Prinz in das Alter gekommen war, in dem er sich verheiraten konnte, beschloß er, keine andere sollte seine Frau werden als diejenige, die es vermochte, ihm ein Märchen zu erzählen, das nicht endete, bis er den Thron seines Vaters besteigen und selbst König werden durfte.

Seine erste Gemahlin war die Tochter eines Königs. Als die Hochzeitsfeierlichkeiten vorüber waren, begaben sich der Prinz und seine Braut in ihr Schlafgemach, und er sprach: »Nun denn, beginne mit deinem Märchen.« Die Königstochter, die die Reden des Prinzen nicht ernstgenommen hatte, versuchte ängstlich, sich auf ein Märchen zu besinnen, und fing an zu erzählen, aber schon nach einer Stunde war das Märchen zu seinem Ende gekommen. Der Prinz lag gelangweilt in seinen goldenen Kissen und sprach: »Du bist nicht die rechte Braut. Verlaß morgen früh mein Schloß!« Da ging die Prinzessin am nächsten Morgen unter Tränen heim.

Nicht lange darauf heiratete der Prinz zum zweitenmal. Wieder war es eine Königstochter, die mit großer Feierlichkeit mit ihm vermählt wurde. Am Abend, als sich das junge Paar in sein Schlafgemach zurückzog, sagte der Prinz: »Nun denn, beginne mit deinem Märchen.« Die Königstochter, die von der ersten Braut des Prinzen wußte, hatte sich viele Märchen überlegt, die sie ihrem Mann erzählen wollte. Sie begann, aber schon nach einer halben Stunde war das erste Märchen erzählt, und sie wollte gerade mit dem zweiten beginnen, da sagte der Prinz: »Genug, genug! Dieses Märchen kenne ich. Es ist viel zu kurz! Ich wollte eines hören, das lange währt, so lange, bis ich König geworden bin und den Thron meines Vaters bekommen habe. Du bist nicht die rechte Braut. Verlaß morgen früh mein Schloß!« Die Prinzessin weinte und schluchzte und bat ihn, er möge ihr die Schande ersparen, der Prinz aber gähnte nur, drehte sich in seinen Kissen um und schlief ein.

So ging es eine lange Zeit. Viele Prinzessinnen versuchten, den Prinzen zu heiraten und ihm ein Märchen zu erzählen, das nicht endete. Aber keiner gelang es, und alle wurden aus dem Schloß gewiesen.

Ein armes Mädchen, das in der Nähe des königlichen Palastes mit seinem Vater in einer armseligen Hütte lebte, sah die Unglücklichen mit verweinten Augen ihres Weges ziehen, und es überkam sie großer Zorn auf den hochmütigen Prinzen. Sie sann auf eine Möglichkeit, ihm die Heiratslust ein für allemal auszutreiben. Es wollte ihr aber kein Mittel einfallen. Eines Tages, als sie Kräuter im Walde sammelte, kam sie an die Felder des Königs, die niemand betreten durfte. Sie sah einen Vogelschwarm, der sich auf ihnen niederließ, und nachdenklich ging das Mädchen heim. Als es am Abend mit seinem Vater bei der kargen Mahlzeit saß, sprach es: »Vater, morgen will ich auf das Schloß des Königs gehen und den Prinzen heiraten.«

Der Vater erschrak und wollte es verbieten. Das Mädchen ließ sich aber nicht davon abbringen, und am nächsten Morgen verabschiedete es sich von seinem Vater und ging davon. Der Mann sah seiner Tochter traurig nach, aber er dachte, sie würde bald zurückkommen, denn sicher würde der Prinz sie fortjagen wie schon so viele vor ihr.

Der Prinz war gleich bereit, das arme Mädchen zu heiraten, denn die Langeweile verdroß ihn immer mehr. Es gab keine Feierlichkeiten bei dieser Hochzeit, alle meinten, das würde einem so armen Mädchen nicht gebühren. Als der Abend herankam, zog sich der Prinz mit seiner Frau in das Schlafgemach zurück und freute sich, endlich wieder ein Märchen zu hören, und sei es auch noch so kurz.

Und das erzählte das Mädchen dem Prinzen:

Es lebte einst ein König, der vergnügte sich oft bei der Jagd. Er liebte es, mit Netzen Vögel zu fangen. Es waren ihm aber stets zu wenige Tiere, die er fing, und so kam er auf die Idee, ein Netz zu benutzen, größer als sein Schloß. Gleich gab er es in Auftrag, und alle Spinnerinnen seines Reiches verspannen alles Garn im ganzen Land zu einem riesigen, engmaschigen Netz. Hinter dem Palast waren die königlichen Wiesen und Äcker. Der König ließ alles Korn heranschaffen, das es in seinem Reich gab, und es auf die Wiesen streuen. Bald kamen die Vögel, ein Schwarm, noch ein Schwarm und immer mehr, bis endlich alle Vögel des Königreiches dort versammelt waren und Körner pickten. Da ließ der König das riesige Netz auswerfen, und sie waren gefangen. Es lebte aber am Rande der Wiesen eine kleine Maus, die wollte gerade ihre Wintervorräte anlegen. Als sie die vielen Körner sah, knabberte sie mit ihren spitzen Zähnen ein Loch in das Netz, schlüpfte hindurch und brachte ein Korn nach dem anderen in ihre Höhle. Ein Vogel merkte, was die Maus tat, und machte es ihr nach. Er nahm ein Körnchen in den Schnabel,

drehte sich hierhin,
drehte sich dorthin,
schlüpfte hinaus,
flog nach Haus.

Das sah ein anderer Vogel und wollte es auch versuchen. Er nahm ein Körnchen in den Schnabel,

drehte sich hierhin,
drehte sich dorthin,
schlüpfte hinaus,
flog nach Haus.

Das sah ein dritter Vogel. Er nahm ein Körnchen,

drehte sich hierhin,
drehte sich dorthin,
schlüpfte hinaus,
flog nach Haus.

Und das Mädchen erzählte Stunde um Stunde, wie ein Vogel nach dem anderen durch das Loch im Netz schlüpfte und davonflog, bis der Prinz, eingelullt vom gleichmäßigen Klang ihrer Worte, eingeschlafen war.

Am nächsten Morgen erwachte der Prinz und wollte wissen, ob sie mit dem Märchen zum Ende gekommen wäre.

»Aber nein, mein Prinz«, antwortete das Mädchen. »Es waren ja so viele Vögel unter dem Netz, ich habe erst von wenigen erzählt, die sich befreien konnten. Heute abend will ich die Geschichte fortführen.«

Der Prinz langweilte sich den ganzen Tag. Er lief unruhig im Schloß umher und konnte kaum den Abend erwarten, weil er wissen wollte, wie das Märchen weiterging. Kaum hatte er sich mit seiner Frau zu Bett begeben, verlangte er, sie solle erzählen. Und das Mädchen nahm den Faden wieder auf und begann: »Das sah ein Vogel. Er nahm ein Körnchen,

drehte sich hierhin,
drehte sich dorthin,
schlüpfte hinaus,
flog nach Haus...«

So ging es immer fort mit den gleichen Worten, bis der Prinz eingeschlafen war. Abend für Abend erzählte das Mädchen dem Prinzen nun von den Vögeln, die aus dem Netz schlüpften. Die Wochen verrannen, die Monate verrannen, und es kam zu keinem Ende.

Schließlich sagte der Prinz: »Frau, ich weiß, es sind noch viele Vögel unter dem Netz. Ich will aber wissen, wie das Märchen zu Ende geht. Verrate es mir! Ich verspreche dir, du sollst meine Frau bleiben, und ich werde dich nie davonjagen.«

Sie aber antwortete: »Mein Prinz, das kann ich nicht. Ich weiß nicht, wie die Geschichte zu Ende geht. Es kann noch Jahre dauern, bis alle Vögel durch das Netz geschlüpft sind, und bis dahin kann viel geschehen.«

Da erkannte der Prinz, wie klug seine Frau war, und er schämte sich für das, was er getan hatte. Das arme Mädchen blieb im Palast und wurde Königin. Ob sie ihrem Mann weiter Märchen erzählt hat, wissen wir nicht.

Lausekind und der Teufel

Rußland

In einer längst vergangenen Zeit hatten einmal ein Zar und eine Zarin eine einzige Tochter, die sie von Herzen liebten. Das Mädchen, Nastassja mit Namen, war ein fröhliches, vergnügtes Kind, das jedermann gern hatte. Eines Tages nun, als die Mutter Nastassja kämmte, sah sie eine Laus auf dem Kopf des Mädchens. Sie fing sie ein und hielt das Tierchen auf der Hand.

Was soll geschehen mit dieser Laus?
Ach, die setzen wir auf unser Schaf.

So wurde es gemacht, und die Laus wuchs und wuchs und war schon bald so groß wie das Schaf.

Was soll geschehen mit dieser Laus?
Ach, die setzen wir auf unseren Hammel.

So wurde es gemacht, aber nach kurzer Zeit war die Laus schon so groß wie der Hammel. Da befahl der Zar, die Laus zu schlachten, ihr Fell zu gerben und aus dem Lausleder Pantöffelchen für seine Tochter zu machen. Und wirklich bekam Nastassja Pantöffelchen aus Lausleder.

Als die Zarentochter nun in dem Alter war, in dem viele Mädchen sich verheiraten, hatte ihr Vater, der sie gern bei sich im Palast behalten hätte, eine Idee. »Meine Tochter«, so sprach er, »soll der zur Frau bekommen, der errät, woraus ihre Pantoffeln gemacht sind.«

Nun kamen von überallher junge Burschen, reiche und arme, dicke und dünne, brummige und freundliche, aber keiner konnte erraten, woraus Nastassjas Pantoffeln gemacht waren. Unverrichteter Dinge zogen sie wieder heim, die Fürstensöhne und Bauernlümmel, Prinzen und Schweinehirten.

Es hatte aber auch der Teufel von diesem Handel gehört, und er beschloß, die Zarentochter zur Frau zu nehmen. Der Teufel trat vor den Zaren und sprach: »Die Pantoffeln deiner Tochter sind aus Lausleder! Und nun heraus mit dem Mädchen.«

Da erschrak der Zar und wollte ihm Nastassja nicht geben. Er hatte aber auch Angst, der Teufel könnte ärgerlich werden, darum sagte er: »Die Hochzeit soll morgen sein. Komm morgen wieder, dann ist alles für das Fest vorbereitet.«

In Wahrheit aber wollte der Zar seine Tochter vor dem Teufel retten. Er ließ eine Strohpuppe machen und mit Nastassjas Kleidern an den Tisch im Festsaal setzen, das Mädchen selbst aber hüllte sich in Lumpen, setzte sich auf einen Ziegenbock und ritt davon.

Am anderen Tag, Nastassja war schon lange fort, begegnete ihr der Teufel mit seinem Gefolge, der auf dem Wege zur Hochzeit im Palast des Zaren war.

Der Teufel rief:

»Ziegenböckchen, sage mir:
Ist des Zaren Tochter hier?
Ist des Zaren Tochter dort?
Wartet sie am rechten Ort?«

Und das Ziegenböckchen antwortete:

»Des Zaren Tochter ist zu Haus,
sie bäckt und brät den Hochzeitsschmaus.«

Da war der Teufel sehr zufrieden und eilte weiter zum Zarenpalast. Als er in den großen Festsaal trat, wunderte er sich, daß keine Gäste zu sehen waren; nur seine Braut saß still und starr am Tisch. Und wie er sie begrüßen wollte und sie ansprach, da antwortete sie ihm nicht, bis er endlich an ihr rüttelte, da fiel der Strohpuppe der Schleier ab, und der Teufel merkte, daß er betrogen war. Er wußte auch gleich, daß das Ziegenböckchen ihn belogen hatte, und er stürzte aus dem Palast, hinter dem Böckchen her.

Nastassja auf dem Ziegenbock war geritten, so schnell sie nur konnte, aber der Teufel war schneller als sie. Bald schon hörte sie ihn in der Ferne nahen. Und weil sie keine Zeit hatte, sich umzuwenden, rief sie:

»Ziegenböckchen, Ziegenböckchen,
hör zur Mutter Erde –
ist uns der Teufel auf der Ferse?«

Und das Böckchen keuchte:

»Er kommt, er kommt,
er ist schon nah!
Ein Herzschlag noch,
dann ist er da!«

Da zog Nastassja einen Kamm aus ihrem Haar und warf ihn weit hinter sich. Und der Kamm wurde ein riesiger Wald, tief und undurchdringlich, mit so dichtem Geäst, daß nicht der kleinste Vogel hätte durch ihn fliegen können.

Der Teufel zauberte sich Äxte herbei, mit denen hieb er im Handumdrehn Baum auf Baum um, und schon bald war der Wald gefällt und der Teufel stürzte wieder hinter der Zarentochter her.

Nastassja auf ihrem Ziegenböckchen war ein gutes Stück vorangekommen, aber der Teufel eilte hinter ihr drein, und wieder hörte sie ihn in der Ferne nahen. Und weil sie keine Zeit hatte, sich umzuwenden, rief sie:

»Ziegenböckchen, Ziegenböckchen,
hör zur Mutter Erde –
ist uns der Teufel auf der Ferse?«

Und das Böckchen antwortete:

»Er kommt, er kommt,
er ist schon nah!
Ein Herzschlag noch,
dann ist er da!«

Da warf die Zarentochter ihren Ring hinter sich, und daraus wuchs ein Berg, so hoch, daß nicht der größte Vogel ihn hätte überfliegen können.

Der Teufel aber hieb sich einen Weg mitten hindurch, und schon nach kurzer Zeit eilte er wieder seiner Braut nach.

Nastassja hörte ihn kommen, und weil sie keine Zeit hatte, sich umzuwenden, rief sie abermals:

»Ziegenböckchen, Ziegenböckchen,
hör zur Mutter Erde –
ist uns der Teufel auf der Ferse?«

Und das Böckchen antwortete:

»Er kommt, er kommt,
er ist schon nah!
Ein Herzschlag noch,
dann ist er da!«

Da warf Nastassja ein Feuerzeug hinter sich. Und aus dem Feuerzeug wurde ein reißender Fluß. In diesen Fluß ritt das Mädchen auf seinem Ziegenböckchen hinein und blieb in der Mitte stehen. Keinen Herzschlag später war der Teufel zur Stelle. Er stand am Ufer und konnte nicht hinüber. Da fing er an zu bitten und zu betteln: »Ach, hilf mir doch, du gutes

Kind, hol mich herüber! Du brauchst auch nicht meine Frau zu werden.«

Nastassja reichte ihm ein Stück Lumpen, daran klammerte sich der Teufel, und sie fing an zu ziehen. Sie zog ihn in den Fluß hinein und ließ dann los. Und der Teufel, der nicht schwimmen konnte, mußte ertrinken.

Nastassja aber ritt auf ihrem Ziegenböckchen weiter in ein anderes Reich, traf einen schönen jungen Prinzen und nahm den zum Mann.

Das Kästchen

Frankreich

Eine alte Frau und ein alter Mann lebten einst auf ihrem kärglichen Stückchen Land in ihrem ärmlichen Häuschen. Sie verdingten sich bei einem reichen Bauern als Landarbeiter und brachten sich so recht und schlecht durch. Eines Abends, als sie von der Arbeit nach Hause gingen, fanden sie am Wegesrand ein Kästchen, und als sie es öffneten, waren Gold- und Silbertaler und kostbare Schmuckstücke darin.

»Ein Schatz«, seufzte der Mann. »Wie schade, daß er nicht uns gehört und wir ihn zurückgeben müssen.«

»Wieso zurückgeben?« fragte die Frau. »Haben wir das Kästchen nicht gefunden? Es soll uns gehören mit allem, was darin ist, wir können's brauchen.«

»Das wird nicht gehen«, erwiderte der Mann. »Die Herren, die es verloren haben, werden nachforschen und nach ihrem Vermögen suchen.«

»Und wenn schon«, sprach die Frau. »Sollen sie nur kommen. Wir sagen einfach, wir hätten nichts gefunden.«

»Aber Frau«, sagte da der Mann ganz unglücklich, »willst du etwa lügen? Wenn einer kommt und nach dem Kästchen fragt, so werde ich die Wahrheit sagen.«

Die Frau widersprach ihm nicht, aber sie dachte bei sich: Was soll ich den Schatz wieder herausgeben? Die ihn verloren haben, werden reich sein und genug haben, wir aber können ihn brauchen.

Und sie beschloß, das Kästchen zu behalten, egal was ihr Mann dazu meinte. Und schlau, wie sie war, machte sie sofort einen Plan.

Am nächsten Morgen weckte sie ihren Mann in aller Frühe. »Steh auf!« hieß sie ihn. »Du sollst in die Schule gehen.«

»In die Schule gehen?« wunderte sich ihr Mann. »Aber ich bin doch kein Kind mehr. Leute in meinem Alter können nicht in die Schule.«

»Und ob!« sagte die Frau. »Du mußt unbedingt lesen und schreiben und rechnen lernen! Stell dir vor, die Leute, die das Kästchen verloren haben, kommen nicht, es zurückzufordern, dann sind wir über Nacht reich. Und du kannst nicht einmal rechnen und schreiben! Was nützt einem der Reichtum, wenn man das nicht kann! Meinst du, unser Bauer hätte es ohne Rechnen und Schreiben so weit gebracht? Ich will, daß du in die Schule gehst!«

Der Mann mochte sich winden und sträuben, sie gab nicht nach, und am Ende nahm er den Brotbeutel, in den sie sein Frühstück gesteckt hatte, und machte sich murrend auf den Weg zur Schule.

Am Nachmittag, als er nach Hause kam, wartete seine Frau schon auf ihn. Sie hatte Eierkuchen gebacken, die waren sein Leibgericht, und als sie ihn von weitem den Weg heraufkommen sah, lief sie mit den Eierkuchen auf den Dachboden und warf die Kuchen aus dem Fenster. Der Mann, dem es in der Schule schlecht ergangen war, meinte, das wäre Gottes Lohn für seine Mühe, und sprang hin und her, um die Eierkuchen aufzufangen.

»Frau!« schrie er begeistert und stopfte sich die Kuchen in den Beutel, »Frau! Es regnet Eierkuchen! Sieh doch nur! Es regnet Eierkuchen!«

Die Frau sah zum Bodenfenster heraus und rief: »Tatsächlich! Es regnet Eierkuchen! So iß nur, wenn du Hunger hast!«

Der Mann trug die Eierkuchen ins Haus und aß sie alle auf. Müde legte er sich zu Bett. Kaum war er eingeschlafen, schlich seine Frau hinzu und legte ihm ein Hühnerei unter die

Decke. Des Morgens, als er erwachte, fühlte er sogleich, daß da etwas war, was nicht dorthin gehörte, griff neben sich und fand das Ei.

»Das wird mir niemand glauben«, murmelte er verwundert, »aber ich habe tatsächlich ein Ei gelegt.«

»Was redest du da?« fragte seine Frau.

»Ach«, sagte er verlegen, »ich glaube, ich habe ein Ei gelegt.«

»Na, solange du nicht anfängst zu gackern, soll es mir gleich sein«, sagte sie und schlug ihm das Ei in die Pfanne.

Wenige Tage später kamen zwei vornehme Herren und fragten, ob sie nicht ein Kästchen mit Gold und Silber gefunden hätten, das ihnen abhanden gekommen sei.

»Nein, ihr Herren, wir haben nichts gefunden«, erwiderte die Frau.

»Doch!« rief ihr Mann. »Doch, Frau, du weißt es ganz genau, wir haben ein Kästchen gefunden!«

»Hören Sie nicht auf meinen Mann«, sagte sie. »Er weiß nicht, was er daherredet. Aber er ist nicht bös und hat das Herz auf dem rechten Fleck, darum will ich nicht klagen.«

»Was redest du da!« rief der Mann empört. »Natürlich haben wir ein Kästchen gefunden. Ich erinnere mich genau. Es war an dem Tag, bevor ich das erstemal zur Schule gegangen bin. Am nächsten Abend hat es Eierkuchen geregnet, und in der Nacht darauf habe ich ein Ei gelegt.«

»Sie arme Frau«, sprachen die beiden Herren, »es ist sicher schwer, einen Mann zu haben, der nicht ganz richtig im Kopf ist.«

Und sie schenkten der Frau ein Goldstück zum Trost und kamen nie wieder.

Die kluge Zubaida

Orientalisch

Vor langer, langer Zeit war es, da lebte ein Sultan in großem Reichtum. Er war verheiratet mit Zubaida, einer schönen und klugen Frau.

Als die beiden eines Abends an einem Fenster ihres Palastes saßen und sich unterhielten, kam unten auf der Straße ein armer Mann des Weges. Obwohl es in Strömen regnete und kein Mensch außer ihm auf der Straße war, trug er einen schmutzigen, abgestoßenen Topf auf dem Kopf herum und rief ein übers andere Mal: »Bohnen! Kauft gekochte Bohnen!«

Der Sultan schüttelte den Kopf und lachte. »So ein armer Tropf!« sagte er. »Wer sollte wohl bei diesem Wetter hinaus auf die Straße eilen, um von diesem Bettler Bohnen zu kaufen! Ach, Zubaida, kannst du mir sagen, warum es Menschen gibt, die so armselig und dumm sind?«

»Das hängt ganz von ihrer Frau ab«, entgegnete sie.

»Was sagst du!« rief da der Sultan aufgebracht. »Nur von der Frau soll es abhängen, ob einer in Wohlstand und Glanz oder in Armut und Schmutz lebt! So glaubst du wohl, ich hätte auch meinen Reichtum nur dir zu verdanken?«

»So ist es«, sprach Zubaida lächelnd. »Wußtest du das nicht?«

Der Sultan geriet immer mehr in Zorn. »Du undankbares Geschöpf«, schrie er. »Wenn es so ist, wie du sagst, dann verhilf auch diesem elenden Bettler zu Reichtum und Wohlstand. – Bringt ihn herein!« befahl er seinen Dienern.

Der Mann wurde in den Palast geführt. Schmutzig und durchnäßt stand er da, im Arm den Topf mit den gekochten Bohnen.

»Ihr habt mich rufen lassen, Herr«, sprach er untertänig. »Wollt Ihr meine Bohnen kosten?«

»Nein!« schrie der Sultan wutentbrannt. »Ich will dir meine Frau als die deine geben. Nimm sie mit!«

»Aber Herr«, erwiderte der Mann verzagt, »ich habe bereits eine Frau. Eine Frau und sieben Töchter, und ich weiß kaum, wie ich sie ernähren soll. Da ist kein Platz für noch eine Frau.«

»Nimm sie und geh mit ihr, wohin du magst. Ich will sie nicht mehr sehen!«

Und ohne Zubaida noch eines Blickes zu würdigen, zog er sich zurück in sein Gemach.

Zubaida folgte dem Bohnenverkäufer wortlos und ohne Klagen aus dem Palast. Durch Regen und Schlamm führte ihr Weg, bis sie vor einer verfallenen Hütte am Rande der Stadt Halt machten. Der Mann öffnete die Türe, und Zubaida ging hinein. In der Hütte war es dämmrig, Wind und Regen drangen durch das löchrige Dach. Es roch schlecht nach Unrat und Bohnen. Acht Frauen lagen dichtgedrängt auf schmutzigen Decken und Fellen. Zubaida sprach kein Wort, breitete ihren Schleier aus und legte sich darauf schlafen.

Am anderen Morgen in aller Herrgottsfrühe erhob sie sich von ihrem harten Lager und weckte den Mann. »Steh auf«, sprach sie zu ihm, »geh mit diesem Ring in die Stadt und verleihe ihn für Geld meinem Juwelier. Dann komm sofort zurück.« Und kaum war der Mann gegangen, weckte sie auch seine Frau und seine Töchter. »Steht auf«, rief sie. »Die Zeit des Faulenzens ist vorüber!« Und unter ihrer Anleitung begannen die Frauen, die Hütte vom Schmutz zu reinigen. Wasser wurde herbeigeschafft und die Schaffelle, auf denen sie geschlafen hatten, gewaschen und auch der Topf, in dem der Mann die Bohnen getragen hatte, ordentlich geschrubbt.

Als der Mann zurückkam, schickte ihn Zubaida gleich wieder in die Stadt. »Geh auf den Markt«, hieß sie ihn. »Von diesem Geld kaufe dies und das und jenes!« Und er wagte nicht, ihr zu widersprechen, und machte sich wieder auf den Weg.

Als er zurückkehrte, war seine Hütte kaum wiederzuerkennen. Alles war sauber und die Löcher im Dach mit frischem Stroh verputzt. Zubaida nahm dem Mann ab, was er besorgt hatte, und schickte ihn ein drittes Mal in die Stadt. »Kauf dir ordentliche Kleider«, wies sie ihn an. »In diesen Lumpen wird kein Mensch dir etwas abkaufen.« Dann begann sie, Bohnen zu kochen. Nicht einfach Bohnen kochte sie, sie bereitete eine Bohnenspeise zu mit Kümmel, Zitrone und Öl, daß ein verführerischer Duft durch die Hütte zog. Als die Speise fertig war, gab Zubaida sie in den sauberen Topf.

In der Zwischenzeit war der Mann mit seinen neuen Kleidern aus der Stadt gekommen. Zubaida sagte: »Dieses Bohnengericht sollst du nun in der Stadt verkaufen. Aber verkauf es nicht zu billig, es ist gut. Und von dem Geld, das du einnimmst, kauf mehr Bohnen und Zitrone, Kümmel und Öl.« Und während er sich wieder auf den Weg in die Stadt machte, zeigte Zubaida den Frauen, wie man Felle gerbt und Schafwolle kämmt, und am Abend setzte sie sich hin und fing an, die Wolle fein zu spinnen.

In der Dämmerung endlich kam der Mann nach Haus. Alle Bohnen hatte er verkauft und eine gute Menge Geld eingenommen. Am anderen Morgen stand Zubaida in aller Frühe auf und bereitete eine größere Menge des wohlschmeckenden Bohnengerichtes. Der Mann und seine Frauen erwachten von dem Wohlgeruch in ihrer Hütte, und bald zog der Mann wieder los, die Bohnen in der Stadt zu verkaufen. Zubaida gab ihm auch die gesponnene Wolle mit, und schon am Mittag kam er zurück und hatte alles verkauft. Er brachte mehr Bohnen und Gewürze und Schafwolle heim, und Zubaida und die Frauen machten sich sofort an die Arbeit. So ging es von Tag zu Tag besser, immer mehr Wolle und Bohnen konnten sie verkaufen und bald schon die ersten Goldstücke zurücklegen. Eines Tages dann hatte Zubaida so viel Gold angespart, daß sie ihren Ring auslösen und einen Esel kaufen konnte, der trug noch größere Mengen Wolle und Bohnen in die Stadt, und bald hatten sie soviel Geld gespart, daß sie noch neun Esel hinzukaufen konnten, die sie an andere Händler für Geld verliehen. So mehrte sich der Wohlstand in dem Haus des Mannes.

Eines Tages kam ein Fremder zu Zubaida und verlangte die neun Esel zu mieten. Zubaida gab sie ihm, doch hatte sie eine merkwürdige Ahnung bei dem Handel. Der Abend brach herein, die verabredete Zeit war längst vorüber, aber der Fremde kam nicht zurück. Spät in der Nacht hörte Zubaida ein Scharren vor der Hütte, und als sie eilig von ihrem Lager sprang, um nach dem rechten zu sehen, fand sie draußen ihre Esel, die müde und staubig vor ihr standen. Sie sah in die Tragekörbe, die die Tiere umgebunden hatten, und fand in allen Sand. Warum aber leiht einer neun Esel aus, um Sand von ihnen tragen zu lassen? Zubaida grub mit den Fingern den Sand um und fand Goldstücke in dem Korb, nur von einer dünnen Sandschicht bedeckt. In großer Eile suchte sie in allen Tragekörben nach, und überall fand sie Gold, eine große Menge Gold. Sofort lief sie ins Haus und weckte den Mann und seine Frauen.

»Steht auf!« rief sie. »Unsere Esel haben uns Gold ins Haus getragen. Wir müssen es vergraben, ehe jemand danach sucht.«

Und gemeinsam vergruben sie es gleich in der Nacht im Boden unter ihrem Haus.

Zubaida ahnte, daß niemand kommen und das Gold zurückfordern würde, denn sie dachte sich, daß der Fremde es gestohlen haben und daß ihm selbst etwas zugestoßen sein mußte. So ließ sie gleich am nächsten Tag die besten Zimmerleute der Stadt zu sich kommen und trug ihnen auf: »Ich befehle euch, die Häuser in der Stadt, die dem Palast des Sultans genau gegenüberliegen, aufzukaufen, egal, welcher

Preis dafür verlangt wird. Nehmt euch Arbeiter, reißt die Häuser nieder und baut an ihre Stelle einen Palast, der dem des Sultans in jeder Verzierung gleicht. Ich werde euch dafür reich entlohnen.«

Und so geschah es. Nach wenigen Wochen war gegenüber dem Palast des Sultans ein zweiter Palast entstanden, der dem von Zubaidas Gemahl genau gleich war. Nun ließ sie Polsterer und Tischler im Inneren des Palastes an die Arbeit gehen, denn sie wollte, daß er auch innen den Gemächern des Sultans in jedem Ornament glich. Als alle Arbeit verrichtet war, hielt Zubaida mit dem Mann, seiner Frau und seinen sieben Töchtern Einzug.

»Höre«, sprach sie zu dem Mann, »du sollst nicht mehr Bohnen verkaufen, das können nun unsere Diener tun. Geh in das Teehaus, in dem auch der Sultan seine Nachmittage verbringt, und sei nicht sparsam, sondern zeige, daß du nun ein reicher Mann bist.«

Der Mann zog die neuen, feinen Kleider an, die Zubaida ihm hatte schneidern lassen, ging in das Teehaus und ließ es sich wohl sein.

Dem Sultan war es, seit er Zubaida fortgeschickt hatte, schlecht ergangen. Nicht nur mißmutig war er geworden, auch sein Reichtum hatte sich nicht vermehrt, im Gegenteil, es fehlte ihm Geld an allen Ecken und Enden. Und noch dazu war ganz in seiner Nähe ein Palast erbaut worden, der dem seinen haargenau glich. Jeden Tag ärgerte er sich über den Anblick und fragte sich, wer es zu einem solchen Reichtum gebracht haben mochte, der doch nur einem Sultan gebührte. Als er nun den unbekannten reichen Herrn im Teehaus erblickte, wie er mit Geld praßte, jedem Diener etwas zusteckte und am Abend, als er das Teehaus verließ, den Rest Goldstücke aus seinem Beutel auf den Boden warf, daß alle Bedürftigen sich bedienen konnten, wäre er nie auf den Gedanken gekommen, daß das der Bettler war, dem er einst seine Frau gegeben hatte. Er dachte sich: »Das ist ein reicher Mann! Vielleicht kann ich gut Freund mit ihm werden.«

Zubaida indes fragte am Abend nur: »War der Sultan auch im Teehaus?«

»Ja«, erwiderte der Mann.

»Und hat er dich gesehen?«

»Ja«, erwiderte der Mann.

»Geh morgen wieder hin, gehe jeden Tag, bis er verlangt, dein Freund zu werden.«

Nach wenigen Tagen kamen der Sultan und der Bohnenverkäufer im Teehaus miteinander ins Gespräch. Noch ein paar Tage, und der Sultan ließ sich von dem Bohnenverkäufer auf ein Glas Tee einladen. Und noch ein paar Tage später zog er ihn ins Vertrauen und sprach: »Ihr seid ein reicher und vornehmer Mann. Ich nehme an, Ihr werdet Verständnis für meine Lage haben. Meine Geschäfte gehen nicht gut ... Wäre es nicht ein leichtes für Euch, mir mit hundert Goldstücken auszuhelfen?«

»Das kann ich gern tun«, antwortete der Mann. »Ich will Euch das Geld morgen geben.«

Als Zubaida hörte, was der Sultan verlangt hatte, schärfte sie dem Bohnenverkäufer ein, er solle ihn am nächsten Abend mit in den Palast bringen, sie wolle ihren Mann festlich bewirten.

Und so geschah es. Der Sultan erhielt das Geld und folgte dem Reichen in den neu erbauten Palast. Wie staunte er, als er auch drinnen entdeckte, das alles genau war wie in seinen Gemächern, ja, man hätte glauben können, in seinem Palast zu sein. Und als das Essen aufgetragen wurde, da schmeckten ihm die Speisen so gut, als hätte sie ihm seine Frau Zubaida bereitet. Zubaida aber hielt sich hinter einem Vorhang verborgen. Als der Sultan endlich seufzte und seinen Freund fragte, wie er all diesen Reichtum erworben habe, da trat sie in den Saal und sprach: »Das hat seine Frau für ihn getan.«

Der Sultan erkannte, daß Zubaida recht gehabt hatte. Sie kehrte zu ihm zurück in seinen Palast, und der Sultan, der Bohnenverkäufer, seine Frau und seine sieben Töchter lebten fortan zufrieden und in Reichtum.

Bella und Huarn

Frankreich

Als es noch Wunder gab, als die Welt noch eine andere war und sich erfüllte, woran man glaubte, da lebten in einem kleinen Dorf ein Junge namens Huarn und ein Mädchen, das Bella hieß. Die beiden waren einander versprochen, und sie liebten sich von ganzem Herzen. Bellas Eltern und auch Huarns Eltern waren arme Leute, und als die Alten gestorben waren, blieben die Kinder ganz auf sich gestellt zurück, da war fast nichts, was die Eltern ihnen hinterlassen hatten. Bella hatte von ihrer Mutter ein Glöckchen, ein Messer und einen alten Stab erhalten, die bewahrte sie sorgsam auf in der Truhe mit ihren wenigen Habseligkeiten.

Bella und Huarn begaben sich bei reichen Gutsherren in Dienst, sie arbeiteten und arbeiteten und brachten es doch zu keinem Reichtum, denn der Lohn, den sie erhielten, war gering. Sie trafen sich oft am Abend, wenn alle Arbeit verrichtet war, und sprachen darüber, wie schön es wäre, wenn sie doch nur ein paar Ersparnisse zurücklegen, eine Kuh und ein Schwein und später ein Stückchen Land kaufen und dann heiraten könnten. Immer größer wurde ihre Sehnsucht, es zu bescheidenem Wohlstand zu bringen und sich vom Pfarrer trauen lassen zu können, aber kein Wunder geschah, keine Kuh, kein Schwein, kein Stückchen Land konnten sie beschaffen. Eines Tages faßte Huarn einen Entschluß.

»So geht es nicht weiter«, sagte er zu Bella. »Wir grämen uns immer nur, aber wir tun nichts, unser trauriges Leben zu ändern. Ich will in die Welt hinausziehen und mein Glück machen. So Gott will, komme ich bald zurück, und wenn wir nur recht daran glauben, dann werde ich eine Kuh und ein Schwein mit mir führen, und alles wird, wie wir es ersehnen.«

Bella versuchte, ihren Liebsten von seinem Vorhaben abzubringen, aber er wollte nicht nachgeben. Da sah Bella ein, daß sie ihn ziehen lassen mußte. »Ich will dir etwas von mir mit auf den Weg geben«, sagte sie. Sie öffnete ihre Truhe und holte das Glöckchen, das Messer und den Stab hervor. »Nimm dieses Glöckchen. Es wird mir helfen, dich zu finden, wann immer dir wer ein Leid tun will. Sein Klang dringt über Berg und Tal, durch Wasser und Wind, und ich werde es hören, wenn dir Gefahr droht«, sprach Bella und hängte Huarn das Glöckchen um. »Nimm auch dieses Messer. Was du auch damit berührst, aller Zauber wird von den Dingen abfallen und dich klar erkennen lassen, womit du es zu tun hast.«

Huarn nahm das Messer und steckte es in sein Bündel. »Was ist mit dem Stab?« wollte er wissen.

»Dieser Stab bringt den, der ihn besitzt, wohin er es wünscht. Ich will ihn behalten, damit ich zu dir gelangen kann, wenn dir etwas zustößt.« Bella umarmte Huarn, und der Jüngling machte sich auf den Weg hinaus in die Welt.

Er ging und ging, er kam in viele Dörfer und Städte, aber nirgendwo konnte er sein Glück machen. Er blieb arm, wie er war, so fleißig er auch arbeitete. Eines Abends, als er vor einer Herberge saß und ausruhte, hörte er vor seinem Fenster zwei Männer, die über eine Fee sprachen, die auf der Insel Lok lebte, eine Fee, die so unermeßlich reich sein sollte, daß es nicht zu beschreiben war. Huarn ging hinaus und fragte die Männer, was sie von dieser Fee wüßten.

»Jeder hier weiß von der Fee«, antworteten die Männer und musterten Huarn neugierig.

»Ich bin nicht von hier«, erwiderte der, »ich bin weit gewandert, um zu Wohlstand zu gelangen; was ihr erzählt, kann von Wichtigkeit für mich sein.«

»Die Fee von der Insel Lok«, sprach darauf einer der Männer, »besitzt riesige Schätze. Schon viele sind hinüber auf die Insel gefahren und haben versucht, etwas von ihren Reichtümern zu bekommen. Aber keiner ist je zurückgekehrt. Die Fee ist eine Wasserhexe. Viele Männer hat sie schon ins Verderben gestürzt. Bleib hier und denk nicht mehr an das, was wir dir erzählt haben.«

Aber Huarn konnte die Fee mit ihren Schätzen nicht vergessen. Schon am nächsten Morgen machte er sich auf an die Bucht, von der aus man die Insel Lok im Meer liegen sah. Er traf einen Fährmann, und mit seinen letzten Münzen bezahlte er den Mann, daß er ihn hinüberbrachte. Der Fährmann ruderte Huarn hin, als er aber an Land ging, rief der Schiffer ihm nach: »Kehr um mit mir! Schon viele vor dir habe ich zu der Insel gebracht, aber noch keinen wieder zurück!«

Huarn fühlte Angst in seinem Herzen, aber als ihm der Reichtum der Fee in den Sinn kam, beruhigte er sich mit dem Gedanken, er wolle nur einen Blick auf die Schätze werfen, nur um einige wenige Goldstücke bitten und dann gleich zu Bella zurückkehren. Der Fährmann legte ab, und Huarn ging weiter. Mitten auf der Insel stieß er auf einen mit Schilf umwachsenen Teich, an dessen gegenüberliegendem Ufer ein wunderbares Boot festgemacht war, ein Boot in der Form eines schlafenden Schwanes, den Kopf unter den Flügel gesteckt. Huarn ging um den See und betrachtete das schöne Boot. Er konnte nicht widerstehen, er mußte hineinsteigen, um es sich genau anzusehen. Kaum aber hatte er den zweiten Fuß hineingestellt, da hob der Schwan seinen Kopf aus dem Gefieder, das Boot trieb vom Ufer ab und mit großer Geschwindigkeit auf den See. Und noch ehe Huarn wußte, wie ihm geschah, stieß der Schwan mit dem Schnabel in das Wasser und tauchte unter. Huarn wollte um Hilfe rufen, aber er war schon im Wasser versunken.

Der Schwan brachte Huarn zu einem perlmuttschimmernden Palast, der ganz aus Muscheln gebaut war. Das war das Schloß der Wasserhexe. Huarn stieg aus dem Schwanenboot und ging voller Ehrfurcht auf die riesige gewundene Treppe mit dem mit Perlen verzierten Geländer zu, die in den Palast führte. Die Tür war nur angelehnt, und er trat in die Gemächer der Fee. Sie lag auf einem samtenen Bett und war von so großer Schönheit, daß es Huarn die Sprache verschlug. Ihr Gesicht schimmerte weiß und rosa, ihr Gewand war prächtig bestickt, und in ihr langes, schwarzes Haar hatte sie Perlen und Korallen geflochten.

Die Wasserhexe lächelte Huarn zu, erhob sich von ihrem Bett und kam mit leichten Bewegungen auf ihn zu. »Komm nur herein«, sprach sie mit einer Stimme, so lieblich wie das Plätschern des Wassers, »komm herein und ruhe aus von deiner langen Wanderschaft.« Und sie führte ihn zu einem muschelweißen Tisch und hieß ihn Platz nehmen. Sie gab ihm Wein zu trinken, acht verschiedene Weine, und alle schmeckten so gut, daß Huarn trank, soviel er bekommen konnte. Dabei plauderte die Wasserhexe freundlich mit ihm, und als er ausgetrunken hatte, führte sie ihn in ihrem Palast und ihrem Garten herum und zeigte ihm ihre Reichtümer und Schätze. Huarn konnte sich kaum sattsehen an all den Perlen, Edelsteinen, an dem Gold und Silber, das überall glänzte.

»Wie reich du bist«, flüsterte er, »mir genügte schon eine Kuh, ein Schwein und ein Stückchen Land, aber du bist so reich, daß es sich nicht beschreiben läßt.«

»Das alles kann dir gehören«, sagte die Fee. »Ich habe Gefallen an dir gefunden, du bist ein hübscher, ehrlicher Bursche. Wenn du einverstanden bist, können wir heiraten, und die Schätze gehören dir wie mir.«

Huarn vermochte sich kaum zu fassen. Diese wunderschöne Frau, die so unermeßlich reich war, wollte ihn, einen armen Burschen, heiraten? »Meinst du das ernst?« fragte er atemlos, und er hatte Bella schon vergessen.

»Ja«, erwiderte die Fee. »Und damit du mir glaubst, soll die Hochzeit gleich heute sein. Ich will das Festmahl bereiten.« Und sie holte achtmal acht Becher Wein, die stellte sie Huarn hin. »Trink nur«, sagte sie, »ich bin gleich zurück. Ich will ein paar Fischlein aus meinem Weiher fangen und für uns braten.«

Da sah Huarn, daß an ihren Gürtel, mit dem sie das schöne Gewand zusammenhielt, ein stählernes Netz gebunden war. Die Fee löste es und ging damit hinaus. Wenig später kam sie zurück mit den Fischen, die sie gefangen hatte, und warf sie in die Pfanne, um sie zu braten. Huarn saß da und trank von dem guten Wein, mit einemmal aber hörte er ein leises Rufen, und er fragte: »Was ruft hier so unheimlich?«

»Das ist nichts, nur das Holz, das unter der Pfanne knistert«, antwortete die Wasserhexe.

Da hörte Huarn ein Flüstern und Murmeln, und er fragte: »Was flüstert und murmelt so fürchterlich?«

»Das ist nichts, nur das Bratenfett, das in der Pfanne schmilzt«, antwortete die Wasserhexe.

In diesem Moment ging ein Seufzen und Stöhnen durch den Raum, und Huarn fragte: »Was seufzt und stöhnt so jämmerlich?«

»Das ist nichts, das ist nur das Heimchen im Herd«, antwortete die Wasserhexe, und damit er nichts mehr hörte, begann sie laut zu singen.

Huarn aber war unheimlich zumute. Er bekam Angst, er erinnerte sich daran, wo er war und daß ihn die Männer und der Fährmann gewarnt hatten, und er erinnerte sich an Bella, die er wegen einer Hexe vergessen hatte. Da kam die Fee schon mit den gesottenen Fischen und stellte sie auf einer silbernen Platte vor ihn hin. »Ich werde dir neuen Wein holen«, sagte sie und eilte davon. Huarn zog das Messer aus seinem Bündel, das ihm Bella gegeben hatte, und als er den ersten Fisch damit berührte, verwandelte der sich in einen kleinen Menschen, der aufgeregt auf der silbernen Platte herumsprang. Huarn berührte auch die anderen Fische mit dem Messer, und alle wurden zu Menschen, klein wie Fische zwar, aber sie konnten sprechen.

»Lauf weg von diesem Ort«, riefen sie ihm zu, »versuche zu fliehen! Wir waren junge Männer wie du, auch wir wollten die Hexe heiraten, aber sie hat uns alle verzaubert und in ihren Fischteich geworfen. Lauf weg, solange du noch Beine hast!«

Da sprang Huarn auf und wollte zur Tür stürzen, aber die Hexe war schon zurück, löste das Netz von ihrem Gürtel, fing damit Huarn ein und verzauberte ihn in einen grünen Frosch. Den warf sie in ihren Teich. Sie bemerkte aber nicht, daß der Frosch ein kleines Glöckchen um den dicken Hals trug, und sie hörte auch nicht, daß das Glöckchen zu läuten begann. Das hörte nur Bella, die weit, weit von der Insel Lok auf dem Hof des Gutsherren arbeitete.

Als Bella das Glöckchen hörte, wußte sie gleich, daß ihr Liebster in Gefahr war. Sie zögerte nicht, ließ ihre Arbeit liegen und lief nach Haus, ihre Truhe zu öffnen. Sie nahm den Stab heraus, den ihr die Mutter hinterlassen hatte, stieß ihn in den Boden und rief:

»Stäbchen, mein Stäbchen, lenke
mich über Stock und über Stein,
durch Wasser, Wolken, Luft,
wohin mich das Glöckchen ruft!«

Da wurde aus dem Stäbchen ein stolzes Pferd, das ließ Bella aufsitzen und sprengte mit ihr davon. Schneller und schneller lief es, über Wiesen und Felder, durch Bäche und Flüsse, bis sie zu dem großen Felsen kamen, der Hirschsprung heißt und über den ein Pferd niemals springen kann. Bella war verzweifelt. Es mußte ihr gelingen, den Felsen zu überwinden. Sie beugte sich hinab und rief:

»Pferdchen, mein Pferdchen, lenke
mich über Stock und über Stein,
durch Wasser, Wolken, Luft,
wohin mich das Glöckchen ruft!«

Da wuchsen dem Pferd Flügel, es wurde ein großer Vogel, der erhob sich in die Luft und flog mit ihr davon, über den Hirschsprung hinweg und bis auf den Gipfel eines hohen Berges. Dort fand Bella einen hutzeligen Zwerg, der in einem Nest hockte. Der Zwerg klatschte erfreut in die Hände, als er Bella erblickte, und sprach: »Da kommt es ja, das Mädchen, das mich erlösen wird!«

»Warum sollte ich dich erlösen?« fragte Bella. »Ich bin auf der Suche nach Huarn, meinem Geliebten, der sich in großer Gefahr befindet.«

»Das ist es ja«, entgegnete der Zwerg, »wenn du deinen Huarn erlöst, dann erlöst du auch mich. Er ist im Schloß der Hexe von Lok, sie hat ihn verzaubert, wie sie mich verzaubert hat und viele andere, und nur ein Mädchen, dem es gelingt, sie mit ihrem stählernen Netz zu fangen, kann uns befreien.«

»Das will ich wohl versuchen«, sagte Bella. »Wie aber soll ich zu der Hexe gelangen?«

»Das ist ganz einfach«, sprach der Zwerg. »Du fliegst in Männerkleidern auf die Insel Lok, und dort wirst du einen schönen See finden mit einem Schwanenboot darauf. Steig nur in dieses Boot, es bringt dich geradewegs in den Palast der Wasserhexe auf dem Grund des Sees.«

»Aber woher soll ich Männerkleider bekommen?« fragte Bella besorgt.

»Das laß nur meine Sorge sein«, erwiderte der Zwerg, riß sich vier Haare aus und warf sie in den Wind. Aus den Haaren wurden vier Schneider, die nähten für Bella Hosen und Wams aus grünem Samt. Das Mädchen streifte die Kleider über, stieg auf seinen Vogel und flog mit ihm auf die Insel Lok. Dort verwandelte sie ihn zurück in ihr Stäbchen, das steckte sie in die Tasche und machte sich auf die Suche nach dem Schwanenboot auf dem See. Sie fand das Boot, stieg ein, und wie der Zwerg gesagt hatte, stieß es mit ihr in das Wasser und brachte sie zum Palast der Wasserhexe. Bella ging hinein und fand die Fee auf ihrem samtenen Bett.

Die Hexe freute sich, daß wieder einer den Weg zu ihr gefunden hatte, ein anmutiger, schöner Jüngling, jung und in edlen Kleidern. Sie erhob sich, reichte Bella die Hand und führte sie durch ihren Palast und in den Garten, zeigte all ihre Reichtümer und Schätze und fragte endlich: »Nun, wie gefällt es dir bei mir?«

»Es ist wunderbar hier«, antwortete Bella.

»Willst du nicht bei mir bleiben?« fragte die Hexe. »Wenn du mich heiratest, können wir zusammen hier leben ohne Sorgen und Not.«

»Das will ich gern«, sprach Bella, »ich habe nur eine Bitte. Als Zeichen deiner Liebe leih mir das Netz, das du am Gürtel trägst. Ich möchte einen Fisch aus deinem Teich damit fangen.«

Die Hexe schöpfte keinen Verdacht, löste das Netz von ihrem Gürtel und reichte es Bella. Die warf es ihr sofort über den Kopf und zog es fest zusammen. Da war die Hexe in ihrem stählernen Netz gefangen und konnte Bella nichts mehr anhaben. Bella lief durch den Palast und suchte nach dem Messer, das sie Huarn gegeben hatte, und endlich fand sie es auf dem Tischchen, an dem er gesessen und Wein getrunken hatte. Bella ging mit dem Messer zu dem Teich im Garten des Palastes. All die Fische und Kröten kamen geschwommen und wollten von ihr erlöst werden. Gerade vor ihr aber saß ein kleiner, grüner Frosch, der preßte seine Händchen auf sein Herz und trug ein Glöckchen um den Hals. Bella berührte ihn mit dem Messer, und er verwandelte sich in Huarn, der vor ihr auf die Knie fiel. So waren sie wieder vereint und glücklich, und alles Leid war vergessen. Bella erlöste all die armen Geschöpfe, die die Hexe in ihrem Teich gefangengehalten hatte. Sie nahmen sich von den Perlen und dem Gold, das die Truhen und Kästen in dem Palast füllte, und sie kehrten zurück in ihr Dorf und lebten glücklich bis an ihr Ende.

Das Mädchen mit dem Holznapf

Japan

Es trug sich einmal zu, vor sehr, sehr langer Zeit, daß dem Fürsten von Etschu ein Kind geboren wurde. Lange hatten er und seine Frau sich ein Kind gewünscht, und nun war ihr Wunsch endlich in Erfüllung gegangen. Doch als sie ihr Kind betrachteten, da war es ein Mädchen, das ganz und gar absonderlich aussah, denn auf dem Kopf trug es einen Holznapf.

So sehr die Eltern sich auch mühten, dem Kind den Napf abzunehmen, es war unmöglich. Das Gefäß aus glänzendem, hellen Holz saß fest und ließ sich keinen Zentimeter bewegen. Es reichte dem Mädchen bis auf die Schultern, und rein gar nichts war von seinem Gesicht zu erkennen.

Die Eltern waren betrübt und versuchten immer wieder, dem Kind den Napf vom Kopf zu ziehen, aber er saß fest wie ein hölzerner Haarschopf. Als sie erkannten, daß nichts ihnen helfen konnte, beschlossen sie, sich mit ihrem Schicksal abzufinden.

»Es ist unser Kind«, sprach die Mutter. »Wir wollen es lieben, so wie es auf die Welt gekommen ist. Auch wenn wir nicht sehen können, wie es aussieht, so werden wir doch spüren, wann es weint und wann es lacht. Wir wollen es Hanako nennen.« Hanako aber heißt »Blütenkind«.

So wuchs Blütenkind heran in der Liebe seiner Eltern, und niemand tat ihr ein Leid. Bald merkten ihre Eltern, das sie durch einen winzigen Winkel unter dem Napf hervor sehen konnte, was um sie vorging. So konnte sie alles tun, was andere Kinder auch tun. Nur kämmen konnte sie sich nicht.

Blütenkind wuchs heran und war ein freundliches, kluges Kind. Ihre Eltern liebten sie sehr, aber sie sorgten sich, was sein würde, wenn ihr Kind erwachsen und ohne Vater und Mutter wäre.

»Ihr gutes Herz wird ihr helfen«, sprach der Vater. »Güte und Freundlichkeit sind mehr wert als alle Schönheit.«

»So wollen wir hoffem, daß die Menschen Blütenkinds eigene Schönheit erkennen«, seufzte die Mutter.

Blütenkind spielte im Hof des Hauses ihrer Eltern, und sie half ihrer Mutter und lernte viel von ihr. Vor allem lernte sie, auf der Harfe zu spielen, und verstand es bald besser als die Mutter. So schön war Blütenkinds Spiel, so zart die Melodien, die sie erdachte, daß jeder, der sie hörte, die Hände sinken und stehen ließ, womit er gerade beschäftigt war, und ihrem Spiel lauschte. Es klang, als ob die Harfe weinte und lachte, jubelte und klagte. Blütenkind und ihre Eltern waren glücklich.

Als das Mädchen aber dreizehn Jahre alt geworden war, brach das Unglück über sie herein. Eine schwere Krankheit lag über dem Land, und viele Menschen starben.

Auch die Eltern von Blütenkind starben.

Nun war Blütenkind allein. Verwandte holten sie zu sich ins Haus. Zunächst schien es, als würden Onkel und Tante gut für sie sorgen, doch schon bald war es aus mit ihrem Mitgefühl, und sie begannen sich ihrer zu schämen.

»Wie das Mädchen aussieht! Wir können uns mit ihr nicht aus dem Haus wagen. Die Nachbarn würden über uns lachen.«

»Wer weiß, was sich unter dem Holznapf verbirgt. Vielleicht eine häßliche Fratze. Oder ein böser Geist, der Unglück über uns bringen wird.«

»Es ist uns nicht zuzumuten, mit einem solchen Geschöpf unter einem Dache zu leben. Das Mädchen muß aus dem Haus!«

So sprachen sie. Und sie nannten Blütenkind auch nicht länger Hanako, sondern riefen sie Hatschibime. Und das bedeutet »Mädchen mit dem Holznapf«.

Blütenkind mühte sich, freundlich und gut zu Tante und Onkel zu sein, aber sie wurde immer trauriger und bekümmerter. Und eines Tages ging sie aus dem Haus und kam nie wieder.

Sie ging und ging, bis sie an die großen Wälder von Etschu gelangte, von denen aus man in das Nachbarreich, nach Bitschu gelangte. Sie lief in den Wald hinein und ging immer weiter fort. Am Abend erreichte sie die Hütte von zwei Köhlern. Sie klopfte an die Tür und bat freundlich um Unterkunft für eine Nacht.

Die Köhler erschraken zunächst, als sie das sonderbare Geschöpf mit dem Holznapf sahen, merkten aber schnell, daß es nichts Böses im Sinn hatte, und gaben dem Mädchen ein Lager für eine Nacht.

Am nächsten Morgen, als Blütenkind gerade seine wenige Habe bündelte und sich von den Köhlern verabschieden wollte, traf es sich, daß der Fürst von Bitschu eben an dieser Stelle durch den Wald ritt. Als er das Mädchen sah, wußte er sogleich, daß das nur die Tochter des Fürsten von Etschu sein konnte, denn die Kunde von dem Mädchen mit dem Holznapf war bis zu ihm gedrungen. Weil aber der Fürst von Etschu ihm immer ein Freund und Helfer gewesen war und weil er Mitleid hatte mit dem armen Geschöpf, das da mit dem Holznapf auf dem Kopf vor ihm stand, sprach er es an und sagte:

»Bist du Hanako, die Tochter des Fürsten von Etschu?«

»Die bin ich«, entgegnete das Mädchen.

»Was führt dich hier in die Wälder von Bitschu?« fragte der Fürst.

»Meine Eltern sind gestorben, und ich weiß nicht, wo ich bleiben soll«, sprach Blütenkind.

»Der kalte Winter wird bald in die Wälder von Bitschu kommen«, sagte der Fürst. »Du kannst nicht hierbleiben. Willst du in meinem Haus leben und in der Küche arbeiten? Ich habe deinen Vater gekannt, darum will ich dir Obdach geben.«

Blütenkind willigte ein, verabschiedete sich von den Köhlern und ließ sich in das Haus des Fürsten von Bitschu führen.

Sie mußte in der Küche Dienste verrichten, die im Haus ihres Vaters die Diener für sie getan hatten, aber sie war zufrieden und tat die Arbeit gern, denn nie fiel ein böses Wort gegen sie und niemand lachte über den großen Napf auf ihrem Kopf.

Der Fürst von Bitschu hatte vier Söhne. Drei waren schon verheiratet und lebten mit ihren Frauen im Haus des Vaters, der Jüngste aber hatte noch kein Mädchen gefunden, das ihm gefiel. Und seltsam, als er mit Blütenkind bekanntgemacht wurde, fühlte er sich von ihr angezogen und suchte ihre Nähe, wann immer er konnte. Er liebte ihre Stimme und ihre schönen, ruhigen Bewegungen, und es dauerte nicht lange, da erkannte er, daß er Blütenkind liebte. Er ging zu seinem Vater und sagte ihm, daß er niemand anders als Blütenkind heiraten wolle.

Sein Vater war bestürzt. Auch er hatte Blütenkind liebgewonnen, aber daß sein jüngster Sohn ein so unvollkommenes Geschöpf zu seiner Frau machen wollte, gefiel ihm nicht. Da er seinen Sohn aber liebte und ihm von Herzen zugewandt war, suchte er Rat bei der Amme, die den Jungen großgezogen hatte.

Die Amme meinte, die Hochzeit des jungen Herrn mit dem unseligen Geschöpf verhindern zu müssen. Sie riet dem Vater, einen Brautvergleich anstellen zu lassen. »Wenn dein Sohn sieht, wie häßlich seine Braut ist gegen die Frauen seiner Brüder, wird er schon zur Vernunft kommen«, sagte die Amme.

Nun war es zu jener Zeit üblich, daß Brüder ihrem Vater die Frauen, die sie heiraten wollten, vorstellen mußten und daß die Schwiegertöchter miteinander wetteiferten, wer von ihnen die Schönste und Anmutigste sei.

Die Frauen der drei Brüder waren gleich zu diesem Wettbewerb bereit, denn sie mochten Blütenkind nicht und hatten sich schon lange gefragt, was sich wohl Schreckliches unter ihrem Holznapf verbergen mochte. Nun gingen sie mit großem Eifer daran, sich für den Brautvergleich zu schmücken. Sie badeten in Blumenöl, flochten ihr langes Haar zu seidig glänzenden Zöpfen und türmten sie auf ihren Köpfen zu kunstvollen Gebilden. Sie schlüpften in ihre schönsten, farbenprächtigsten Kimonos, legten ihren kostbarsten Schmuck an und traten gemeinsam in den festlich geschmückten Saal, in dem der Brautvergleich stattfinden sollte. Sie ließen sich auf ihren mit Ornamenten bestickten seidenen Kissen nieder, vor denen ihre Zupfinstrumente lagen, mit denen sie den Gästen ihre Lieder spielen wollten. So warteten sie auf das Mädchen mit dem Holznapf.

Blütenkind hatte sich nicht feingemacht. Sie kam aus der Küche in ihrem Kleid, das sie bei der Arbeit trug. Als sie unter dem Rand ihres Holznapfes hervor die schönen, geschmückten Frauen sah, die hochnäsig zu ihr herüberlachten, da machte sie auf dem Absatz kehrt und wollte aus dem Haus laufen. Der jüngste Sohn aber sprang auf und hielt sie fest.

»Blütenkind«, sprach er, »für mich bist du die Schönste hier. Mir zuliebe tritt ein und spiel uns eine Melodie.«

Da faßte Blütenkind Mut und ließ sich die große Harfe des Fürsten bringen. Sie ließ sich vor dem Instrument nieder und begann, die Saiten zu zupfen. Und die Melodie, die sie spielte, war so wunderbar, daß allen Augen und Ohren offenstanden vor Verwunderung und selbst die Schwiegertöchter kein Wort mehr hervorbrachten. Als sie geendet hatte, sprang der jüngste Sohn des Fürsten zu ihr, nahm sie in seinen Arm und sprach zu seinem Vater: »Niemand anders soll meine Frau werden als Blütenkind.«

In diesem Augenblick fiel mit einem Poltern der Holznapf vom Kopf des Mädchens, und Perlen und Edelsteine rollten aus ihm hervor. Und da stand Blütenkind mit langem seidigen Haar, schön wie die aufgehende Sonne, und verneigte sich vor ihrem Mann.

So wurde aus Hatschibime, dem Mädchen mit dem Holznapf, endgültig Hanako, das Blütenkind. Sie lebte lange und glücklich mit ihrem Mann, und ihre drei Schwägerinnen hüteten sich, je wieder über sie zu spotten.

Lüge um Lüge

Korea

In einer längst vergangenen Zeit lebte einst eine stolze Frau, die hatte den Sohn eines Edelmannes geheiratet und war in das Haus seiner Eltern gezogen. Ihr Mann hatte zwei Brüder, die ebenfalls verheiratet waren, und alle Familien lebten gemeinsam in dem großen Haus des Vaters. Aber nicht Freundlichkeit und Zuneigung herrschte zwischen Eltern und Kindern. Der Reiche und seine Frau waren mißtrauisch und geizig, für sich und ihre Söhne wollten sie nur das Beste, die Schwiegertöchter jedoch beäugten sie argwöhnisch und machten ihnen das Leben schwer, wo sie nur konnten. Sich selbst nahmen sie stets die besten Stücke von der Reistafel, und die Frauen mußten warten auf das, was übrigblieb. Die Eltern trugen Gewänder aus den edelsten Stoffen, für die Schwiegertöchter gab es nur einfache Baumwollkleider. Und sie hielten die jungen Frauen an, sie zu bedienen, sich ehrfürchtig vor ihnen zu verneigen und bis spät in die Nacht für sie Seide zu spinnen.

Die Frauen der Brüder fügten sich in ihr Los, die Stolze aber dachte nicht daran, die Dienerin ihrer Schwiegereltern zu sein. Sie nähte sich aus der Seide, die sie gesponnen hatte, feine Kleider und machte sich rote Pantoffeln. Sie bediente sich bei Tisch mit den besten Speisen, und wenn der Vater oder die Mutter das Wort an sie richteten, dann verneigte sie sich nicht, sondern gab Widerworte und sprach mit lauter Stimme.

Die Alten waren empört über dieses Verhalten. Sie ermahnten die Frau, sie ermahnten den Sohn, indes es half alles nichts. Sie blieb stolz und erhobenen Hauptes, und ihr Mann vermochte sie nicht umzustimmen. Da jagten die Schwiegereltern sie mit ihrem Mann und ihren Kindern fort und ließen sie in einem kleinen Häuschen am Rande des Dorfes wohnen. Die Frau scherte sich nicht darum, ihr war es nur recht, die Alten los zu sein, und sie besuchte sie nicht einmal an Feiertagen oder Geburtstagen.

Darüber ärgerte sich der Vater ganz fürchterlich. »Nicht einmal an meinem Geburtstag kommt sie, mir ihren Respekt zu erweisen«, dachte er grimmig. »Ich will sie schon lehren, sich gebührlich gegen die Alten zu verhalten! Wenn ich erst einmal tot bin, wird sie es bereuen, nicht freundlicher gewesen zu sein, denn nichts wird sie bekommen, nichts!« Es kam ihm in den Sinn, daß es doch schön wäre, ihre Bestürzung darüber selbst miterleben zu können. Und er begab sich in sein Bett, lag da stocksteif und stellte sich tot.

Bald ging die Kunde, der alte Edelmann sei gestorben, von Haus zu Haus. Auch zu dem Haus seiner stolzen Schwiegertochter kam sie. Gleich löste sie ihr Haar, wie es in Trauerfällen üblich ist, und kam wehklagend gelaufen. Vor dem Bett des Schwiegervaters, wo schon eine Gruppe Trauernder hockte, warf sie sich jammernd zu Boden, weinte und klagte, schlug sich vor die Brust und rang die Hände gen Himmel.

»Vater!« schrie sie gellend. »Geliebter Vater! Über alles geliebter und verehrter Vater! Wie jäh hat der Tod dich von uns gerissen! Noch vor zwei Tagen habe ich dich als Gast bewirten dürfen. Weh' mir, hätte ich gewußt, daß es das letzte Mal war, daß ich dich zu Gast habe, zwei Fasane hätte ich gebraten statt des einen, den ich mit gutem Reis für dich bereitet habe. Wie hast du mein bescheidenes Mahl gelobt, guter Vater! Diese Tochter ist recht, sie versteht es, den alten Vater ihres Mannes zu bewirten, sagtest du, dabei war es doch nur ein einfaches Essen... Aber du hast alles verspeist, Tee hast du getrunken und dir zufrieden den Bart gestrichen.

Als ich dich zum Tor gebracht habe, hast du mich dankbar angeschaut, und ich habe mich vor dir verneigt, wie es eine respektvolle Schwiegertochter dem Vater schuldig ist ... So schwach warst du mir vorgekommen, ich ahnte ja nicht, wie es um dich stand, daß ich Reiskuchen gebacken habe, die sollte mein jüngerer Sohn dem Großvater bringen. Doch kaum hatte ich die Reiskuchen bereitet, da kamst du zurück in mein Haus, um mit mir zu sprechen. Wie konnte ich wissen, daß es dein letzter Wille war, den du mir anvertrauen wolltest? Gute Tochter, so sprachst du, ich werde nicht mehr lange unter euch sein. Höre deshalb, was ich dir zu sagen habe: Dein älterer Sohn soll nach meinem Tode das große Reisfeld hinter meinem Haus bekommen. Deinem jüngeren Sohn, meine herzensgute Schwiegertochter, soll das Hirsefeld vor meinem Haus gehören. So sprach er, und ich habe mich über diese Reden gewundert, aber ach, nun beginne ich zu verstehen!« Und unter großem Wehklagen warf sie sich wieder zu Boden und jammerte und greinte.

Da sprang ihr Schwiegervater zornig aus seinem Bett. »Du undankbares Geschöpf!« schrie er wütend. »Wann hast du je ein Mahl für mich bereitet? Wann Reiskuchen für mich gebakken? Warum sollte ich deinen Söhnen meine Felder vermachen? Eine Lügnerin bist du, eine gemeine Lügnerin!«

»Ach, eine Lügnerin soll ich sein?« entgegnete die Schwiegertochter. »So sage mir, wer mehr gelogen hat: ich mit meinen falschen Worten oder du mit deinem falschen Tod?« Und ohne eine Antwort abzuwarten, ging sie lachend heim auf ihren roten Pantoffeln.

Das Mädchen Pachulenia

Griechenland

Es lebten vor langer, langer Zeit zwei Könige Palast an Palast. Einer hatte drei Söhne, der andere drei Töchter. Der mit den Söhnen war ein aufgeblasener Wichtigtuer, dem nichts mehr Spaß machte, als seinen Nachbarn aufzuziehen. »Nun, wie geht's, wie steht's, König mit den drei Stuten?« pflegte er zu sagen, wann immer er den anderen traf. Und der König mit den drei Töchtern ärgerte sich fürchterlich, aber er wußte nichts darauf zu antworten. Jedesmal lief er wütend nach Haus und knallte die große Tür zu seinem Gemach hinter sich zu.

»Was hat er nur?« wunderten sich seine Töchter. Und Pachulenia, die Jüngste, beschloß, den Vater zu fragen.

»Vater, was schaust du so grimmig drein und wirfst die Türen, daß man es im ganzen Palast hören kann?« wollte sie wissen.

»Das geht dich gar nichts an!« erwiderte der Vater unwirsch.

»Wenn du es mir nicht sagst, will ich von jetzt an nichts mehr essen und trinken«, sagte Pachulenia, und weil ihr Vater wußte, daß sie tat, was sie sagte, mußte er ihr wohl oder übel reinen Wein einschenken.

»Es ist wegen unseres Nachbarn, des Königs mit den drei Söhnen«, begann er mißmutig. »Immer wenn er mich trifft, sagt er: ›Nun, wie geht's, wie steht's, König mit den drei Stuten?‹ und lacht mich aus, und ich weiß nichts darauf zu antworten!«

»Mehr ist es nicht?« rief Pachulenia. »Er soll nicht so wichtig daherreden, dieser König mit seinen drei Söhnen! Wenn du ihm wieder begegnest, sage einfach: ›Ach, da kommt er ja, der König mit den drei Hengsten‹, weiter nichts.«

Das gefiel dem Vater. Er lief auf die Straße und spazierte dort auf und ab, bis sein Nachbar vorüberkam, und platzte heraus: »Ach, da kommt er ja, der König mit den drei Hengsten!«

Darüber ärgerte sich der andere fürchterlich. Er überlegte, wie er dem mit den Töchtern eins auswischen könnte. Und tatsächlich fiel ihm etwas ein. Am nächsten Morgen, als sich die beiden wieder begegneten, rief er laut: »Nun, wie geht's, wie steht's, König mit den drei Stuten?«

»Ach, da ist er ja wieder, der König mit den drei Hengsten«, erwiderte der andere gutgelaunt.

»Lach du nur«, sprach der erste. »Ich will, daß du mir einen Scheffel Mehl bringst, fein gemahlen, Mehl muß es sein und doch wieder kein Mehl! Und wenn du das nicht kannst, König mit den drei Stuten, so soll mir dein bestes Stück Land gehören!«

Da verging dem Nachbarn das Lachen, er eilte in seinen Palast und schloß sich in seinem Gemach ein. Dort fand ihn Pachulenia.

»Vater, mach mir auf! Was ist geschehen?« rief sie.

»Das geht dich gar nichts an!« schrie er durch die Tür.

»Wenn du es mir nicht sagst, will ich von jetzt an nichts mehr essen und trinken!« rief Pachulenia.

Da mußte ihr Vater nachgeben, und er erzählte ihr alles.

»Mehr ist es nicht?« sagte sie. Und sie rief alle Zimmerleute des Reiches zusammen und befahl ihnen, Bretter und Balken zu zersägen und Sägemehl daraus zu machen, einen ganzen Scheffel voll. Den ließ sie am nächsten Morgen einen Diener in den Palast des Nachbarn bringen.

Der König mit den drei Söhnen ärgerte sich noch mehr. Er brütete einen ganzen Tag lang darüber, was er als nächstes von dem König mit den drei Töchtern verlangen könnte.

Als die beiden sich am Tage darauf wieder begegneten und ihre Begrüßungen ausgetauscht hatten, sagte der mit den drei Söhnen: »Ich habe noch eine Aufgabe für dich, die löst du nicht so leicht, König mit den drei Stuten! Bring mir eine Kanne mit Milch, die Milch soll Milch sein und auch wieder nicht Milch. Wenn du das nicht kannst, gehört mir dein bestes Stück Land!«

Der König mit den drei Töchtern schloß sich abermals in seinem Gemach ein und lamentierte über die Bosheit des anderen. Das hörte Pachulenia, sie rief durch die Tür: »Vater, was ist geschehen?«

»Das geht dich gar nichts an«, erwiderte er mürrisch, aber weil er schon wußte, was sie antworten würde, schloß er die Tür auf und erzählte ihr, was der Nachbar verlangte. Und Pachulenia wußte Rat.

Sie gab den Befehl, alle Pferde des königlichen Hofes freizulassen und über die Wiesen und Äcker zu hetzen, und der Schaum, der ihnen bei der Anstrengung vors Maul trat, wurde in Flaschen gesammelt und in eine große Kanne gegeben. Die brachte ein Diener am anderen Morgen zum König mit den drei Söhnen.

Als der sah, daß sein Nachbar wiederum vollbracht hatte, was er ihm aufgetragen hatte, platzte er fast vor Wut. »Wie ist er nur darauf gekommen?« fragte er sich. »So schlau sieht er gar nicht aus!« Und er beschloß, seinen Nachbarn zu einem Festmahl in seinen Palast einzuladen, um herauszubekommen, wie er das alles vermocht hatte.

Als der Bote die Einladung überbrachte, sagte Pachulenia sogleich: »Vater, ich will dich begleiten«, und so gingen sie zusammen in den Palast des Königs mit den drei Söhnen.

»Wen bringst du mir da?« fragte der Nachbar, als er Pachulenia erblickte.

»Das ist meine jüngste Tochter«, sagte der andere stolz. »Sie hat deine Aufgaben zu lösen gewußt.« Sie nahmen an der festlichen Tafel Platz, und als die erlesenen Speisen aufgetragen wurden, begann Pachulenias Vater mit Appetit zu essen. Aber sie rührte nichts an.

»Warum ißt du nicht?« fragte der Nachbar.

»König, deine Speisen mag ich nicht«, erwiderte sie. »Ich bin Besseres gewöhnt. Ich esse nur Eier am Spieß. Könnte dein Koch mir nicht zwei zubereiten?«

Sofort gab der König den Befehl, es sollten Eier am Spieß gebracht werden, aber wie sollte der Koch das anstellen? Es ging einfach nicht. Kleinlaut mußte der König mit den drei Söhnen Pachulenia sagen, daß er ihren Wunsch nicht erfüllen konnte.

»Aber einen anderen kleinen Gefallen willst du mir doch sicher tun?« fragte sie.

»Gewiß«, entgegnete er. »Wünsch dir nur, was du willst.«

Da sagte Pachulenia:

»Nur einen Kopf Salat ich begehr
mit dreißig grünen Blättern.
Und obenauf ein goldenes –
nicht mehr.«

Aber woher einen Salat mit einem goldenen Blatt nehmen? Der König mit den drei Söhnen war ratlos. »Du verlangst Unmögliches«, rief er ärgerlich.

»Unmöglich ist das für dich?« fragte Pachulenia. »So gib zu, daß ich dich besiegt habe!«

»Nein!« sagte der König. »Wir wollen einen Wettkampf veranstalten und sehen, wer ihn gewinnt. Du sollst gegen meinen jüngsten Sohn antreten und mit ihm den großen Fluß überqueren und den Papagei des Glücks zurückbringen. Wenn er gewinnt, so lasse ich dir den Kopf abschlagen, wenn es dir gelingt, so kannst du meinen Sohn zum Mann haben, wenn du magst.«

»Einverstanden«, sagte Pachulenia und ging mit ihrem Vater nach Haus.

Am nächsten Morgen zog sich Pachulenia Männerkleider an, nahm das schnellste Pferd aus dem Stall ihres Vaters und ritt auf ihm zum großen Fluß. Da saß schon der jüngste Sohn des anderen Königs und mühte sich, mit einem Zuckerlöffelchen das Wasser aus dem Fluß zu schöpfen, um dann trockenen Fußes hinüberzugelangen. Pachulenia schüttelte den Kopf, gab ihrem Pferd die Sporen, und schon war sie durch die reißenden Fluten an das andere Ufer gelangt. Gleich machte sie sich auf die Suche nach dem Papagei des Glücks.

Der Papagei des Glücks war ein besonderes Tier. Wenn er nur den Schnabel öffnete, so hieß es, fielen Goldstücke heraus. Er gehörte einem Prinzen, der ihn wie seinen Augapfel hütete und einen gefährlichen Drachen über den Papagei wachen ließ. Und richtig, als Pachulenia ein Stück geritten war, sah sie den riesigen Drachen, der wutschnaubend auf sie zukam. Aber sie hatte ihm zu Fressen mitgebracht und ein Schlafmittel hineingemischt. So schläferte sie den Drachen ein, ohne daß er ihr etwas zuleide tat. Pachulenia sah sich um, wo wohl der Papagei des Glücks stecken mochte, da vernahm sie hinter sich Pferdegetrappel. Es war der Prinz, der herbeikam, um zu sehen, wer in sein Reich eingedrungen war.

»Bist du der Prinz, dem der Papagei des Glücks gehört?« fragte Pachulenia. »So laß mich das Tier, von dem ich schon soviel gehört habe, nur einmal sehen. Ich habe eine weite Reise auf mich genommen, um ihn ein einziges Mal zu erblikken.«

Der Prinz, der Pachulenia für einen einfachen Reiter hielt, nahm sie mit zu seinem Schloß und führte sie in das Zimmer, in dem der Papagei saß. Ein schöner, bunter Vogel in einem Käfig aus Gold. Kaum waren Pachulenia und der Prinz in das Zimmer gelangt, gab sie dem Mann einen heftigen Stoß, und weil er damit nicht gerechnet hatte, fiel er vor Überraschung hintenüber. Sie aber griff nach dem Käfig und lief mit ihm davon, schlug die Tür hinter sich zu, verriegelte sie und schrieb auf ein Zettelchen: ›Ich bin ein Mädchen, hättest du das gedacht?‹ Das heftete sie an die Tür. Dann stieg sie wieder auf ihr Pferd, ritt durch den großen Fluß, und da saß immer noch der jüngste Sohn des Nachbarn mit seinem Zukkerlöffelchen. Pachulenia hat ihn trotzdem geheiratet.

Der schöne Fischer und die Tochter des Sultans

Orientalisch

Es war einmal ein Fischer, der hatte einen einzigen Sohn. Dieser Sohn war schön von Gestalt und hatte eine glockenklare Stimme. Sein Vater wollte ihn zu einem gebildeten Mann machen und schickte den Jüngling in die Schule. Aber der Junge lernte nicht. Da sah der Vater ein, daß sein Sohn Fischer werden würde wie er selbst, und er erlaubte dem Sohn, die Schule zu verlassen. Er ließ dem Jungen ein mit Litzen und Schleifen verziertes Hemd schneidern und ihm eine schöne, große Fischplatte anfertigen.

In diesem Hemd und mit dieser Platte geht der Sohn nun Tag für Tag durch die Gassen der Stadt und verkauft die Fische, die sein Vater gefangen hat. »Fische, schöne frische Fische«, ruft er, und die Leute schauen neugierig aus ihren Häusern, um zu sehen, wer da eine so wunderbare Stimme hat. Und wie sie den Jüngling mit der großen Fischplatte sehen, kaufen sie ihm seine Fische ab, und er und sein Vater haben keine Not zu leiden.

Eines Tages kommmt der Jüngling mit seiner Fischplatte am Palast des Sultans vorbei. Die Tochter des Sultans hört, wie er ruft: »Fische, schöne frische Fische!« Und sie verliebt sich auf der Stelle in seine Stimme.

Eine Dienerin muß den Burschen in den Palast holen. Als er vor der Sultana steht, verliebt sie sich noch mehr in ihn, so wunderschön ist er.

»Ich will alle deine Fische kaufen«, sagt sie und gibt ihm eine Handvoll Gold dafür. »Komm morgen wieder.«

Der Jüngling freut sich und geht nach Haus zu seinem Vater. Der sieht das Gold, hört die Geschichte, die sein Sohn ihm erzählt, und schüttelt voll Sorge den Kopf. »Das wird nichts Gutes bringen«, sagt er, »doch wir können nichts daran ändern.«

Am nächsten Tag geht der Jüngling wieder mit seiner Fischplatte in den Palast, und die Sultana kauft ihm abermals alle Fische ab. Und am dritten Tag fragt sie ihn, ob er nicht im Palast und bei ihr bleiben will. Er willigt ein, und da läßt ihm das Mädchen Frauenkleider bringen, er muß das Haar nach Frauenart tragen, und sie sagt allen: »Ich habe eine neue Sklavin genommen.«

Und die Sultana lehrt den Jüngling lesen und schreiben und gibt ihm Unterricht im Lautenspiel. Nicht lange und er hat lesen und schreiben gelernt und spielt so wunderbar auf der Laute, daß jeder, der sein Spiel hört, davon wie verzaubert ist.

Da sagt die Sultana: »Ich liebe dich und will dich heiraten. Willst du auch?«

»Ja«, sagt der Jüngling. Und er gibt sich als Mann zu erkennen, wirbt um die Tochter des Sultans und wird schließlich ihr Gemahl. Zu seiner Frau aber sagt er: »Ich weiß, du wirst mir eines Tages vorwerfen, daß ich nur ein Fischer bin. Merke dir, wenn du das tust, so wird es mir die Sprache verschlagen und ich werde nicht mehr sprechen bis zu deinem Tode.«

Die Sultana erschrickt und erwidert: »Das werde ich nie tun, denn ich liebe dich.«

So leben sie eine gute Zeit glücklich miteinander, bis eines Abends der Jüngling seiner Frau versehentlich ein bißchen weh tut.

»Au«, ruft sie empört. »Mein Kopf ist keine Fischplatte.«

Das verschlägt dem Mann sofort die Sprache. Kein Wort bringt er mehr über die Lippen, wie sehr die Sultana ihn auch anfleht. Sie entschuldigt sich und bittet und bettelt, ihr Mann bleibt stumm.

Als sie am nächsten Morgen erwacht, ist er verschwunden. Nur ein Brief liegt da, in dem es heißt, er sei in die Welt hinaus gesegelt.

Sofort beschließt die Sultana, ihren Mann zu suchen. Sie läuft zu ihrem Vater und bittet ihn, ihr ein Schiff und vierzig Dienerinnen zu geben. Der Sultan schenkt ihr sein größtes, stolzestes Schiff, und noch am selben Tag segelt die Sultana mit vierzig Dienerinnen hinaus aufs Meer. Sie selbst hat Männerkleidung angelegt, und auch die vierzig Frauen sind als Seeleute verkleidet.

So fahren sie über die Meere dahin, Jahr über Jahr, von Hafen zu Hafen, und überall geht die Sultana von Bord und fragt: »Ist hier ein Jüngling vorbeigekommen, stumm wie ein Fisch, der wunderbar Laute spielen kann?«

Und überall heißt es, nein, einen solchen Mann habe man nie gesehen.

Eines Tages aber sagt man ihr: »Ja, einen solchen Jüngling haben wir gesehen. Er sprach kein Wort, aber das Spiel seiner Laute war wunderbar. Er ist weiter nach Ägypten gesegelt.«

Da läßt die Sultana sofort die Segel hissen und reist ihm hinterdrein nach Ägypten. Dort angekommen, geht sie nicht von Bord, sondern wartet auf das, was nun kommen mag.

Die Nachricht von dem stolzen, schönen Schiff verbreitet sich schnell in der Stadt, und so bekommt auch der Padischah, der dort lebt, es zu hören: »Im Hafen liegt ein großes Schiff mit Segeln aus Atlas. Niemand ist bislang an Land gekommen.«

Der Padischah macht sich mit seinem Gefolge auf in den Hafen, um das fremde Schiff zu sehen. Da läßt ihn das Mädchen mit all seinen Dienern an Bord rufen und bewirtet ihn festlich. Am anderen Tag wird die Sultana, die der Padischah für einen vornehmen Seereisenden hält, in den Palast eingeladen. Köstliche Speisen läßt der Padischah ihr und ihren Dienerinnen auftischen, und die besten Lautenspieler seines Hofes spielen dazu. Unter den Lautenspielern erkennt die Sultana sofort ihren Mann.

Sie sagt: »Ein schöner junger Mann ist das. Er spielt Laute besser als jeder andere.«

»Ja«, erwidert der Padischah, »aber leider ist er stumm. Er spricht kein einziges Wort.«

»Ich will ihn zum Reden bringen«, sagt sie. »Gebt ihn mir für eine Nacht.«

Der Padischah will nicht, er sträubt sich und läßt sich bitten, da bietet das Mädchen ihm ihre vierzig Seeleute im Tausch, wenn es ihr nicht gelänge, den Lautenspieler zum Sprechen zu bringen.

»Wie ihr wollt, junger Herr«, sagt der Padischah schließlich und läßt sie in das Gemach des Jünglings führen.

Die Sultana weint und fleht, sie bittet und bettelt ihren Mann, er möge sie ansehen und zu ihr sprechen, aber es ist vergebens. Am anderen Morgen muß sie dem Padischah ihre vierzig Seeleute lassen.

»Laßt mich noch eine Nacht bei dem Lautenspieler wachen«, bittet sie. »Wenn es mir wieder nicht gelingt, ihn zum Sprechen zu bringen, so sollt Ihr mein Schiff dafür bekommen.«

Der Padischah ist einverstanden, und die Sultana verbringt die zweite Nacht an der Seite ihres Mannes. Doch wieder schlägt er kein Auge auf, und kein Wort kommt über seine Lippen. Dennoch will das Mädchen nicht aufgeben.

»Gewährt mir eine letzte Nacht«, sagt sie dem Padischah. »Und weil ich nichts mehr habe, was ich Euch zum Tausch geben könnte, so soll Euch mein Kopf gehören, wenn ich es wieder nicht vermag. Wenn es mir aber gelingt, ihn zum Sprechen zu bringen, so soll er mein sein, und auch mein Schiff und meine Seeleute gehören wieder mir.«

Der Padischah wehrt zunächst erschrocken ab, denn der junge Herr gefällt ihm und er will sich auf einen solchen Handel nicht einlassen. Sie aber gibt nicht nach, und endlich willigt er ein.

Die dritte Nacht wacht das Mädchen am Lager ihres Mannes. Sie klagt und weint, sie spricht und singt zu ihm, sie streichelt und schüttelt ihn, er aber schläft nur und spricht kein Wort. Der Morgen graut, die Nacht ist um, und sie hat ihr Ziel nicht erreicht.

Der Padischah kommt zu ihr, hört, daß sie den Lautenspieler nicht zum Sprechen bewegen konnte, und läßt schweren Herzens den Galgen im Hof errichten. Die Sultana wird hinausgeführt und unter den Galgen gebracht. Eine große Menge Menschen steht da und sieht zu.

Unter den Menschen ist auch ihr Mann. Und als ihr die Schlinge um den Hals gelegt wird, da ruft er laut und vernehmlich: »Hört auf! Was tut ihr da! Das ist keine Fischplatte, sondern der Kopf meiner Frau!«

Da wird das Mädchen losgebunden und ist frei. Und mit ihrem Mann und ihren vierzig Dienerinnen segelt sie heim auf ihrem stolzen Schiff.

Prinzessin Frosch

Rußland

In einer längst vergangenen Zeit lebte ein Zar, der hatte drei Söhne. Als die Söhne in das Alter gekommen waren, in dem es Zeit war, sich eine Frau zu suchen, rief der Zar sie zu sich und sprach: »Liebe Kinder, ich bin alt und werde mein Reich nicht mehr lange regieren können. Ich möchte, daß ihr euch verheiratet.«

Er ging mit seinen Söhnen in den Palasthof, hieß sie ihre silbernen Bogen herbeiholen und sagte: »Nun schießt jeder einen Pfeil ab. Die ihn findet, die soll er dann zur Braut nehmen.«

Die Söhne waren einverstanden und liefen, ihre schönen Bogen zu holen. Der Älteste legte einen Pfeil an die Sehne, hob den Bogen und ließ den Pfeil davonschnellen, hoch durch die Luft, so weit, daß kein Auge ihm zu folgen vermochte. Der Zarensohn schwang sich auf sein Pferd, um nachzusehen, wo sein Pfeil niedergefallen wäre.

Die Tochter eines anderen Zaren hatte den Pfeil gefunden und trug ihn stolz zu ihrem Vater. »Sieh, Vater«, sagte das Mädchen eitel, »sieh, was ich gefunden habe.«

Der Vater betrachtete den schön verzierten Pfeil und antwortete: »Den heb auf, mein Kind, und gib ihn nur dem, der dich zur Frau nehmen will.«

Bald kam der Zarensohn geritten und sagte zu dem Mädchen: »Hast du einen Pfeil gefunden?«

»Ja, das habe ich«, erwiderte sie und lief, ihn zu holen.

»Gib ihn«, sagte er.

»Den Pfeil will ich nur dem geben, der mich zur Frau nimmt«, entgegnete das Mädchen.

»Das will ich tun«, sprach der Zarensohn und ging zu ihrem Vater und hielt um ihre Hand an. So wurde die Hochzeit besprochen.

Der zweite Sohn hatte ebenfalls den Bogen angelegt und seinen Pfeil abgeschossen. Hoch flog er, nicht so hoch wie der Pfeil seines Bruders, aber doch so weit, daß niemand wußte, wohin er gefallen war.

Er bohrte seine Spitze in den Garten eines Fürstenhofes, und die Tochter des Fürsten lief hinzu und zog ihn aus der Erde.

»Sieh nur, Vater, was ich gefunden habe!« rief sie stolz und zeigte dem Fürsten den schönen Pfeil.

Der Vater antwortete: »Heb ihn auf, Tochter, nur der soll ihn haben, der dich zur Frau nimmt.«

Bald kam der zweite Zarensohn in den Fürstenhof geritten und suchte seinen Pfeil. »Hast du einen Pfeil gefunden?« fragte er das Mädchen.

»Ja, das habe ich«, antwortete sie, »aber ich gebe ihn nur dem, der mich heiraten will.«

Der Zarensohn sah, daß es sein Pfeil war, den das Mädchen hatte, und er war es zufrieden und sprach: »So will ich dich heiraten.«

Und er wurde zu dem Fürsten geführt und die Hochzeit vereinbart.

Auch der dritte Sohn des Zaren schoß einen Pfeil ab, doch flog er nicht hoch und nicht tief, nicht weit und nicht schnell – gleich drüben im Sumpf fiel er nieder. Dort saß eine dicke, grüne Kröte, die fand den Pfeil, hob ihn auf und wartete.

Nicht lange, so kam der jüngste Zarensohn und suchte seinen Pfeil. Als er die Kröte sah, sprach er: »Gib mir meinen Pfeil zurück!«

Und die Kröte antwortete: »Nur wenn du mich zur Frau nimmst!«

Was sollte Iwan Zarewitsch da tun? Er nahm das Tier auf die Hand und trug es heim in den Palast.

Am Abend versammelte der Zar seine Söhne bei sich und fragte: »Nun, meine Kinder, habt ihr eine Frau gefunden?«

»Ja, Vater«, sprach der erste, »mein Pfeil ist in einen Zarenhof gefallen, und ich habe mich der Zarentochter versprochen.«

»Und mein Pfeil, lieber Vater«, sprach der zweite, »ist in einen Fürstenhof gefallen, und ich will die Tochter des Fürsten heiraten.«

Der jüngste Sohn sagte nichts, er stand nur da und weinte und schien untröstlich.

»Iwan Zarewitsch, was ist mit dir?« wollte sein Vater wissen. »Wer hat den Pfeil von deinem Bogen gefunden?«

»Ach, Vater«, schluchzte der Junge, »mein Pfeil ist in den Sumpf gefallen. Eine eklige grüne Kröte hat ihn gefunden und will, daß ich sie heirate!«

Der Vater sagte: »Ein Gelöbnis soll nicht gebrochen werden. Du mußt den Frosch heiraten. Wer weiß, wozu das noch gut sein wird.«

Und so wurde Hochzeit gefeiert. Der älteste Sohn bekam die Zarentochter, der zweite die Fürstentochter, und Iwan Zarewitsch mußte die Kröte heiraten.

Sie hatten schon ein Weilchen miteinander gelebt, da gefiel es dem Zaren, seinen Schwiegertöchtern eine Aufgabe zu stellen. »Ich will«, so befahl er, »daß ihr mir Tücher webt. Morgen früh sollen sie fertig sein!«

Als Iwan Zarewitsch hörte, was sein Vater verlangte, ging er trübsinnig in die Kammer seiner Frau. Der Frosch saß da ganz munter und fragte ihn: »Was bist du so traurig, Iwan Zarewitsch?«

»Ich bin traurig, weil du es nicht verstehst, Tücher zu weben, und mein Vater mich verachten wird.«

»Nur keine Angst«, sprach der Frosch. »Leg dich schlafen, ich will mich schon anstrengen.«

Kaum war der Mann eingeschlafen, da stieg sie aus ihrer Froschhaut, klatschte in die Hände, pfiff, schrie und rief, und eine ganze Schar von Dienerinnen und Mägden sprang herbei und begann, gemeinsam mit ihr Tücher zu weben. Und noch ehe die Nacht herum war, hatten sie einen Stapel feinsten Tuches fertig, den breitete sie neben das Lager ihres Mannes. Ihre Mägde verschwanden, sie aber schlüpfte wieder in ihre Froschhaut und legte sich neben ihn.

Als Iwan Zarewitsch erwachte, erblickte er die Tücher, und voller Freude lief er damit zu seinem Vater. Der Zar lobte sie und ließ sie in sein Gemach bringen; die Tücher der anderen Schwiegertöchter aber waren nur soso, die konnten nur als Putzlappen in der Küche gebraucht werden.

Bald darauf kam es dem Zaren in den Sinn, seine Schwiegertöchter noch einmal zu prüfen. Er ordnete an, sie sollten Buchweizenfladen machen und sie ihm am nächsten Tag bringen.

Die Zarentochter und die Fürstentochter hatten noch nie gekocht oder gebacken und wußten nicht wie sie's anstellen sollten. »Wir wollen doch einmal sehen, wie das Fröschlein es macht«, sprachen sie listig und sahen ihr durchs Schlüsselloch zu. Die Kröte begann in aller Ruhe Teig anzurühren, immer dünner und dünner machte sie den Teig, dann sprang sie auf den Ofen und goß den Teig ins Ofenloch.

»So macht man also Buchweizenfladen«, dachten die beiden, die vor dem Schlüsselloch standen, liefen in ihre Gemächer und taten es der Kröte gleich.

Die aber, als die Nacht hereingebrochen war, legte wieder ihre Froschhaut ab, klatschte in die Hände, pfiff, rief und schrie, und schon kamen ihre Dienerinnen und Mägde herbei, und gemeinsam buken sie die köstlichsten Buchweizenfladen, die man sich nur vorstellen kann.

Als Iwan Zarewitsch am anderen Morgen erwachte, stand eine große Platte mit herrlichen Buchweizenfladen neben seinem Bett. Die brachte er zu seinem Vater. Der Zar kostete von den Kuchen, und sie waren so gut, wie er noch keine gegessen hatte.

»Deine Frau«, sprach er, »deine Frau, dieser Frosch, versteht es zu nähen und zu backen.« Die Buchweizenfladen seiner anderen Schwiegertöchter aber ließ er den Schweinen in den Trog werfen, so gräßlich waren sie.

Über ein Weilchen gelüstete es den Zaren, ein großes Fest zu feiern, und seine Söhne mit ihren Frauen sollten auf diesem Ball tanzen. Die Zarentochter und die Fürstentochter freuten sich und ließen sich neue, teure Kleider machen, aber Iwan Zarewitsch ging niedergeschlagen zu seinem Frosch.

»Gräme dich nicht«, sprach seine Frau, »ich werde schon Rat wissen. Manches Schöne steckt in einer sonderbaren Gestalt.« Als Iwan Zarewitsch sich aber nicht trösten lassen wollte, sprang sie auf seinen Schoß und sagte: »Hör, mein lieber Mann. Geh morgen allein zu dem Fest. Ich will später nachkommen. Wenn es anfängt zu regnen, freue dich: dann wasche ich mich mit Regentau. Wenn es blitzt, dann merke dir: deine Frau zieht sich den Feststaat an. Und wenn du endlich den Donner hörst, dann bin ich schon auf dem Weg zu dir.«

Iwan Zarewitsch sah den Frosch verwundert an, aber was sollte er machen? Er schickte sich in die Worte seiner Frau und ging zu Bett. Am anderen Tage machte er sich allein auf den Weg zu dem großen Fest. Als seine Brüder und ihre Frauen ihn allein kommen sahen, fingen sie an zu lachen und zu spotten.

»Da kommt er ja, unser Froschgemahl!« rief die Zarentochter. »Wo hat er denn seine Prinzessin gelassen?«

»Prinzessin Frosch«, lachte die Fürstentochter, »sie trocknet sich noch die Pfoten und kommt dann angeloofen.«

»Sie wird schon noch kommen«, entgegnete Iwan Zarewitsch nur und setzte sich an die Tafel.

Als es draußen zu regnen begann, da sagte er: »Jetzt wäscht sich meine Frau mit Regentau.« Als es blitzte, sagte er: »Jetzt zieht sich meine Frau ihr Festkleid an«, und als es schließlich donnerte: »Nun wird sie schon auf dem Wege sein.«

Die Brüder und ihre Frauen sahen ihn an, als sei er nicht ganz richtig im Kopfe, wie aber staunten sie, als wenig danach eine Kutsche gemeldet wurde und eine Prinzessin in den Saal trat. Die Prinzessin ging geradewegs auf Iwan Zarewitsch zu, verneigte sich vor ihm und sprach: »Entschuldige, daß ich mich verspätet habe!« Und sie setzte sich zu ihm und jedermann wußte, daß das Iwan Zarewitschs Frau sein mußte. Wie hatte sich der Frosch verwandelt! Die Prinzessin war schön, so wunderschön, wie es sie nur im Märchen gibt. Iwan Zarewitsch konnte sich nicht sattsehen an ihr, und als die Musik begann, da tanzte er mit ihr und war so froh, wie noch nie in seinem Leben.

Er hätte aber zu gern gewußt, wie der ganze Zauber zustande gekommen war. So machte er sich in einer Pause schnell unbemerkt davon und fuhr heim in den Palast seines Vaters. Dort eilte er in das Gemach seiner Frau und sah neben ihrem Bette die Froschhaut liegen. Und weil er so froh war, daß seine Prinzessin kein Frosch mehr war, nahm er die Haut und warf sie in den Kamin, wo sie zu einem Häufchen Asche verbrannte.

Als Iwan Zarewitsch spät in der Nacht mit seiner Frau von dem Fest heimkehrte, fing sie sofort an, nach ihrer Froschhaut zu suchen. Immer unruhiger und ängstlicher wurde sie, und schließlich rief sie verzweifelt: »Iwan Zarewitsch, weißt du, wo meine Froschhaut ist?«

»Die habe ich verbrannt«, erwiderte er unglücklich, denn er merkte schon, daß es nicht recht gewesen war, was er getan hatte.

Da setzte sich das Mädchen auf einen Stuhl und fing an zu weinen. »Warum hast du das getan?« schluchzte sie. »Ich bin eine Prinzessin. Fast waren sie herum, die drei Jahre, die ich verzaubert als Frosch leben mußte, nur wenige Tage haben noch gefehlt. Aber ohne die Froschhaut kann ich nicht bei dir bleiben. Ich muß ins dreißigste Zarenreich, ins dreißigste fremde Reich zur Baba-Jaga, der alten Hexe Knochenbein. Suche mich dort, vielleicht wirst du mich finden. Lebe wohl.«

Und kaum hatte sie diese Worte gesprochen, da verwandelte sie sich in einen Kuckuck und flog zum Fenster hinaus.

Iwan Zarewitsch war untröstlich. Ohne zu zögern, schnürte er sein Bündel und machte sich auf die Suche nach seiner Frau. Er lief und lief, immer weiter und weiter, und endlich traf er in einem dunklen Wald einen sonderbaren alten Mann.

»Was machst du hier in meinem Wald, Bursche?« fragte der Alte.

»Ich bin auf der Suche nach meiner Frau, der Prinzessin Frosch. Sie ist weit, weit von hier im dreißigsten Zarenreich, im dreißigsten fremden Reich bei der Baba-Jaga, der Hexe Knochenbein. Könnt Ihr mir nicht sagen, wie ich dorthin gelange?«

»Natürlich kann ich dir das sagen«, entgegnete der Alte. »Nimm dieses Knäuel hier und rolle es vor dir her, so wird es dir den Weg zeigen.«

Iwan Zarewitsch dankte dem Mann, nahm das Knäuel, rollte es vor sich her und folgte ihm nach. Das Knäuel führte ihn tiefer und tiefer in den Wald hinein, und es wurde dunkler und immer dunkler um ihn herum. Einmal hörte er hinter sich ein dumpfes Brummen, er wandte sich um und erblickte einen großen Bären. Schon wollte er seinen Bogen anlegen und auf das Tier zielen, da sprach der Bär zu ihm: »Schieß nicht auf mich! Ich bin kein Tier und werde es dir vergelten.« Da ließ Iwan Zarewitsch den Bogen sinken, und der Bär lief davon. Wenig später begegnete ihm ein Falke, und als er auf ihn anlegen wollte, sprach der Vogel: »Schieß nicht auf mich! Ich bin kein Tier und werde es dir vergelten.« Und Iwan Zarewitsch ließ auch den Falken leben.

Weiter und immer weiter lief er dem Knäuel nach, und schließlich gelangte er an ein Meer. Am Ufer fand er einen großen Hecht, der lag auf dem Trockenen und konnte nicht ins Wasser zurück. Der Zarensohn nahm ihn auf und wollte ihn eben töten und verspeisen, da rief der Fisch ihn an: »Töte mich nicht! Ich bin kein Tier und werde es dir vergelten.« So warf der Junge den Hecht ins Wasser und setzte seinen Weg fort.

Endlich kam er in das dreißigste Zarenreich, das dreißigste fremde Reich, und dort fand er in einem dunklen Wald eine alte schiefe Hütte, die auf einem dünnen Hühnerbeinchen stand. Das war das Haus der alten Hexe Knochenbein.

Mutig öffnete er die Tür und trat ein. Da lag die Hexe auf dem Ofen und sah so schaurig aus, daß es Iwan Zarewitsch mit der Angst bekam.

»Ah, sieh an, da kommt einer«, sprach ihn die Hexe an. »Kommt er, jemanden zu suchen oder sich zu verstecken?«

»Ich suche meine Frau, die verzauberte Prinzessin, den grünen Frosch«, antwortete Iwan Zarewitsch. »Wißt Ihr, wo ich sie finden kann?«

»Das weiß ich wohl«, sagte die Alte. »Sie dient bei meinem Bruder als Magd.«

»Wie kann ich zu ihr gelangen?« fragte er.

»Das ist ein gefährlicher Weg«, sprach sie. »Du mußt auf die Insel im Meer, auf die noch kein Mensch gelangen konnte. Dort sitzt sie in seinem Palast und muß ihm zu Diensten sein. Du mußt sie rasch packen und mit dir nehmen, sonst ist alles verloren.«

Iwan Zarewitsch dankte der Baba-Jaga und setzte seinen Weg fort. Nach vielen Tagen und Nächten kam er wieder an ein Meer, in dem lag fern dem Ufer eine Insel, und das Meer war noch größer und stürmischer als das erste, das er gesehen hatte. Keine Brücke und kein Steg führte über das Wasser, nirgendwo lag ein Boot am Ufer. So nahe war er nun seinem Ziel und wußte doch nicht, was er tun sollte.

Da schwamm mit einemmal der Hecht am Ufer entlang und rief: »Was hast du, daß du so traurig bist?«

Iwan Zarewitsch erzählte ihm von der Insel im Meer und daß er nicht wüßte, wie er hinüberkommen sollte. Da schlug der Fisch mit seiner Schwanzflosse auf die Wellen, und eine große silberne Brücke wuchs aus dem Wasser und spannte sich bis zu der Insel hinüber. Der Zarensohn ging auf der Brücke zu der Insel und kam dort abermals in einen tiefen Wald. Es war ein Wald so dicht, daß er nicht die Hand vor Augen sehen konnte. Iwan Zarewitsch begann zu weinen; so nah war er seinem Ziel, und nichts schien ihm zu gelingen.

Hier im dunklen Walde würde er verhungern müssen.

Da stieß plötzlich ein Falke vom Himmel und fing einen Hasen, den legte er Iwan Zarewitsch zu Füßen und flog wieder hinauf in den Himmel. Und Iwan Zarewitsch zog dem Hasen das Fell über die Ohren und aß ihn. Gesättigt und ermutigt brach er abermals auf und suchte nach einem Weg durch das dichte Buschwerk des Waldes, aber er konnte nirgendwo einen Durchschlupf finden. Da stand ein großer Bär bei ihm, der hieb mit seinen Tatzen die Äste und Zweige beiseite und schlug einen Pfad durch den Wald bis zu dem Palast des Bruders der Hexe Knochenbein. Dann wandte der Bär sich ab und verschwand so schnell, wie er gekommen war.

Iwan Zarewitsch stand nun vor dem Palast auf der Insel im Meer, und das Herz klopfte ihm bis zum Halse. Er ging auf den Palast zu, der wie ausgestorben dalag, und öffnete die erste Tür. Die war ganz aus Eisen. Er gelangte zu einer zweiten Tür, die aus Silber war, und ging auch durch die hindurch. Da stand er vor einer goldenen Tür, und als er die öffenete, fand er in einem goldenen Zimmer seine Prinzessin, die traurig und müde aussah.

»Da kommst du endlich, mein lieber Mann«, rief sie glücklich. Er wollte sie packen und mit ihr davoneilen, wie es die Baba-Jaga gesagt hatte, aber sie sträubte sich und hielt ihn zurück. »Es ist zu spät, um davonzulaufen«, beschwor sie ihn. »Du bist zu spät gekommen. Jeden Augenblick kann der Bruder der Hexe hier eintreffen, und dann geht es dir schlecht!«

Und ehe Iwan Zarewitsch noch etwas erwidern konnte, hatte sie sich schon in einen Kuckuck verwandelt. Er mochte sich sträuben, wie er wollte, sie nahm ihn unter ihre Fittiche und flog mit ihm heim. Und sie lebten noch lange glücklich und zufrieden miteinander.

Der Band beruht auf einer Auswahl von Märchen aus folgenden Büchern:

- Ethel Johnston Phelps (Hrsg.): Kati Knack-die-Nuß und andere Geschichten von schlauen Mädchen. Aus dem Amerikanischen von Erika Stöppler. Elefanten Press Verlag GmbH 1987. © 1978 by Ethel Johnston Phelps.
- Ethel Johnston Phelps (Hrsg.): Die Riesin treibt Schabernack und noch mehr Geschichten von mutigen Mädchen. Aus dem Amerikanischen von Birgit Radtke. Elefanten Press Verlag GmbH 1988. © 1978 by Ethel Johnston Phelps.

Beide Bücher erschienen mit freundlicher Genehmigung von The Feminist Press, New York, und sind eine Auswahl aus dem dort 1978 im Original erschienenen Band »Tatterhood and Other Tales« von Ethel Johnston Phelps.

- Die Hexe weiß das Zauberwort und neue Geschichten von schlauen Mädchen. Übersetzt und bearbeitet von Ursula Pleschkowa. Elefanten Press Verlag GmbH 1989.
- Gabriele Dietz (Hrsg.): Eins, zwei, drei – Schluß mit der Spinnerei und andere Märchen von eigenwilligen Mädchen. Elefanten Press Verlag GmbH 1990.
- Gabriele Dietz (Hrsg.): Hokus Pokus Zauberkuß und noch mehr Märchen von eigensinnigen Mädchen. Elefanten Press Verlag GmbH 1991.
- Gabriele Dietz (Hrsg.): Prinzessin Frosch und andere Märchen von pfiffigen Mädchen. Elefanten Press Verlag GmbH 1992.

Quellen

Bella und Huarn
Vergleiche »Die Groac'h von der Insel Lok« in: Bretonische Märchen. Herausgegeben und übersetzt von R. Soupault. Düsseldorf 1963.

Das Kästchen
Vgl. »Die Kassette« in: M. Kühn, Märchen von starken Frauen. München 1991.

Das Mädchen mit dem Holznapf
Vgl. »Blütenkind« in: Edith Bergner, Blütenkind. Märchen aus Japan. Berlin 1990.

Das Mädchen Pachulenia
Vgl. »Pachulenia« in: Märchen griechischer Inseln. Herausgegeben und übersetzt von Felix Karlinger. München 1979.

Der Gutsherr will heiraten
Nach »The Squire's Bride« in: J. Riordan, The Woman in The Moon. London 1984.

Der Märchen-Prinz
Vgl. »Vom Prinzen, der immer Märchen hören wollte« in: Märchen aus dem Pandschab. Düsseldorf 1976.

Der Prinz der sieben Schleier
Aus: Vladislav (Hrsg.), Italienische Märchen. Prag/Hanau 1971.

Der schöne Fischer und die Tochter des Sultans
Nach »Der schöne Fischer« in: Das Mädchen als König. Orientalische Märchen. München 1986.

Der schwarze Stier
E. Johnston Phelps, Tatterhood and Other Tales. New York 1978.

Der überlistete Riese
Nach »Das Mädchen, das den Riesen anführte« in: Schwedische Volksmärchen. Düsseldorf 1971.

Der weiße Hase
E. Johnston Phelps, Tatterhood, a. a. O.

Die gerupfte Gans
Vgl. »Wenn ich eine Gans schicke, rupfst du sie dann?« in: P. Naili Boratav (Hrsg.), Türkische Volksmärchen. Düsseldorf 1979.

Die Hexe weiß das Zauberwort
Nach »Die Hexe von Five« in: S. Früh (Hrsg.), Märchen von Hexen und weisen Frauen. Frankfurt 1986. Außerdem »Der alte Mann und sein Hexenweib« in: L. Tetzner (Hrsg.), Die schönsten Märchen der Welt für 365 und einen Tag. Band 4. Aarau 1950.

Die kluge Zubaida
Nach »Auf die Frau kommt es an« in: Das Mädchen als König. Orientalische Märchen, a. a. O.

Die listige Alte
Vgl. die gleichnamige Fassung in: A. Heumann (Hrsg.), Der Schlangenkönig. Märchen aus Nepal. Kassel 1980.

Die mutige Magd
Nach »Sorge und Leid« in: L. Tetzner, Die schönsten Märchen der Welt für 365 und einen Tag. Band 4, a. a. O.

Die Riesin treibt Schabernack
E. Johnston Phelps, Tatterhood, a. a. O.

Die schlaue Schwiegertochter
E. Johnston Phelps, Tatterhood, a. a. O.

Die schöne Sorfarina
Vgl. »Die schöne Katharina« in: L. Gonzenbach (Hrsg.), Sizilianische Märchen. Leipzig 1870/Nördlingen 1989. Außerdem: Vladislav (Hrsg.), Italienische Märchen, a. a. O.

Die schöne Turabeka
Nach »Die heldenhafte Turabeka-Khamin« in: Märchen der Usbeken. Köln 1984.

Die Suche nach dem Zaubersee
E. Johnston Phelps, Tatterhood, a. a. O. © für diese Fassung 1966 by Rand MacNally and Company.

Die Zauberperle
In: Contes d'Indochine. Paris 1980.

Drei starke Frauen
E. Johnston Phelps, Tatterhood, a. a. O. © für diese Fassung 1962 by Claus Stamm/The Viking Press.

Drei wilde Weiber
Nach »Die lustigen Weiber« in: Köhler-Zülch/Kawan (Hrsg.), Schneewittchen hat viele Schwestern. Gütersloh 1988.

Eins, zwei, drei – Schluß mit der Spinnerei
Vgl. »Die drei Muhmen« in Asbjornsen/Moe (Hrsg.), Norwegische Märchen. Berlin 1846/Nördlingen 1985.

Ein Töpfchen Köpfchen
Nach »A Pottle o'Brains« in: J. Jacobs, English Fairy Tales. London 1968.

Janet und Tamlin
E. Johnston Phelps, Tatterhood, a. a. O.

Kamala und die sieben Räuber
E. Johnston Phelps, Tatterhood, a. a. O.

Kati Knack-die-Nuß
E. Johnston Phelps, Tatterhood, a. a. O.

Kapti und Imani
E. Johnston Phelps, Tatterhood, a. a. O.

Lausekind und der Teufel
Nach »Die Pantöffelchen aus Lausleder« in: Russische Märchen. Übersetzt von August Löwis of Menar, herausgegeben von Reinhold Olesch. München 1959/Reinbek 1991.

Lüge um Lüge
Vgl. die gleichnamiuge Fassung in: M. Kühn (Hrsg.), Märchen von starken Frauen, a. a. O.

Lumpenhut
E. Johnston Phelps, Tatterhood, a. a. O.

Prinzessin Frosch
Nach »Die Zarentochter Frosch« in: Russische Märchen, a. a. O.

Prinz Krebs
Vgl. das gleichnamige Märchen in: Italo Calvino (Hrsg.), Italienische Märchen. Zürich 1975.

Sanijar und die Mäuse
Vgl. »Die kluge Sanijar« in: S. Früh (Hrsg.), Die Frau, die auszog, ihren Mann zu erlösen. Europäische Frauenmärchen. Frankfurt/M. 1985.

Vom Bauern und seiner Frau
Vgl. u. a. »The Nagging Husband« in: J. Riordan, The Woman in The Moon, a. a. O.

Von dem Mädchen, das so gern Würste aß
Nach »Das Vielfraß« in: Kroatische Volksmärchen. Düsseldorf 1975.

Zuckermann
Vgl. »Der Mann aus Zucker« in: L. Tetzner, Die schönsten Märchen der Welt... Band 4, a. a. O.

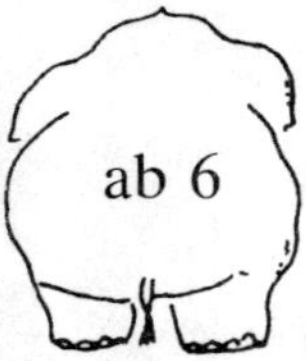

ELEFANTEN PRESS Kinderbücher
herausgegeben von Gabriele Dietz

© für diese Ausgabe ELEFANTEN PRESS Verlag GmbH 1994

© 1978 by Ethel Johnston Phelps für alle Märchen aus »Kati Knack-die-Nuß« und »Die Riesin treibt Schabernack«, entnommen der im amerikanischen Original unter dem Titel »Tatterhood and Other Tales« bei The Feminist Press, New York, erschienenen Sammlung.

Alle Nachdrucke sowie die Verwendung in Film, Funk und Fernsehen und auf jeder Art von Bild-, Wort- oder Tonträgern sind honorar- und genehmigungspflichtig.
Alle Rechte vorbehalten.

Umschlag und Vignetten: Amelie Glienke
Satz: MSP Satz + Grafik GmbH, Berlin
Druck und Bindung: Graphischer Großbetrieb Pößneck GmbH

EP 505
ISBN 3-88520-505-X
Printed in Germany

ELEFANTEN PRESS
Am Treptower Park 28–30
12435 Berlin

Die Deutsche Bibliothek – CIP-Einheitsaufnahme

Mensch Märchen : die schönsten Märchen von schlauen Mädchen / Ethel Johnston Phelps (Hrsg.). [Umschlag und Vignetten: Amelie Glienke]. – Berlin : Elefanten Press, 1994
(EP ; 505 : Elefanten-Press-Kinderbücher)
ISBN 3-88520-505-X
NE: Phelps, Ethel Johnston [Hrsg.]; GT